季羡林·沉思录

季羡林

佛学沉思录

季羡林 著

中国财经出版传媒集团
中国财政经济出版社

图书在版编目（CIP）数据

季羡林佛学沉思录 / 季羡林著. -- 北京：中国财政经济出版社，2021.5
ISBN 978-7-5095-1694-2

Ⅰ.①季… Ⅱ.①季… Ⅲ.①佛教-文集 Ⅳ.①B948-53

中国版本图书馆CIP数据核字(2020)第004114号

策 划 人：崔岱远
选 编 者：王佩芬
责任编辑：王芝文　崔岱远
特约编辑：李　强
装帧设计：刘　洋
责任印制：刘志豪
责任校对：胡永立

中国财政经济出版社 出版

URL：http：//www.cfeph.cn
E-mail：cfeph@cfeph.cn

(版权所有　翻印必究)

社址：北京市海淀区阜成路甲28号　邮政编码：100142
营销中心电话：88190406
北京新华印刷有限公司印刷　各地新华书店经销
成品尺寸：140mm×240mm　16开　19.5印张　216 000字
2022年1月第1版　2022年1月北京第1次印刷
定价：58.80元
ISBN 978-7-5095-1694-2
(图书出现印装问题，本社负责调换)
本社质量投诉电话：010-88190744
打击盗版举报热线：010-88190414　　QQ：447268889

目录

佛教溯源

追根溯源——六七世纪的印度 ……… 3

原始佛教的历史起源问题 ……… 18

菩提参悟——释迦牟尼 ……… 33

「但有此生,更无后世」
——提婆达多与释迦牟尼的路线斗争 ……… 48

佛教在中国

传入中国——佛教传入（汉代）……… 89

佛教在晋朝 ……… 103

唐初的中国佛教 ……… 106

佛教在宋朝——衰微 ……… 146

佛教对于宋代理学影响之一例	150
佛典中的「黑」与「白」	153
佛教的倒流	157
中国的弥勒信仰	202
《六祖坛经》	205
中国商人与佛教	211
《列子》与佛典	214
——对于《列子》成书时代和著者的一个推测	
漫谈梵文研究	229

传法高僧

竺法护	233
道安	234
鸠摩罗什	236

慧远	238
法显	242
竺道生	268
真谛	270
玄奘	271
义净	292
密宗高僧	301
慧超、悟空	304
继业	306

佛教溯源

季羡林

追根溯源——六七世纪的印度[①]

一般研究印度历史的学者,特别是苏联的学者,大都认为,印度封建社会到了公元后六七世纪才开始形成[②]。我认为,这个看法是有问题的。许多历史事实证明,随着土地所有制的出现,农奴和地主的矛盾形成了,在生产中农业所占的比重逐渐超过了牧畜业,生产力因而大大地提高,从公元前五六世纪起,印度就开始向封建社会过渡。到了6世纪末7世纪初,也就是中国隋末唐初的时代,印度正处在封建社会高度发展的阶段。政治上比较统一,经济上很繁荣,对外关系加强了,在土地方面,出现了大规模开垦的情况,只是到了后期,政治上才又开始分崩离析,经济、贸易又开始衰退。印度封建社会的高度发展,既不能用欧洲社会发展的情况来衡量,也不能用中国

---

① 原标题为《六七世纪的印度——社会发展的阶段》,节选自《〈大唐西域记〉校注》一书引言,即《玄奘与〈大唐西域记〉——校注〈大唐西域记〉前言》,中华书局,1985年版。

② 关于印度封建社会形成的问题,是当前印度史学界讨论的中心题目之一。意见是五花八门的。有的学者干脆否认印度曾有过封建社会。有的学者承认印度有过封建社会,但在起源的时间上看法有分歧。之所以发生这样的情况,重要的原因之一就是对封建主义的理解不同。可参阅高善必《印度史研究导论》(D.D.Kosambi:*Introduction to the Study of Indian History*)孟买,1956年。慕奇亚《印度历史上有过封建主义吗?》(Harbans Mukhia:*Was there Feudalism in Indian History*)1979年第40届印度史学大会,中世纪史组主席致词。洽《早期印度封建主义:一个编史学的批判》(D.N.Jha:*Early Indian Feudalism:a Historiographical Critique*)同上,古代印度史组主席致词。巴拉拉玛穆尔提《佛教哲学》(Y.Balaramamoorty:*Buddhist Philosophy*),夏尔玛《佛陀教义的几个方面》(Ram Bilas Sharma:*Some Aspects of the Teaching of Buddha*)。最后二文都见于《用马克思主义研究佛教》(*Buddhism:The Marxist Approach*)。

的情况来衡量。在普遍规律的指导下，印度社会自有其发展的特点。

从印度历史总的发展趋势来看，印度当时正处在由合到分的过渡阶段。世界各国的历史都表明了一个共同的现象：分久必合，合久必分。在印度历史上，外族的入侵往往引起分合的变化。公元前4世纪，希腊马其顿亚历山大大王入侵印度以后，结果结束了长期分割的局面，产生了比较统一的孔雀王朝（合）。公元后五六世纪白匈奴族入侵北印，又在印度社会里促成了一个转折点，继阿育王之后，从公元320年起比较大规模地统一了北印度的笈多王朝，被称做印度历史上的"黄金时代"。法显到印度去的时候，正是旃荼罗笈多二世（超日王）在位的时候。他提倡文学艺术。印度古代最伟大的诗人迦梨陀娑可能就生活在他的朝廷上。对于白匈奴（嚈哒）的入侵，笈多也成功地抵挡了一阵子。但是笈多王朝渐渐又衰落下来，到了六世纪中叶终于崩溃。印度社会又开始分了。英国史学家史密斯称之为社会方面的一次革命。统一的大帝国从内部瓦解了，北印度各地又纷纷独立，出现了不少小国，互相攻伐，连年征战，造成了整个印度分崩离析、动荡不安的局面。

后期笈多

在笈多王朝根据地的那些省份里出现了一系列的统治者。除了一个以外，他们的名字都以"笈多"这个字收尾。史学家因此称之为后期笈多王朝。但是他们是否真正是笈多王族的后裔，现在还说不清楚。他们是否从一开始就统治摩揭陀，现在也还说不清楚。反正他们后来统治了摩揭陀，有人甚至说，他们的统治一直扩大到摩腊婆（Mālwā）地区，直到戒日王时期才结束。这个世系出了几个很有力量的大王，打过许多胜仗。在五六世纪的混战中，后期笈多王朝有时参加到这一边，有时又参加到那一边，在混战中苟延残喘。公元500—570年之间，最后的大王幼日王曾成功地抵御了白匈奴的入侵，打败了摩醯罗矩罗（Mahirakula，玄奘译为"大族"，是Toramāṇa之子），把他俘虏，又释放了。玄奘对于这件事有比较详尽的叙述。公元650—670年，还有人自称皇帝，并与穆克里族结盟。

梅特腊卡

在纷纷独立的小国中，最先挺身出来反对笈多王朝的是梅特腊卡部落。他们在索拉什特立（Saurāṣtra，玄奘译为"苏剌侘"）建立了一个王国，还包括案达罗在内，定都于伐腊毘。玄奘在《大唐西域记》卷十一中描绘这座城市说："居人殷盛，家室富饶，积财百亿者乃有百余室矣。远方奇货，多聚其国。"又说："今王，刹帝利种也，即昔摩腊婆国尸罗阿迭多王之侄，今羯若鞠阇国尸罗阿迭多王之子婿，号杜鲁婆跋吒。"这一座城市后来在7世纪结束时成为商业、贸易、文化、学术的中心。8世纪50—75年之间这个小王国被信德的阿拉伯人推翻。

耶输达曼

在曼达索，有一个耶输达曼王，曾打败过白匈奴王摩醯罗矩罗。

穆克里族

穆克里族在恒河流域上游建立了一个强大的王国。领地囊括今天的北方邦等地，首都是曲女城。《大唐西域记》卷五对这座城市也有生动的描绘："其长二十余里，广四五里。城隍坚峻，台阁相望，花林池沼，光鲜澄镜。异方奇货，多聚于此。居人丰乐，家室富饶。花果具繁，稼穑时播。气序和洽，风俗淳质。"可见这里风光之美，贸易之兴隆，人民之富庶。这个王族的成员征服了摩揭陀的部分地区。有一些成员自加尊号曰"大王中之王"（Mahārājādhirāja）。他们的统治一直扩展到伽耶地区。他们也成功地抗御了白匈奴的侵扰。另一方面，他们也同后期笈多王朝又斗争，又联盟，约在 7 世纪初覆亡。

高达族

孟加拉和阿萨姆曾经包括在笈多帝国之内。笈多帝国一衰落，孟加拉也分成了几个国家。约在公元 525 年，鸯伽国（Vaṅga）建立。这些事实多半是由碑铭来证明的，其他历史资料非常少。因此对这一地区的详细情况，我们到现在还是不十分清楚的。

到了 7 世纪上半，这里出了一个国王名叫设赏迦。对于这个人我们所知甚少。他属于哪一族，也不清楚。他简直像是一个彗星，一霎时发出耀眼的光芒，立刻就又消逝了。玄奘对于这位国王有相当详尽的记述。《大唐西域记》卷六拘尸那揭罗国："其后设赏迦王毁坏佛法，众僧绝侣，岁月骤淹，而婆罗门每怀悬恻。"卷八摩揭陀国："近设赏迦王者，信受外道，毁嫉佛法，坏僧伽蓝，伐菩提树，掘至泉水，不尽根柢，乃纵火焚烧，以甘蔗汁沃之，欲其燋烂，绝灭遗萌。"在这里，设赏迦王是一个仇视佛法的国王。《大唐西域记》卷五羯若鞠阇国，讲到他谋害王增的情况。在这里，他又是一个阴谋家。他定都于羯罗拿苏伐剌那（Kaṇasuvaṇa 金耳，今穆尔希达巴德 Murshidābād 附近），穷兵黩武，四出征讨，吞并了奥里萨，他同戒日王打仗，胜负不分，一直到公元619年，他还是气焰万丈。戒日王起兵复仇。他的死年不详，大概在公元637年以前不久。当时玄奘还在印度。死后孟加拉为戒日王所并。

根据《大唐西域记》的记载，当时在印度西北部、西部和北部，还有几个比较大的国家。迦毕试国是一个大国，被玄奘置于印度范围之外，但是印度境内却有几个国家役属迦毕试国，比如滥波国、那揭罗曷国、健驮逻国、伐剌拿国等。呾叉始罗国"往者役属迦毕试国，近又附庸迦湿弥罗国"。磔迦国也有许多属国：茂罗三部卢国、钵伐多国。迦湿弥罗国是一个大国，属国有：呾叉始罗国、僧诃补罗国、乌剌尸国、半笯蹉国、罗曷补罗国。摩腊婆国是西印大国，有契吒国、阿难陀补罗国作为属国。信度国也是西北印大国，有属国：阿点婆翅罗国、臂多势罗国、阿軬荼国。

普西亚布蒂王朝

5世纪末或6世纪初，乘白匈奴骚乱之际，在萨他泥湿伐罗建立了普西亚布蒂王朝（Puṣyabhūti）。初期的历史，我们不十分清楚。到了波罗羯罗伐弹那（光增）自加尊号曰"至高无上统治者大王中之王"（Paramabhaṭṭāraka Mahārājādhirāja）。领土包括整个旁遮普。他死于公元606年。他的儿子曷逻阇伐弹那（Rājyavardhana，意思是王增）时代，因为有了玄奘的记载，历史就豁然开朗。玄奘说：

> 今王，本吠奢种也，字曷利沙伐弹那（唐言喜增）。君临有土，二世三王。父字波罗羯罗伐弹那（唐言作光增）。兄字曷逻阇伐弹那（唐言王增）。王增以长嗣位，以德治政。时东印度羯罗拿苏伐剌那（唐言金耳）。国设赏迦王（唐言月）。每谓臣曰："邻有贤主，国之祸也。"于是诱请，会而害之。人既失君，国亦荒乱。时大臣婆尼（唐言辩了），职望隆重，谓僚庶曰："国之大计，定于今日。先王之子，亡君之弟，仁慈天性，孝敬因心，亲贤允属，欲以袭位。于事何如？各言尔志。"众咸仰德，尝无异谋。于是辅臣执事咸劝进曰："王子垂听：先王积功累德，光有国祚。嗣及王增，谓终寿考；辅佐无良，弃身雠手，为国大耻，下臣罪也。物议时谣，允归明德。光临土宇，克复亲雠，雪国之耻，光父之业，功孰大焉？幸无辞矣！"王子曰："国嗣之重，今古为难，君人之位，兴立宜审。我诚寡德，父兄遐弃，推袭大位，其能济乎？物议为宜，敢忘虚薄？"①

下面讲到，他到观自在菩萨像前去祈请。菩萨允许他即王位。"即袭王位，自称曰王子，号尸罗阿迭多（唐言戒日）。"中国史籍里也有关于他的记载。《旧唐书》卷一九八说："当武德中，

---

① 《大唐西域记》卷五。

其国大乱。其嗣王尸罗逸多练兵聚众，所向无敌。象不解鞍，人不释甲。居六载，而四天竺之君，皆北面以臣之。威势远振，刑政甚肃。"《新唐书》卷二二一上说："武德中，国大乱。王尸罗逸多（即尸罗阿迭多——引者）勒兵，战无前。象不弛鞍，士不释甲。因讨四天竺，皆北面臣之。"

两《唐书》所记相同。可见戒日王确实统一了北印度，成为笈多王朝以后的一个大国。同玄奘的记载完全一致。

此时北印度林立的国家中，出现了两个联盟：一个是设赏迦王与摩腊婆的联盟，一个是萨他泥湿伐罗与穆克里的联盟。这两个联盟是两股敌对的力量。穆克里王伽罗诃伐摩（Grahavarman）娶波罗羯罗伐弹那之女曷罗阇室利（Rājyaśrī）。孟加拉的金耳国王设赏迦突然率兵袭击穆克里首都，杀死伽罗诃伐摩，俘虏了曷罗阇室利。她的哥哥王增立刻率骑兵一万，败摩腊婆军。然后率军赴曲女城，路上为设赏迦所杀。残兵回萨他泥湿伐罗（606）。上面我们已经谈过，玄奘说出于设赏迦的诡计，但不一定可靠。王增既死，其弟曷利沙伐弹那（喜增，即戒日王）即位。《释迦方志》卷上说：

> 号尸罗逸多，吠奢姓。初欲登位，殑伽岸有观自在像，乃请之，告曰："汝本此林兰若比丘。金耳月王既灭佛法，王当重兴；愍物在怀，方王五境。慎勿升师子座及称大王号也。"王乃共童子王，[①] 平殄外道月王（设赏迦——羡林）徒众。又约严令：有啖肉者，当截舌；

---

① 迦摩缕波国（Kāmarūpa）王拘摩罗王（Kumāra），亦名婆塞羯罗伐摩（Bhāskara-varman，意思就是"日胄"）。

杀生者，当斩手。乃与寡妹共知国事。①

喜增听到消息说他妹妹已被释放，遁入文底耶大森林中。正当她要投火自焚的时候，她哥哥赶到救了她。关于这一位戒日王的妹妹，《大唐西域记》里没有提到。但是上面引用的《释迦方志》提到了她。《大唐大慈恩寺三藏法师传》卷五也讲到了她：

> 王有妹，聪慧利根，善正量部义。坐于王后，闻法师序大乘，宗涂奥旷，小教局浅，夷然欢喜，称赞不能已。②

这里讲得更仔细，连她崇信哪个宗派都提到了。关于正量部的问题，我们下面再谈。

玄奘同戒日王和迦摩缕波国拘摩罗王都见过面，而且有了很深厚的友谊。他在《大唐西域记》里对这一件事，有详尽的记载，见同书卷五羯若鞠阇国。玄奘对于同两位国王的会见以及曲女城大会，都描绘得非常生动，可见这一件事给他留下的印象之深。

关于曲女城大会，《大唐故三藏玄奘法师行状》说：

> 王曰："师论太好。在此诸师，并皆信伏。恐余国小乘外道，尚守愚迷。望于中印度曲女城，为师作一会。命五印度沙门婆罗门外道等，发显大乘，使其改耶

---

① 《大正新修大藏经》（以下缩写为⑤）51,957c。
② ⑤50,247b。

（邪?）从正。不亦大哉。"是日发敕，普告集曲女城，观支那法师论。自冬初而进至蒻（腊）月，方到会场。四方沙门婆罗门外道等，蕴义洽闻之辈，到者数千人。王先令造殿，容千余人。于中安尊像，陈香花音乐。设食行施讫，请法师升座，标举论宗。命诸众征击，竟十八日，无一人敢问。王赞叹，施法师银钱三万，金钱一万，上氎衣一百具。又令大臣将法师袈裟，巡众告唱云："支那法师论胜，十八日来，无敢问，并宜知之。"诸众欢喜。为法师各立美号。大乘众号为摩诃那耶那提婆，此云大乘天。小乘者号为木叉提婆，此此（应作"云"——引者）解脱天。烧香散花，礼敬而去。自是德音遐振。③

《大唐大慈恩寺三藏法师传》卷五，关于这一次大会记载得更为详细④。《释迦方志》卷上也有记载⑤。

但是戒日王为玄奘举行大会，除了曲女城之会外，还有钵罗耶伽无遮大会。在《大唐故三藏玄奘法师行状》里，只有一句话的叙述："王留更观七十五日大施。"⑥在《大唐大慈恩寺三藏法师传》里却叙述得很详尽：

法师先以辞那烂陀诸德及取经像讫，罢论竟至十九日，辞王欲还。王曰："弟子嗣承宗庙，为天下主，三十

---

③ 大50,217c。
④ 大50,247b—248a。
⑤ 大51,957c—958a。
⑥ 大50,217c。

余年。常虑福德不增广，法（往）因不相续，以故积集财宝，于钵罗耶伽国两河间，立大会场。五年一请五印度沙门婆罗门及贫穷孤独，为七十五日无遮大施。已成五会。今欲作第六会。师何不暂看随喜。"法师报曰："菩萨为行福慧双修，智人得果不忘其本。王尚不吝珍财，玄奘岂可辞少停住，请随王去！"王甚喜。至二十一日，发引向钵罗耶伽国就大施场。殑伽河在北，阎牟那河在南，俱从西北东流至此国而会。其二河合处，西有大墠，周围十四五里。平坦如镜。自昔诸王皆就其地行施，因号施场焉。相传云：若于此地施一钱，胜余处施百千钱。由是古来共重。王敕于墠上建施场，竖芦为篱，面各千步。中作草堂数十间，安贮众宝，皆金、银、真珠、红颇梨宝、帝青珠、大青珠等。其傍又作长舍数百间，贮侨奢耶衣、斑氎衣、金银钱等。篱外别作造食处。于宝库前更造长屋百余行，似此京邑肆行。一一长屋可坐千余人。先是王敕告五印度沙门、外道、尼乾、贫穷、孤独，集施场受施。亦有因法师曲女城会不归便往施所者。十八国王亦便逐王行。比至会场，道俗到者五十余万人。戒日王营殑伽河北岸，南印度王杜鲁婆跋吒营合河西，鸠摩罗王营阎牟那河南花林侧，诸受施人营跋吒王西。辰旦其戒日王与鸠摩罗王乘船军，跋吒王从象军。各整仪卫，集会场所。十八国诸王，以次陪列。初一日于施场草殿内安佛像，布施上宝上衣及美馔，作乐散花，至日晚归营。第二日，安日天像，施宝及衣半于初日。第三日安自在天像，施如日天。第四日施僧，僧万余人百行俱坐。人施金钱百文，珠一枚，氎衣一具及饮食香花，供养讫而出。第五番施婆罗门。二十余日方遍。第六番施外道，十日方遍。第七番遍施远方求者，十日方遍。第八番施诸贫穷孤独者，一月方遍。至是五年所积，府库俱尽。唯留象马兵器，拟征暴乱，守护宗庙。自余宝货及在身衣服，璎珞、耳珰、臂钏、宝鬘、颈珠、髻中明珠，总施无复孑遗。一切尽已，从其妹索鹿弊衣著。礼十方佛踊跃欢喜。合掌言曰："某比来积集财宝，常惧不入坚牢之藏，今得贮福田中，可谓入藏矣。愿某生生常具财法等施众生。成十自在满二庄严。"会讫诸王各持诸宝钱物，于诸众边赎王所施。璎珞、髻珠、御服等，还将献王。经数日，王衣服及上宝等服用如故。①

《大唐西域记》卷五里面也叙述了这次大会，并且描绘了大施场的情况。他讲到"大施场东合流口，日数百人自溺而死"。这对于了解当时的社会情况很有帮助。

总起来看，尽管当时北印小国林立，但是戒日王确实可以算是一个盟主，有点像春秋战国时齐桓、晋文一类的国王。他的领土包括东旁遮普、北方邦、比哈尔邦、西孟加拉、奥里萨；迦湿弥罗、西旁遮普、信度国、古扎拉特、拉吉普坦、尼泊尔、迦摩缕波都保持独立。玄奘在《大唐西域记》卷五里描述他的战绩说：

---

① 大50,248b—249a。

> 遂总率国兵,讲习战士。象军五千,马军二万,步军五万,自西徂东,征伐不臣。象不解鞍,人不释甲,于六年中,臣五印度。

这一些描述虽然有一点夸大,但基本上是可靠的。还有一点在这里顺便讲一讲。我在上面引的《旧唐书》和《新唐书》关于戒日王的叙述,有些地方,是直接抄袭《大唐西域记》的。

上面谈了当时印度的政治形势,现在再谈一谈社会情况和经济情况。

社会情况,玄奘在《大唐西域记》卷二中有比较详尽的描述。他谈到印度的名称、疆域、数量、岁时、宫室、衣饰、馔食、文字、教育、佛教、族姓、兵术、刑法、致敬、病死、赋税、物产等等方面,其中关于佛教的和经济的,我们在下面再谈。其余的原书俱在,我也不详细探讨。我只想选出一点我认为值得谈的谈一下,这就是族姓。

族姓,我们现在通称为种姓。我们都知道,种姓制度是印度特有的、至少是特别发达的一种社会等级制度。在几千年的印度史上有极大的作用和影响,一直到今天仍然如此。但是这个制度并不是一成不变的。我们在这里不能详细讨论。玄奘说:"一曰婆罗门,净行也,守道居贞,洁白其操。二曰刹帝利,王种也,奕世君临,仁恕为志。三曰吠奢,商贾也,贸迁有无,逐利远近。四曰戍陀罗,农人也,肆力畴陇,勤身稼穑。"(《大唐西域记》卷二)但是,从印度种姓的发展来看,婆罗门不总是净行,刹帝利不总是王种,吠奢(吠舍)不总是商贾,戍陀罗(首陀罗)也并不总是农人,这里面有一个演变的过程。在公元前2000纪末期或1000纪初期，种姓刚刚系统化的时候，吠舍大概是物质财富生产者，特别是农民、牧人或者商人。首陀罗大概是手工业者和其他为前三个种姓服役的人。到了公元前几世纪，情况变化不大。这种明确的四个种姓职业的划分大概是出于婆罗门之手，目的是想把这种制度永久化，固定化，以保留自己的特权，但是，社会中实际分工情况却不是这样。根据职业划分的清规戒律早已为事实所粉碎。在这四个种姓里面，变动最大的是吠舍和首陀罗。特别是吠舍这个种姓更是很不固定的。佛经中关于种姓的记载多如过江之鲫。但排列顺序却与婆罗门教截然不同。他们总是把释迦牟尼出身的刹帝利排在首位。这是完全可以理解的。至于吠舍，连这个名字出现的次数都不多。它总是为居士、长者所代替。所谓居士、长者以商人为多。吠舍这个种姓的这种情况，继续发展下来。到了玄奘时期，在有些著名作家的著作中，这个名称几乎消失不见了。比如在檀丁的著作中，吠舍这个词儿不见了，代之以 vaṇij（商人），好像在这个时期第三个种姓主要是商人[①]。商人的地位更加提高了。

就在玄奘的《大唐西域记》中虽然四个种姓仍然井然俱在，他说吠舍是"商贾也，贸迁有无，逐利远近"，这与檀丁的著作是相适应的；但是种姓却是混乱不堪。大名鼎鼎的戒日王，并非出身刹帝利，而是出身吠舍。还有一些国王出身首陀罗。比如《大唐西域记》卷四秣底补罗国的国王《大唐大慈恩寺三藏法师传》里说："遇一婆罗门耕地。"[②] 可见婆罗门也有变

---

① 古普塔《檀丁时代的社会和文化》（D.K.Gupta：*Society and Culture in the Time of Daṇḍin*），德里，1972年，p.205。

② ㊛50,231c。

成农民的。这个现象是"古已有之"的,不过"于今为烈"而已。

在经济方面,笈多王朝与孔雀王朝大不相同。孔雀王朝强迫首陀罗定居下来,从事农业劳动。国家垄断了金属生产。国家参与生产和贸易,需要大量的流通的货币。笈多王朝则是鼓励在新开垦的土地上建立农村公社,收实物地租,不再使用武力强迫首陀罗定居。因为疆域辽阔,使用武力是不可能的,而且没有开垦的土地很多,也不容易把采集食品的野蛮部落从他们土地上赶走。只能利用宗教伴随着贸易深入蛮区,把土地私有制和在种姓制度掩护下的社会阶级结构带到那里去。国家制止地方酋长的战争,抗御蛮族入侵,管理灌溉工作,调整贸易,巡逻商路。这些都通过臣属的封建官吏或省长来执行。自给自足的农村公社的增涨削弱了商品的生产,贸易衰退,许多大城市衰落,贸易集中到港口城市。在朝廷上却有新的豪华的挥霍①。政权衰退时,文艺往往发达。迦梨陀娑所以出现在这个时代,是有其规律的。

法显到印度去的时候,正值笈多王朝全盛时代。法显在《佛国记》中有一段描绘当时印度情况的记载,其中有这样两句话:"王之侍卫、左右,皆有供禄。"高善必从这段话里得出的结论是:"官吏还没有得到封建的权利和权力。"②我不知道这个结论是怎样得来的。如果说,因为有"供禄"(俸钱)就不算是封建,那么我们可以拿中国唐代的情况来对比一下。唐代是中国封建主义高度发展的时代。为皇帝服务的官僚们都有俸钱(供禄)。著名诗人元稹的著名的诗篇《三遣悲怀》中说:"今

---

① 参阅高善必《印度史研究导论》,第 280 页。
② 参阅高善必《印度史研究导论》,第 279 页。

日俸钱过十万，与君营奠复营斋。"（见《元氏长庆集》卷九）但是，同时这些官僚们也有田地，他们也是地主。不能说，在印度，因为官僚有供禄就是还没有得到封建的权利和权力。

此外，玄奘在《大唐西域记》卷二有一段描绘印度当时经济情况的非常重要的记载：

> 户不籍书，人无徭课。王田之内，大分为四：一充国用，祭祀粢盛；二以封建辅佐宰臣；三赏聪叡硕学高才；四树福田，给诸异道。所以赋敛轻薄，徭税俭省，各安世业，俱佃口分。假种王田，六税其一。

这一段话把当时印度的土地制度讲得非常具体、准确。其中有两句话"各安世业，俱佃口分"，过去都完全被理解错了。外国《大唐西域记》的翻译者和注释者没有一个人译得对、注释得对的。按唐朝的均田法，男丁18岁以上给田一顷，其中十分之二是永业，十分之八为口分。"永业"就是"世业"。当时的印度土地制度，不可能同唐朝完全一样。玄奘也可能是借用中国现成的名称。但是，很可能，印度土地所有者一部分田地是世袭的，一部分是临时的。也可能有一部分人占有世袭的田地，而另一部分人则是临时租佃的或国家分配的。这个问题有待于进一步的探讨。

本文摘自《玄奘与〈大唐西域记〉》

原始佛教的历史起源问题[①]

在历史上，佛教曾经在印度和其他一些亚洲国家里流行过。一直到今天，它还在这些国家里不同程度地流行着。

但是，尽管古今中外研究佛教的书籍、文章已经是汗牛充栋，真正搔着痒处的却是绝无仅有。这大大地影响了我们对于这个有世界意义的宗教的理解。

恩格斯说过，基督教的历史起源问题是"我们社会主义者也很关心的一个问题"。我想，对我们来说，原始佛教的历史起源问题也是这样。下面我就对这个问题提出一些肤浅的看法。

一、佛教兴起时印度社会经济和政治情况

佛教兴起于公元前第5、6世纪。这时印度情况是怎样的呢？

雅利安人从大约公元前2000年左右起从今天的阿富汗、巴基斯坦一带侵入印度。他们先在西北部旁遮普一带立定了脚根，然后逐渐向东扩展。到了公元前第5、6世纪的时候，他们已经达到了孟加拉或者更东的地方，他们的势力遍布整个北印度，恒河和朱木拿河汇流的地方成了婆罗门教的文化中心。

---

① 文中所引恩格斯语皆见《布鲁诺·鲍威尔和原始基督教》一文。该文载《恩格斯论原始基督教史》，人民出版社，1961年版。

印度原有的土著居民有的被迫南迁，或者向北方和东方撤退；有的还留在原住的地方，形成了一个特殊的社会阶层，忍受着外来侵略者的奴役和压迫。当时印度正处在奴隶社会，这些人就是奴隶或者接近奴隶的人。

从社会经济的发展水平来看，雅利安人显然低于本土居民。最近几十年来的发掘工作，证明了本土居民创造的所谓"印度河流域的文化"水平是相当高的。雅利安人继承了这种文化，与本土居民共同努力，加以发展。到了佛教兴起的时候，北印度早已由青铜器时代转入铁器时代了。

生产工具的改进促进了农业和手工业的发展。原始居民多从事农业，而雅利安人则本是游牧民族，到了这时候，农业的地位也渐趋重要。农村的基本组织形式是农村公社，土地是公有的，农业与手工业直接结合。手工业的分工已经比较精细，有各种不同的手工艺人。而且农村公社也似乎在手工业方面有了一些分工，有专门从事一个行业的村社。这就证明，商品经济已经很发达了。

随着生产力的发展，各生产部门之间的分工日益扩大。居民依其职业结成了集团，不同民族相互杂居，阶级矛盾和阶级分化日益加强。原有的氏族部落机构逐渐变成了镇压人民的国家机器。根据佛典的记载，当时在北印度出现了十六个国家，其中最重要的是摩揭陀（约当今天的比哈尔邦）、憍萨罗（约当今天的乌德）、阿槃提（约当今天的摩腊婆）和跋蹉（今阿拉哈巴德一带）。这些国家的都城都是宝货充盈，富庶繁华。这时候印度的许多产品，像细布和钢，都已名扬海外。古代希腊的许多历史学家都有所记载。海外贸易早已开始了。

值得注意的是，在雅利安人统治比较集中的地方，新兴的国家都是君主制。在婆罗门文化圈外，也就是在雅利安人统治薄弱或者还没有达到的地方，政治制度则迥乎不同。在这里没有世袭的君主。执政者名曰罗阇，是定期选举的。有点像古代罗马的执政。汉译佛典虽称之为"王"，实际上与王是不一样的。西方学者一般把它叫做"共和国"，也只是说明与世袭君主制不同而已。这可能是氏族公社的残余，不过还有待于进一步的探讨。佛教的创始者释迦牟尼出生的释迦族就属于这个类型。

在这些国家中，阶级关系是什么样子呢？阶级关系表现形态之一就是所谓种姓制度。种姓共有四种：婆罗门（祭司、知识的垄断者）、刹帝利（武士）、吠舍（农民、牧民、商人）和首陀罗（工匠等）。这种制度萌芽极早，但是最初并不十分严格。到了公元前五六世纪的时候，由于统治的需要，逐渐严格起来。在这方面，婆罗门卖了大力气，他们大肆宣扬，想把这种制度神圣化，加以巩固。他们把社会上不同阶级不同阶层人民的权利、义务，甚至生活细节，都刻板地规定下来，不得逾越。四姓间不能通婚，甚至不能共食。把一个统一的社会拆得支离破碎。

婆罗门和刹帝利虽然是两个种姓，却是一个阶级，他们都是奴隶主。他们之间也有矛盾，但是一般说来是互相支持互相利用的。吠舍名义上与婆罗门和刹帝利同属所谓再生族，都是雅利安人。但是他们中间不断产生阶级分化的现象。少数人经济地位提高，变成了中小奴隶主，或者成为大商人，甚至官吏。绝大多数经济地位下降，沦为同首陀罗类似的人，处于奴隶边缘。如果从地域方面来看的话，西部是婆罗门当权，东部则是刹帝利当权。吠舍的地位在西部和东部都差不多。

至于首陀罗究竟是什么样的人，人们的看法是不一致的。有的人说，他们是等级制的最下层，但毕竟竟还是自由民，与奴隶有所不同。这种说法是不符合实际情况的。法经里面用种种方式强调前三个种姓与首陀罗的不同，可见首陀罗是不属于雅利安族的。在雅利安人侵入印度以后，原始居民一部分变为奴隶，从事家务劳动，一部分仍从事原来的工作，绝大多数是手工业者，以后又随着手工业的发展，变为各种工师。首陀罗就是这一部分人。他们实际上是种族奴隶。

总起来，我们可以说，种姓制度是阶级矛盾和民族矛盾的混合产物。

既然有阶级，就有阶级斗争。但是根据各种文献记载来看，我们看不出这个时期的阶级斗争特别激烈。说生产方式方面有什么根本的改变，也是没有根据的。据婆罗门经典和佛教经典的记述，在这时期人民的生活中，当然并不是没有斗争和矛盾的；但是总起来说还是比较平静的、安定的。在许多国家里，政治秩序比较稳定。在城市里，商业和手工业都比较发达；在乡村里，农业和牧业都相当繁荣。要说许多地方有变乱，国与国之间有时也有战争，那么在印度整个历史上什么时候又没有这种情况呢？

总之，据我自己的看法，佛教兴起时的印度，同基督教兴起时的罗马是不一样的。在罗马当时是一个"经济、政治、精神和道德普遍瓦解的时代"（恩格斯语），而印度则不是这样。

但是，在这里，我们必须有阶级观点和民族观点。在不同的民族居住的地区内，在不同的阶级里，生活情况就决不会一样。这种观点，其他时候也要有，在论述公元前第5、6世纪印度情况时，更是绝对不能离开的。

二、当时思想界的情况

上面谈到的那种社会经济和政治情况必然会反映到思想领域中来。

梨俱吠陀时代（公元前第二千纪中叶），雅利安人是乐观的，总是向前看的。当时他们侵入印度为时不久，经常同本地居民战斗。在许多颂神的歌中，他们呼吁神灵协助，祈求胜利。他们并不怕死，认为战死可以升天。后来的阎罗王已经有了，但是他的王国并不阴森可怕，里面充满了永恒的幸福。

随着时间的推移，在东进的过程中，他们遇到的困难，自然的和人为的，越来越多了起来。那种天真粗犷的乐观情绪逐渐染上了一些悲观的色彩。但是基本调子仍然是乐观的。

代表这种思想的是婆罗门。

与此同时，还有另外一种人代表另外一种思想。这就是婆罗门教、佛教以及当时其他教派所谓的沙门。

沙门是什么样的人呢？在《梨俱吠陀》的一首诗中，曾描绘了一种叫做"牟尼"的人，蓄长发，着脏衣，外衣是褐色的，飞行空中，喝饮毒汁。显然，对吠陀时代的雅利安人来说，这样的人是十分陌生的，他们同婆罗门是完全不一样的。唯一合理的解释就是，这是土著居民的宗教的代表，也就是行苦行的所谓沙门。

在佛典里，经常是沙门、婆罗门并提。希腊人梅伽斯提尼斯记述他在公元前第3、4世在印度亲身经历的时候，谈到印度有两种哲学家，一种叫婆罗门，一种叫沙门。沙门不住在城中，甚至也不住在屋中，穿树皮衣，吃橡子，用手捧水喝，不结婚，不生子，行苦行，枯坐终日不动。根据我们目前能够得到的资料来看，这些描绘是忠实的。

这些沙门的哲学思想和宗教信仰是同婆罗门不一样的。他们根本不相信婆罗门相信的那一些吠陀里面的大神。他们相信轮回转生，作为轮回转生说基础的业说是他们宗教信仰的核心。所谓业说就是，今生所作所为的好坏决定来世转生的好坏。无论做好事做坏事，有因必有果，反正总是要转生的。可是他们又厌恶生，不想再转生。于是就想尽了种种办法，希望能跳出轮回。他们认为，苦行是达到这个目的的手段。

显而易见，所有这一切想法的基础是悲观主义。有这种主义的人决不会是征服者、胜利者、日子过得很舒服的人，而是被征服者、失败者、日子过得很不舒服的印度原来的居民。他们处在雅利安人的奴役下，生活只给他们带来痛苦。因此，他们不但对今生没有任何兴趣，而且也不希望有什么来世。有的人就想用苦行来帮助自己跳出轮回。而苦行主义本身也说明了被压迫者被奴役者那种得不到任何人世间享乐的无可奈何的心情。

沙门所代表的思想正是这些被征服了的原始居民的思想。婆罗门思想与沙门思想是根本对立的。婆罗门主张膜拜神灵，祭祀祈福，而沙门则不供养什么神灵，主张业（行为）可以决定祸福，人们是自己命运的主人。他们甚至主张，连神仙也受业的支配。这简直是挖婆罗门的墙脚。这可以说是政治经济方面的阶级斗争在意识形态领域内的反映。

但是，到了公元前第7、8世纪奥义书兴起的时候，在正统的婆罗门教的经典中逐渐出现了轮回业报这样带悲观主义色彩的学说（可能在梵书中已有萌芽）。在婆罗门六派哲学中，数论和瑜伽的主要学说基本上同沙门是一致的。据婆罗门经典的记载，在雅利安人中首先宣传这种新学说的是刹帝利，而不是婆罗门。奥义书中屡次提到，轮回业报说是秘密学说，是刹帝利所专有而婆罗门所未闻的。这情况一方面说明了婆罗门和刹帝利在思想领域内的斗争；另一方面也说明了，从现在开始婆罗门的哲学思想和宗教信仰逐渐接受一些本地居民的东西，吠陀思想与非吠陀思想开始汇流了。

比奥义书稍后一点，到了公元前第5、6世纪，也就是佛教兴起的时候，印度思想界呈现出空前的活跃。根据耆那教经典的记载，当时有三百六十三个哲学派别，其中六十二派属于佛教。佛教经典《长阿含经》《梵动经》列举六十二见（学说）。佛教还经常谈到外道六师。可见当时学派之繁多，争鸣之剧烈。但是，归纳起来，总超不出上面谈到的那两大系统：婆罗门和沙门。属于婆罗门系统的各学派主张梵我一体，宣扬祭祀祈福；属于沙门系统的各学派则主张轮回业报，宣扬苦行解脱，认为一切存在都是苦难。如果从地区上来看，前者流行于西方雅利安人聚居和统治的地方，后者流行于东方婆罗门文化圈外印度原始居民聚居的地方。这种情况是从《梨俱吠陀》以来逐渐发展演变的结果。

在这时候，属于沙门系统的各学派竭力宣传"非杀"。这显然是代表原始居民的农民的利益的，是与婆罗门杀牲祭神、雅利安游牧人民杀牲为生针锋相对的。

佛教兴起时思想界情况大体就是这样。

三、佛教的起源

现在再来探讨佛教的起源，许多问题就可以迎刃而解了。

佛陀最根本的教义是所谓十二因缘、四圣谛、八正道。十二因缘的基础是苦，苦的根源是无明（不了解，不认识）。四圣谛：苦、集、灭、道，也以苦为中心。而八正道：正见、正思、正语、正业、正命、正精进、正念、正定，是为了从苦中解脱而修行的方法。总之，他认为生老病死，一切皆苦，存在本身就是痛苦。他也相信业报，相信轮回。他的最高目标就是铲除无明，了解或认识存在的因果关系，从而跳出轮回，达到涅槃。

这一些想法都涂着浓厚的悲观主义的色彩。有的人说，世界上没有一个宗教不是悲观主义的，但是，像佛教这样彻底的悲观，还是绝无仅有的。我认为，这种说法是很有见地的。

佛教这种悲观主义是从哪里来的呢？

根据我们上面的分析，佛教继承的不是婆罗门教的传统，而是沙门的传统。而且，从佛教产生的地区和环境来看，也只能是这样，而不可能是别的样子。

我们先从地区的或民族的观点上来看一看这个问题。

释迦牟尼生在今天的尼泊尔境内。他的宗教活动大部分是在摩揭陀国。摩揭陀国处在印度东方，是雅利安人到得比较晚的地方。在《阿闼婆吠陀》里，摩揭陀和鸯伽都被认为是极远极远的地方的象征。西方的婆罗门很少来到这里。这里的人是受人轻视的，一向与婆罗底耶人相提并论。婆罗底耶人说的是一种雅利安土话，不信婆罗门教。他们是否是雅利安人，不得而知，反正是十分被人看不起的。摩揭陀人同他们并提，可见他们被鄙视的程度。鄙视的原因很明显：这里是印度土著居民聚居的地方，是僻处在婆罗门文化圈之外的边远地区。在雅利安人心目中，这里是没有开化的区域。释迦牟尼宣传宗教的主要对象就是这些被人轻视、"没有开化的"人民。

至于释迦牟尼降生于其中的释迦族究竟是什么民族，人们的意见是有分歧的。有的人主张，他们不是雅利安人。我们不在这个问题上纠缠。但是，有一点是明确的，从他们所处的地区来看，从当时雅利安征服者分布的情况来看，从他们的一些特殊的风俗习惯来看，从他们的政治组织的形式来看，他们不像是外来的雅利安人，而像是原来的居民。释迦族的政治组织是"共和国"，行政首领罗阇是选举产生的。这样的"共和国"同新兴的君主国是有矛盾的。摩揭陀国王未生怨王曾侵略过"共和国"的离车，憍萨罗国王毗突吒婆曾侵略过"共和国"的释迦。我看，这不完全是一般的侵略。其中有没有民族矛盾的成分呢？这是耐人寻味的。

如果我们不从民族矛盾的角度上来解释这个问题，有一件很重要的事情我们就无法解释。根据佛教传说，释迦牟尼在出家前是一个太子（这件事本分就有夸大渲染的成分），处于深宫之中，长于妃嫔歌妓之手，享尽了人间的荣华富贵，根本没有遇到一点不愉快的事情。恩格斯说："宗教是由身感宗教需要并了解群众宗教需要的人们所建立的。"像这样一个太子会有什么宗教需要呢？他又会怎样了解群众的宗教需要呢？这样一个人决不会悲观到要出家的程度。事实决不会是这样子的。他自己必然受到了一些痛苦，至少是在精神上受到。他感到日子也不那么好过，人间也不那么值得留恋。于是悲观了，出家了。这痛苦是从哪儿来的呢？他了解群众的宗教需要根源又在

STANDING BUDDHA. Red sandstone. From Mathura, U.P. Gupta: 5th Century, A.D.
Indian Museum, Calcutta.

季羡林藏立佛明信片

哪里呢？最合理的解释就是民族压迫。他的悲观主义表达了人民群众的比较普遍的情绪。于是，他的学说一出，立刻就得到了信徒，从几个人到几百人，为以后的发展打下了基础。他的宗教从一个部落宗教经过不断的改造，逐渐变成了几个王朝的国教，进而成为有世界影响的大宗教。

至于佛经里那些关于释迦牟尼遇到老人、病人和死人的故事，最原始的佛典里是没有的。可能是后来的和尚们感到没有这个就无法说明释迦牟尼出家的原因，因而编造出来的。恩格斯说："作为人的创作结果的宗教，虽然有它所特有的诚恳的热情，当其创立时，就已经不会是不带欺骗和不歪曲历史事实的。"对基督教来说，这句话是正确的。对佛教来说，它同样也是绝对正确的。

现在我们再从阶级和种姓的关系上来看一看这个新兴的宗教。它的基础究竟是哪一个种姓、哪一个阶级呢？这是一个十分复杂的问题。据我看，佛教的基础并不限于某一个种姓。佛经里面再三强调它不重视种姓差别，一入佛教，就如众流归海，一切差别不复存在。这样一来，又怎样理解沙门和婆罗门的对立呢？不重视种姓差别这件事实本身就是对婆罗门的反抗，因为婆罗门教是十分重视种姓差别而且是只代表婆罗门的利益的。

但是，佛教也并不是真对一切种姓一视同仁。它当然首先就会反对婆罗门。在婆罗门教的经典里，四姓的顺序是：婆罗门、刹帝利、吠舍、首陀罗，而在佛教的经典里则是：刹帝利、婆罗门、吠舍、首陀罗。释迦牟尼自称是刹帝利。释迦族原来不大可能有什么种姓制度，这只是受了婆罗门教的影响而模拟出来的。他们自称是刹帝利，据我看，这也是冒牌货。不管怎样,既然自称为刹帝利,就必须为刹帝利辩护,竭力抬高它的地位。《长阿含经·阿摩昼经》就是一个例子。新兴的国王(其中也有一些是冒牌的)也努力抬高刹帝利的地位,于是一拍即合,他们也就信奉起、支持起佛教来了。

我看,佛教最可靠的基础是吠舍。上面已经谈到,吠舍不断产生阶级分化。农民、牧人、商人都属于这个种姓。佛教主张"非杀",其中包括不杀耕牛,这当然代表了农民的利益。在佛教兴起的时候,由于对外贸易和国内贸易的发展,由于大城市的兴起,城市大商人的地位越来越高。梅伽斯提尼斯说,印度有七个种姓,第四个就是商人。在政府官员中,有人分工专管贸易。可见商人在当时地位之重要。释迦牟尼同这些商人有着很好的关系。首先信佛教的就是两个商人,这决不是偶然的。佛经中所说的长者就是商业行帮的首领。这些人在佛经里是受到尊敬的人物。他们对于支持佛教是特别卖力气的。须达多长者购买童子胜的花园赠送佛陀,出亿万金钱布满园中,就是一个很好的例子。还有一件事情,也要在这里谈一下。佛陀是主张禁欲的。但是大城市中一些妓女却对他很感兴趣。有名的庵婆罗女就赠送过他一座花园。这些事情都说明,佛教在一定程度上符合了大城市中新兴的阶级或阶层的利益。

至于首陀罗,佛陀的大弟子中也有首陀罗出身的,比如优婆离就是。但是佛陀并不特别提倡首陀罗出家,虽然他也不拒绝。有人说,他对首陀罗感情特别深厚,这是不符合实际情况的。

种姓关系和阶级关系不是一回事,其间有一定的联系,但也有不小的差别。如果纯粹从阶级关系这一个角度上来看一下佛教的话,那么,与其说它同奴隶接近,还不如说它同奴隶主更接近一些。根据佛经的记载，释迦牟尼曾吸收过一些奴隶或处在奴隶边缘上的人入教。但是，我们无论如何也不能说，他代表着奴隶的利益。他在很多地方都表示出一些阶级的或种姓的优越感，他以身为刹帝利而感到自豪。他的生平我们不很知道。他本身好像就是奴隶主出身。竭力支持他的那一些属于吠舍种姓的大商人，也大都是属于奴隶主阶级。因此，如果还要严格区别他同那一些完全站在奴隶主立场上说教的宗教家的话，我们只能说，他比较对那些通过阶级分化而新兴起来的奴隶主更感兴趣。基督教在初期曾满足了奴隶的一些要求。佛教并不完全是这样。如果说，原始佛教表达了最下层人民的愿望，那显然也是不符合实际情况的。

上面我从民族的（地区的）和阶级的观点上来探讨了佛教的一些问题，说明佛教继承的是本地的沙门的传统，而不是外来的婆罗门的传统。虽然有一些宗教哲学的术语看来是两教共有的。这只可能是互相假借。婆罗门教的一些神也出现在佛教里，但地位大大降低。这只不过是佛教为了提高佛祖的地位而制造成的，不能说明有什么渊源关系。

如果我们研究一下佛陀最初的大弟子的出身，也可以看出佛教与沙门的关系。许多大弟子都出身沙门，连婆罗门出身的舍利弗和大目连，也是先做沙门，然后改信佛教的。我看，这不能说是偶然现象。

是不是就可以说，佛教完完全全属于沙门系统呢？也不是的。释迦牟尼才出家的时候，为了寻求解脱，跳出轮回，曾拜苦行沙门为师。他进行了严酷的苦行，几乎到了完全绝食的程度。结果是气息微弱，濒于死亡，苦行无效，大道未得。他毅然决然改变办法，重进食品，终于在菩提树下成了佛教徒认为至高无上的正等觉。这件事实就说明他与沙门的分歧。梅伽斯提尼斯写道:"在印度人中间还有那些信奉佛陀箴言的哲学家。"可见他也不把佛教徒列入沙门一类。总之,我们可以说,佛教继承了沙门传统,但又加以发展、改进,形成了独立的一派。

以上这些情况,绝大多数的资产阶级学者是不了解的。他们认为,在印度只有一个哲学和宗教的传统,佛教和婆罗门教是有继承关系的。按照这个说法,奥义书既然早于佛教,奥义书这个名字和奥义书思想必然在佛典里有所反映。但是,事实上,除了个别的思想有一些共同之点外,整个思想体系是不一样的,甚至连奥义书这个名字在佛典里根本都找不到。对佛陀来说,奥义书好像是根本不存在的。碰到这种情况,那些学者大伤脑筋,挖空心思,寻找它们之间的渊源关系。他们有的说,摩诃婆罗多里面的那几篇哲学诗正好是从奥义书到佛教和其他沙门学派的桥梁。这当然像堂吉诃德大战风车一样,决不会有什么结果的。

如果同意我上面作的那一些分析,不但不会出现这样的现象,而且还有助于了解佛教在印度和印度以外盛衰的原因。佛教扎根在被压迫的原始居民中间,提出了一切皆苦的学说,符合了一部分人的想法(当然也就麻醉了他们)。它相信轮回业报,从而反对了种姓制度。它基本上是无区别地对待一切种姓的,它像婆罗门那样排斥异己,不把社会分割得七零八碎。它反对婆罗门杀牲祭祀,投合了农民的愿望。佛教徒虽然不从事体力劳动,靠布施为生,但是他们不许占有任何财物,房子、牛羊、土地等都不许占有,不许做生意,不许触摸金银;因此同人民的矛盾不大。佛教主张使用人民大众的语言,这就比婆罗门使用梵文大大地有利于接近人民、宣传教义。它反对苦行，在这一点上，又比其他沙门教派占了上风。由于这一些原因，它在印度由小而大，终于成了大王朝的国教。输出印度以后，由于它无区别地对待一切民族，因而在一些亚洲国家流行起来，一直流行到今天。马克思认为宗教是颠倒了的现实的理论。佛教当然也是这样，等到没有可能没有必要再颠倒现实的时候，佛教生存的基础也就会逐渐消逝。

1965年3月

菩提参悟——释迦牟尼[①]

羡林按：

这一篇论文本来是给《中国大百科全书》写的一个词条。既然是词条，就要求简明扼要，条理清楚，不能像平常的论文那样把引文出处一一标出。但现在既然要发表，它又成了一篇平常的论文。这是一个矛盾，我无法完全解决。我只能采取一种折衷的办法，把必要的引文注明出处。这里或那里，再加上一点我认为必要的补充或者说明。结果就形成了现在这个样子，送到读者面前。我认为有必要在这里把我的指导思想说明一下。释迦牟尼，就是佛教信徒的"如来佛"或者"佛爷"，他是一个神仙。但我是一个科学工作者，不是一个宗教信徒。我认为，释迦牟尼确有其人，是一个历史人物。因此我写这篇东西，就把释迦牟尼当成一个人，同世界上其他历史人物一样，他是我研究的对象。我必须把笼罩在他身上的那一团团神话迷雾，尽上我的力量全部廓清，根据历史唯物主义的原则，还他一个本来面目。这是我作为一个科学工作者不可推卸的职责。如果说得不对，那是受水平的限制，我主观上并无意宣传什么东西。如果有一些话对某一些有信仰的人有点刺耳，那我说一声："请原谅！"信仰与科学有时候会有矛盾的，正如鱼与熊掌不能得而兼有一样。

[①] 原标题为《论释迦牟尼》，引自《世界宗教研究》，1982年第2期。

释迦牟尼的名字

释迦牟尼是佛教的创始人。他的名字梵文是 Śākyamuni，意思是"释迦族的圣人"。"释迦"是部落的名字，可见这不是他的真名。另外还有一个名字叫"乔达摩"或"瞿昙"，梵文 Gautama，巴利文 Gotama。有人说这是他的氏族名称。连一些百科全书，比如《大英百科全书》也这样说。但这是不对的。氏族一般都是外婚制，释迦牟尼的姨母名叫 Gautamī 瞿昙弥，可见他们不是外婚。此外，瞿昙还是一个婆罗门氏族名称，而释迦牟尼属于刹帝利种姓。瞿昙这个名字是按照当时印度贵族的一般习惯从古代《梨俱吠陀》赞歌的作者仙人家族中借用来的。Gautama 就是 Vāmadeva。释迦牟尼的真名是"悉达多"，梵文 Siddhārtha，巴利文 Siddhattha，意译"吉财"或"一切义成"，梵文 Sarvārthasiddha。

释迦牟尼的家族

他属于释迦族。当时在印度北部有十六个大国。基本上都是君主制度。此外还有四个独立的或半独立的共和国，释迦就是其中之一。玄奘在《大唐西域记》中用首都的名字称之为劫比罗伐窣堵国（旧译迦毗罗卫国），梵文 Kapilavastu。这是一个小共和国，只能说是半独立的，承认憍萨罗为宗主国，辖地跨今天印度和尼泊尔。释迦牟尼的诞生地就在今天尼泊尔泰来地区的梯罗拉柯提（Tilaura Koṭ）废墟，距印度北方邦巴斯提县的比普罗瓦（Piprahwa）西北约十英里，这可能是历史事实。因为在释迦牟尼涅槃后二百多年即位的孔雀王朝的大王阿育王曾在这里立过一个石柱，说明此处是释迦诞生地。《大唐西域记》卷六说：

> 城东南窣堵波，有彼如来遗身舍利，前建石柱，高三十余尺，上刻狮子之像，傍记寂灭之事，无忧王建焉……次北有窣堵波，有彼如来遗身舍利，前建石柱，高二十余尺，上刻狮子之像，傍记寂灭之事，无忧王之所建也。
>
> 次东窣堵波，无忧王所建，二龙浴太子处也。

这个石柱今天保留下来。考古学者还在这里挖掘出释迦牟尼的舍利坛。曾有一个时期西欧一些学者认为根本没有释迦牟尼其人。这是不对的。

他的家属自称是印度古代甘蔗王族的后裔，同《罗摩衍那》主人公罗摩同出一系。这恐怕是伪托。有人甚至怀疑，释迦族不是雅利安人，而是蒙古种，也没有什么具体的证据。

释迦牟尼出生的时间

释迦牟尼活了八十年，这没有异议。争论不休的是他灭度（逝世）的年代。只要把这一点弄清楚，他的生年问题也就迎刃而解。佛灭年代，异说甚多，据说约有六十种。只在中国的西藏地方，就有十四种之多。[①] 其中比较通行的、有代表性的有以下几种：一、南传佛教各国主张佛灭度于公元前544年或

---

① 参阅吕澂：《印度佛学源流略讲》，任继愈：《汉唐佛教思想论集》。关于这个问题，德国著名梵文学者H.Bechert在他的新著《重新探讨佛陀生卒年代刍议》(Contribution to the Discussion on "The Date of the Buddha Reconsidered"1980年10月瑞典王家人文科学院印度研究讨论会上的发言，作者寄来了打字原稿）中又重新作了分析研究。

前543年；二、我国蒙藏黄教主张佛灭度于公元前961年；三、我国内地有公元前1027年说；根据"众圣点记"，则为公元前485年，较中国的孔子早死六年；四、在西方学者中，德国威廉·盖格主张公元前483年说，荷兰学者亨利·刻恩主张公元前370年说，日本学者有公元前386年说和384年说。加拿大学者瓦德主张公元前486年说[①]；采纳得比较多的是公元前483年说。

释迦牟尼的生平

关于释迦牟尼的生平，我们并没有可靠的历史资料。现在只能根据梵文、巴利文以及汉文、藏文的佛经的记载加以叙述。其中有不少神话，也有不少传说，当然也有不少的历史事实。基本轮廓看来是可靠的，个别细节则很难说。

释迦牟尼的少年时代

释迦牟尼出生在王家，父亲名叫净饭王。这有点夸大。他父亲可能只是贵族寡头中的一个头子，美化称之为王。母亲是摩耶夫人。降生的时间传说是中国旧历的四月八日。降生后七天，母亲逝世。他的姨母大爱 Mahāprajāpati，亦称瞿昙弥，把他扶养成人。她爱他如子，他敬她如母。这个姨母后来成为佛教僧伽中的第一个尼姑。他生长在深宫之中，享用极端奢侈。父亲给他修建了三座宫殿：春季、夏季、雨季各有一宫。他受到了当时刹帝利青年所受的全部教育，包括各种学艺、军事、

---

① A.K.Warder, *Indian Buddhism*（《印度佛教》）Delhi, 1970, pp.44—45.

体育也包括在内。成年后，娶了妃子，名叫耶输陀罗。"贤妃美容貌，窈窕淑女姿，瑰艳若天后，同处日夜欢"（引文见汉译本《佛所行赞》，下同）。他们生了一个儿子，名叫罗睺罗。这一定是历史事实，因为佛教和尚是不许结婚的，可是佛祖却竟结婚生子，给后来的佛徒带来一个尴尬局面。若非历史事实，佛徒是决不会这样写的。为了这件事，和尚编造了不少的神话故事，以图摆脱窘境。我只举一个例子。《根本说一切有部毗奈耶破僧事》卷四说："尔时菩萨在于宫内嬉戏之处，私自念言：'我今有三夫人及六万婇女。若不与其为俗乐者，恐诸外人云：我不是丈夫。'"[①]

出家的经过

据传说，释迦牟尼二十九岁出家。他生下时，就有仙人预言：他如果不出家，就会成为转轮圣王。因此，他父亲早就担心他会出家。于是就用尽心思，让他享尽人间的荣华富贵，目的是引诱他放弃出家的念头。佛经讲，有一天太子要出游散心，国王派人平整道路，驱逐闲人，不让太子看到老人、病人、穷人等。然而净居天却变成一个老人，太子看了心烦，叹息不已，转回宫去。第二次出游，又看到一个天神化成的病人。第三次出游，看到一个天神化成的死人。第四次出游，看到一个天神化成的比丘。太子于是决心出家。这个故事显然是虚构的。总之，出家的真正原因我们还不清楚。当时社会上，有一派用不同形式出家寻求解脱的沙门，这是婆罗门的对立

---

① 《大正大藏经》，第24卷，第115页上。

面。释迦牟尼出家原因之一，可能是受到沙门思潮的影响，但一定还有更深刻的内在的原因。

苦 行

释迦牟尼出家以后，原意是想走苦行这一条路。苦行在印度古已有之，而且是在各个时代都很流行。他先去找沙门阿罗蓝迦蓝和郁陀仙，又去找五比丘，苦行了六年，结果身体羸弱，毫无所得，涅槃解脱，遥遥无期。他自己思忖："如是等妙法，悉由饮食生。"（《佛所行赞》）不吃饭，妙法是寻求不到的。他下决心重新进食，接受了一个牧羊女奉献的香乳糜。"食已诸根悦，堪受于菩提。"（《佛所行赞》）五比丘看到这情况，认为他叛变了，相约不理他。他又继续游行，到处寻求解脱之道。

成 佛

释迦牟尼最后来到菩提伽耶这个地方，坐在菩提树下，发出誓言：如不成佛，决不站起。他坐在树下究竟思考了一些什么东西呢？我们很难确说。在释迦牟尼时代，社会上宗教人士中间流行着一种想法：精神可以突然发亮，豁然贯通，悟得至道；除了佛教外，耆那教也有这种信仰。也许就在这种信念支配下，他坐在那里思维。他先对一切众生起大悲心，得到天眼净，看到众生生死轮回，善人转生人神，恶人堕入地狱。他最后想到生死根源，就是后来传下来的十二因缘：无明（愚痴，不知）、行（形成力，形成）、识（认识）、名色（名称与物质形体)、六入(感官与感官对象)、触(感官与感官对象的接触)、受(感受)、爱(渴望)、取(爱执、执着于存在)、有(存在,无和空的对立面)、生(生)、老死(老死)。这十二因缘,有因果关系。但这关系很复杂,很微妙,解释也有分歧。根据《佛所行赞》,释迦牟尼是从下面老死想起的:"决定知老死,必由生所致……又观生何因,见从诸有业……有业从取生,犹如火得薪,取以爱为因……"如此一环扣一环,最后根源是"无明"("痴灭则行灭")。一切皆从"无明"起。什么叫做"无明"呢?对于这个关键的字眼,解释很分歧。有人说无明就是不知道事物实际上并不像人们想象的那样存在。这有点大乘的味道,但可备一说。有的经又说,"无明"就是不知道苦、集、灭、道四谛。无论如何,"不知道"的对立面,就是"知道"。知道了,就是"大觉",就是"佛"。这十二因缘着重讲因果关系,是后来佛教根本学说之一,但是佛在菩提树下还不能想得这样有系统。可能只是一个大体的轮廓。

说　法

　　释迦牟尼证得大道,成了佛。经过一番犹疑考虑,他决心说法转法轮。他来到迦尸城(今贝拿勒斯)。他首先想到向他出家后见到的两个比丘说法。但他们已经死去。他又去找那五个苦行者,他们正在迦尸附近的鹿野苑。他们相约对他表示冷淡,最后还是洗耳恭听。说法的内容是什么呢?根据佛经传说,大概是这样的:如来佛首先讲了中道,避免两个极端,又讲了八正道和四圣谛。如来可能讲了这样的一些想法,恐怕还比较粗糙。这样系统化是以后的事情。有的学者认为第一次说法不是历史事实，但缺乏可靠的证据。

招收弟子

第一次说法以后，以憍陈如为首的五人成了佛的弟子。接着是迦尸城富家子耶舍入教。他又带了五十四人入教，此时已有比丘六十人。跟着是苦行仙人迦叶兄弟三个入教，三人原都是婆罗门。三迦叶有弟子五百人，都受了正法。五百这个数目不可靠，这样整齐的数目是后来捏造出来的。在王舍城竹林，又收舍利弗、大目犍连为弟子。后来成了如来佛的大弟子，二人也都是婆罗门。总之是弟子越受越多。僧伽形成了。而且诸大弟子各有所长，比如舍利弗智慧第一，目犍连神通第一，优波离持律第一，罗睺罗持戒第一，大迦叶弟子头陀第一名，但据估算，终释迦牟尼之世，弟子也不过五百人。

从社会地位来看，他确实收了一些低级种姓的人，比如大弟子优波离就出身剃头匠，弟子中还有淫女、强盗、杀人犯、商人、猎人，但出身婆罗门的更多。释迦牟尼禁止奴隶入教。在佛典的律藏中，有很多关于这方面的规定。比如《根本说一切有部毗奈耶出家事》卷三说："从今已往，汝等苾刍不应与奴出家。若有求者，当可问之：'汝是奴不？'若与奴出家，得越法罪。"①

释迦牟尼与国王结交

在招收弟子的同时，他到王舍城见到瓶沙王，佛故意问弟

---

① 《大正大藏经》，第 23 卷，第 1033 页中。

子迦叶为什么不再事火而出家为僧。迦叶说："事火修咒术，离解脱受生，受生为苦本，故舍更求安。我本谓苦行，祠祀设大会，为最第一胜，而更违正道。是故今舍弃，更求胜寂灭，离生老病死，无尽清凉处。"(《佛所行赞》)"寂灭"就是涅槃。事火无法求得涅槃，所以他舍弃了事火。瓶沙王一听，成为佛友，护法大王。

瓶沙王之子阿阇世（未生怨王）弑父自立，这是一件惊人的事情。佛教虽然是一个出世的宗教，中国有人骂它是"无父无君"，实际情况却不是这样。它也非常关心社会上的伦常道德，对于孝顺父母更是特别强调，它把"杀父母、杀阿罗汉、破僧、恶心出佛身血"看做是罪大恶极。这种意见屡屡见于佛教律中，无须具引。但是释迦牟尼对于阿阇世弑父自立这一件事却"宽大处理"。阿阇世后来后悔了，向佛坦白自己的罪行，佛竟加以安慰。佛经多次讲到这一件事，我只举两个例子。其一："佛重告使言：'语阿阇世王：杀父恶逆之罪，用向如来改悔故，在地狱中，当受世间五百日罪，便当得脱'。"① 其二："佛告诸比丘言：'此阿阇世王，过罪损减，已拔重咎。若阿阇世王不杀父者，即当于此坐上得法眼净'。"② 从这一件事情中可以看出，释迦牟尼争取国王，用心良苦。此外，他同迦尸国王波斯匿、拔蹉国王优填、王都人民之主恶生、南海之主优陀延等国主都有交谊。

联络商人

释迦牟尼同商人似乎有特殊的关系与联系。他成佛后不久

---

① 《菩萨本行经》卷中，见《大正大藏经》第3卷，第116页下。
② 《长阿含经》卷17，见《大正大藏经》第1卷，第109页中。

就接受两个商人奉献的食品。见了瓶沙王以后，又认识了大长者（大商人）给孤独。给孤独在憍萨罗王都舍卫国布金满园买下了祇林精舍，赠给释迦牟尼。他成了佛教的居士。当时在摩揭陀国，在憍萨罗国，商人都是腰缠万贯，在社会上占有很重要的地位。摩揭陀王室也参与贸易活动，大概双方互相利用，共同发展，因而才结成了密切关系。如来佛在几十年传教活动中，到过许多国家，走的路也都是当时主要的商道。在涅槃前游行时也走的是商道。同商人的接触一定会是很多的。居士中间阔人富人占多数。

在弗哩逝（Vrji）首都鞞舍离，释迦牟尼结识了淫女庵摩罗。她很有钱，在社会上很有地位，在朝廷上广通声气。她请佛吃饭，并送给佛一座花园。她服务的对象绝大部分可能也是富商大贾。

涅 槃

释迦牟尼二十九岁出家，三十五岁成佛后，游行传教，长达四十五年。东至瞻波，西到摩偷罗，初步组成了一个僧伽。据佛经记载，僧伽里面后来还接受尼姑。这是违反释迦牟尼的想法的，他瞧不起妇女，认为收妇女做尼姑，会缩短佛教的寿命，只因抚养他的姨母苦苦哀求才不得已而破此例。释迦牟尼允许他姨母出家，但很有感慨地说："若不听女人出家受具足戒，佛之正法往世千岁。今听出家，则减五百年。"[①]

最后他从王舍城出发，做长途游行，来到了拘尸那揭罗的

---

① 《五分律》卷29，见《大正大藏经》第22卷，第186页上。

双树间,在这里逝世(灭度或涅槃)。火化后,许多国王来抢分舍利。

教 义

释迦牟尼时代,正是印度古代思想最活跃的时期,有点像中国的春秋战国时期,各种学说,风起云涌,百家争鸣,莫衷一是。从各方面来看,都可以说是印度历史上一个转折点。当时在思想界有两大对抗的潮流:一是婆罗门,主张吠陀天启,祭祀万能,婆罗门至上。这是保守派。一派是沙门,反对婆罗门那一套,是革新派。释迦牟尼属于沙门系统,属于革新派。恩格斯说,他的学说中有一些辩证法的因素。有人说,他的主要敌人不是婆罗门,而是外道六师,这看法很有见地。他究竟宣传了些什么学说,今天还无法证实,只能根据现存的佛经加以概括的论述。

有人主张,释迦牟尼在涅槃前不久,对自己的学说做了一个撮要,这就是:四念处、四意断、四神足、四禅、五根、五力、七觉意、贤圣八道。所有佛教宗派,包括大乘在内,都无异说。这似乎就是释迦牟尼自己归纳的基本教义。① 这说法有没有根据呢?应该说是有的。《长阿含经》卷二《游行经》说:

> 告诸比丘:"汝等当知,我以此法自身作证,成最正觉,谓四念处、四意断、四神足、四禅、五根、五力、七觉意、贤圣八道。汝等宜当于此法中,和同敬顺,勿

---

① 见 Warder 前引书 p.830。

生讼诤"。①

但是这种根据是靠不住的。这所谓"三十七品"在佛典中已经成为一个刻板的老一套。不管什么地方,一提到佛的教义,就是这一套。例子太多,无法引用。看来这是佛教和尚长期形成的一套说法。释迦牟尼在生前不可能对自己的学说做这样系统的阐述,这样的系统化显然是后人做的。

估计如来佛的根本教义,不会出他在成佛时思考过的一些问题之外,后来他在第一次说法时又讲到过,这就是四圣谛和十二因缘。十二因缘已经讲过,四圣谛是指苦、集、灭、道。意思就是说,人世无常,一切皆苦,造成苦的原因就是烦恼及业,必须从烦恼及业中解脱出来,达到涅槃境界。达到涅槃的道路就是所谓八正道。

原始佛教最基本的教义可能就是这些,后来逐渐发展、深化、系统化,越说越玄,越说越烦琐,以至达到"佛学号称难治"的程度。

说法方式

根据晚于释迦牟尼的佛经的记载,他说法很有一些特点,他善于用比喻,而且比喻很多出于农牧。这些记载不一定完全可靠,可能有一部分是出于和尚代代相传的回忆,至少可以反映早期佛教徒的情况,这种例证比比皆是。我现在从汉译佛经

---

① 《大正大藏经》,第 1 卷,第 16 页下。参阅《增壹阿含经》卷 3,见《大正大藏经》第 2 卷,第 561 页中。《十诵律》卷 33,见《大正大藏经》,第 23 卷,第 239 页下。

中选出几个例子来：

> 犹如耕田薄地之中，下种虽多，收实甚小。[1]
>
> 譬如农夫，宿有二业：一田业高燥肥沃，二田业下湿瘠薄。[2]
>
> 若好田苗，其守田者心不放逸，栏牛不食，设复入田，尽驱令出。[3]
>
> 过去世时，摩揭提国有牧牛人，不愚不痴者，有方便慧。[4]
>
> 若复牧牛人成就十一法者，能拥护其牛，终不失时，有所饶益。[5]
>
> 如田家子，善治其地，除去秽恶，以好谷子著良田中，于中获子，无有限量。亦如彼田家子，不修治地，亦不除去秽恶而下谷子，所收盖不足言。[6]

这些比喻的例子都说明释迦牟尼本人和他早期的信徒是同劳动大众有密切的联系的。他们了解人民的生活，用人民的一些喜闻乐见的、从他们生活中选取来的比喻来阐述比较难懂的佛教教义。佛教发展之所以能这样迅速，影响之所以这样大，与这种说法方式可能有些关系。此外释迦牟尼不承认梵文的神圣性，主张和尚使用自己的方言来宣传教义。

---

[1] 《大正大藏经》，第3卷，第114页上。
[2] 同上书，第4卷，第162页中。
[3] 同上书，第2卷，第312页中。
[4] 同上书，第2卷，第342页上。
[5] 同上书，第2卷，第794页中。
[6] 同上书，第2卷，第827页下。

对社会改革的看法

释迦牟尼主张改革，但有很大局限性。他想革新，但又不彻底。比如他反对婆罗门所竭力主张的祭祀，他反对种姓制度。他曾打比喻说：在入海以前，长江大河各有自己的名字，一流入大海，就混同起来，表示佛教僧伽内部没有种姓之别。但不彻底，他好像只想为刹帝利向婆罗门争首席地位。过去六佛没有一个出身吠舍、首陀罗，可以为证。

在他一生中，他都同当时很有力量的商人有密切联系。在一定程度上，他也关心农民，主要是吠舍。他反对杀牲（牛），这有利于农业，而农业又主要是吠舍的职业。婆罗门当农民的在《本生经》中也可以找到。另一方面又结交国王，国王奴隶主反对奴隶逃跑，他就禁止奴隶入教，这可以说是迎合国王。在这里，他提供了一个在他以后的中外佛教徒（别的宗教徒也差不多）都遵循的榜样。《梁高僧传》卷五《道安传》记载高僧道安的话说："不依国主，则法事难立。"① 讲的就是这个道理。他同淫女也打交道，在这些方面表现出不少的世故，表现出圆熟的交际手段。总之，释迦牟尼是一个性格比较复杂，有不少矛盾的人物。但他之所以成功，佛教之所以成为一个世界宗教，一方面说明它满足了一部分人民的宗教需要，同时同他这个教主有一套手段，也是分不开的。

1981 年 9 月

---

① 《大正大藏经》，第 50 卷，第 352 页上。

参考书：

(1) 马鸣菩萨造、北凉昙无谶译《佛所行赞》。

(2) Hermann Oldenberg, *Buddha*, 1923, Stuttgart und Berlin.

(3) Etienne Lamotte, *Histoire du Bouddhisme Inden*, Louvain-la-Neuve, 1976.

(4) A.K.Warder, *Indian Buddhism*, Delhi.Varanasi. Patna, 1980.

摘自《论释迦牟尼》

"但有此生,更无后世"

——提婆达多与释迦牟尼的路线斗争[①]

提婆达多是释迦牟尼的堂兄弟,在佛经中他被描绘为十恶不赦的坏人。实际上他是一个非常有才能、威望很高的人。他有自己的戒律,有自己的教义,有群众。他同释迦牟尼的矛盾决不是个人恩怨,而是"两条路线"的斗争,在佛教史上是重大事件。他的信徒,晋代法显在印度看到过,唐代玄奘和义净也看到过。足征他的影响之深远,历千数百年而不息。这是佛教史上的一个重要问题。可惜过去还没有人认真探讨过,本文是第一次尝试。以后再写印度佛教史,必不应再忽略这个事实。

一、问题的提出

从全世界范围来看,印度佛教史的研究,经过了一百多年的努力,已经取得了辉煌的成绩。但是这并不等于说,其中的一切问题都已经解决了。有很多问题,甚至是重大的问题,还有待于进一步的研究与探讨。这一点几乎是所有的学者都承认

---

① 原标题为《佛教开创时期的一场被歪曲被遗忘了的"路线斗争"——提婆达多问题》,引自《北京大学学报》,1987年第4期。

的。中外学者们也提出了一些这样的问题，说明他们对研究工作中不足之处是感觉到的，认识到的。但是，唯独有一个我认为是佛教初期的一场重大的斗争问题，却从来没有人提出来过。只有现在常常使用的一个新词："路线斗争"约略能表达出这场斗争的重要性。这就是提婆达多问题。

稍稍熟悉印度佛教史的人都知道，提婆达多（Devadatta，旧译"调达"，意译"天授"）是佛祖释迦牟尼的堂兄弟，后来加入了僧伽，当了和尚。所有的佛典都说，提婆达多是一个天生的坏人、恶人。处心积虑想篡夺僧伽的领导权，多次想谋害佛祖，拉帮结伙，从事"破僧"（破坏僧伽）活动。最后堕入地狱，永世不得翻身。中国古话说："胜者王侯败者贼。"释迦牟尼成了王侯，成佛作祖，至今还高踞许多佛教国家美轮美奂的大雄宝殿中莲花座上，而提婆达多则成了不齿于佛徒的狗屎堆，成了佛教的犹大。千百年来，代代相传，众口铄金，从无异辞。

几乎所有的中外学者的有关印度佛教史的著作中，都提到提婆达多，有详有略，有重有轻；但其内容则基本上是一致的。这些书都重复佛典中的记载，讲一点他同佛祖的亲属关系，讲一点他企图破坏僧伽团结的故事。至于他究竟是一个什么样的人？他究竟为什么要"破僧"？他同佛祖的斗争究竟有什么意义？这一场斗争在佛教史上究竟有什么影响？对于这一些问题，从来没有书认为这真能成为问题，真值得去探索一下。中国到印度去取经的高僧们，在印度巡礼佛教圣迹的过程中，也都提到在什么什么地方当年提婆达多企图伤害佛祖，也都讲到一些两个堂兄弟斗争磨擦的情况，理所当然地都把提婆达多看做叛徒。

我在下面从印度佛教史的著作中举出几个例子，说明一下我上面提到的这种情况。至于中国僧人的游记则不再列举，因为那种充满了僧侣偏见的记载对我们今天的学术探讨毫无用处，最多只不过证明这些都是偏见而已。在中国学者的著作中我只想举出一部来，这就是吕澂先生的《印度佛教史略》[①]。在本书的本篇上，第一章，第四节中，有一段关于提婆达多的话：

> 佛陀既于社会得势，随而反对者往往有之，其中最著者为禅那教徒，如摩揭陀王阿阇世即初信禅那教者，又阿阇世之亲信者佛陀从弟提婆达多，亦同教徒也，故设诸计略以坏佛教。彼欲害佛者三数次，初放醉象，次使狂人，后投大石，而皆目的不果，遂自称为大师，而诽谤沙门瞿昙非大师。又云五法是道，瞿昙所说八支圣道则非真道。所云五法者：一至寿尽着粪扫衣，二至寿尽常乞食，三至寿尽唯一坐食，四至寿尽常露居，五至寿尽不食一切鱼肉血味盐酥乳等。此皆较佛陀之戒更为峻严，因此一时得众之欢心，而暂使佛众叛教云。

禅那教，今作耆那教。说提婆达多是耆那教徒，恐无根据。这里讲到提婆达多与佛祖的矛盾，其理解不高出同类书籍的水平。说到醉象、狂人、大石，皆拾佛典牙慧，未辨真伪。说提婆达多"暂使佛众叛教"，亦与历史事实有违。吕先生在他的新著《印度佛学源流略讲》[②]中没有再提到提婆达多的问题。

---

① 佛学丛书，商务印书馆，1933年、1935年国难后第一、第二版。
② 上海人民出版社，1979年。

欧美印度佛教史的专家们当然并没有忽视提婆达多这个人，几乎没有一部印度佛教史没讲到他的。我在下面按照出版年代的顺序选出几部书来，稍稍加以说明。

第一部书是荷兰学者克恩的《佛教和它在印度的历史》①。书中用大量的篇幅相当详尽地叙述了提婆达多的历史，主要是根据巴利文经典，同时又引用了其他语言的佛典。在第一卷，第149—153页，克恩叙述了提婆达多和一群释迦族的青年，还有理发匠邬波离（Upāli），一起出家，加入僧伽。提婆达多后来得到了一个没有成为阿罗汉的人能够得到的最高智慧。第175页，讲到提婆达多与佛祖的第一次冲突。第226—253页，叙述了提婆达多与阿阇世的关系，讲到他们俩如何谋划弑父杀佛。第230页，佛祖说，提婆达多过去是好的，后来性格变了。第236页，提到了提婆达多的五法。第二卷，第73—87页，克恩详细论述了佛教徒的吃肉问题。总之，克恩用了很多篇幅来介绍提婆达多；但是，他主要是照抄佛典的原文，对于提婆达多与释迦牟尼矛盾的性质，几乎是一字没提。

第二部是英国学者查尔斯·埃利奥特的《印度教与佛教史纲》②。这一部书在第9—13页，叙述了佛陀的历史，但是根本没有讲到提婆达多。

第三部书是德国学者杜图瓦的《佛陀传》③。这一部书，第164—188页，叙述提婆达多破坏僧伽团结的故事。作者注明是根据巴利佛典 Cullavagga Ⅶ，2—4。因此，他不可能对提婆达

---

① Heinrich Kern, Der Buddhismus und seine Geschichte in Indien, übes.von Hermann Jacobi, 2 Bde.Leipzig, Otto Schulze, 1882, 1884.

② Sir Charles Eliot, *Hinduism and Buddhism*, *an Historical Sketch*, 李荣熙译，商务印书馆，1982年。

③ Dr.Julius Dutoit, *Das Leben des Buddha*, Leipzig 1906, Lotus.Verlag.

多提出什么新的看法。

第四部书是德国学者奥尔登堡的《佛陀,他的生平、学说和僧团》①。在这一部书中,第179—180页,叙述了提婆达多同释迦牟尼的矛盾,说提婆达多出于野心,企图害佛。他提出了五法,也是为了篡夺僧伽的领导权,最后堕入地狱。第343页,又讲到提婆达多用大象害佛的故事。所有这一切都没有超出巴利文佛典的范围。奥尔登堡的这一部书在欧美流行最广,威信最高。但是,在提婆达多问题上,表现出来的水平不过如此。

第五部书是比利时学者拉茂特的《印度佛教史,自创始至塞伽时期》②。在这一部书中,第19—20页,叙述了释迦牟尼的生平,讲到提婆达多与阿阇世合谋:一弑父,一杀佛;一夺王位,一夺僧伽领导权,不外是醉象、狂人、大石之类。第69—70页,又讲到提婆达多想篡夺僧团的领导权。第374页,讲到玄奘在印度还看到了谨遵提婆达多遗训的佛教僧侣,拉茂特在这里引证了玄奘《大唐西域记》卷十,羯罗拿苏伐剌那国的记载。第728—729页,又讲到提婆达多与释迦牟尼的矛盾,明确指出,这是破坏僧伽团结的活动(Schisme)。特别值得提出来的是第572页关于佛教部派出现的论述。拉茂特说,在如来佛还活着的时候,出现过两次僧团破裂的情况,其中之一的首领就是提婆达多。拉茂特的这一部书被认为是近几十年来欧美研究印度佛教史的最高成就,备受赞扬。同以上几部书比较

---

① Hermann Oldenberg, *Buddha, sein Leben, seine Lehre, seine Gemeinde*, Stuttgart und Berlin,1923.

② Étienne Lamotte, *Histoire du Bouddhisme Indien, des Origines āl' Ére Śaka*, Univer-siti de Louvain, Institut Orientaliste, Louvain-la-Neuve,1976.

起来，这一部书确有一些与众不同之处，比如它讲到《大唐西域记》中有关于提婆达多信徒的记载，眼光确实超过了以上诸家。但是，仅就此事而言，拉茂特也有其局限性，义净在《南海寄归内法传》（已有英文译本）中关于同一件事的记载，他就没有引用。因此，如果想给此书以实事求是的评价的话，赞美之词只能到此为止。拉茂特，同以上诸家一样，一点也没有认识到提婆达多问题在印度佛教史上的重要意义。

第六部书是加拿大学者瓦特尔的《印度佛教》①，这是最晚出的一部书。在这一部书中，第62—63页，叙述在佛陀涅槃前不久，提婆达多向他提出让领导权的问题。遭到拒绝，就企图害佛。他是阿阇世的密友，阿阇世的父亲逊位，让自己的儿子登基。提婆达多怂恿阿阇世杀害佛陀。提婆达多还提出了五法，以与佛陀对抗。瓦特尔指出，这是一次"破僧"的举动，并且提到，提婆达多获得了某一些成功，他那分裂出去的僧团（Schimatic community）存在了几个世纪之久（several centuries）。瓦特尔高明之处就在最后这一点。但是也就仅此而已，他对提婆达多事件的认识比起以上诸家来并不高明多少。

最后，我还想引用两部印度学者的著作，一部是杜德的《在印度的佛教部派》②。在不到一页的篇幅中（第38—39页），杜德叙述了提婆达多事件（The episode of Devadatta）。他说，这几乎是一次破僧活动（saṅghabheda），虽然佛典律中没有这样说。他列举了提婆达多提出来的"五法"，并且指出，在如来佛的直系弟子中也有一些实行苦行的人（dhūtavādin）。杜德

---

① A.K.Warder, *Indian Buddhism*, Motilal Banarsidas, Delhi, Varanasi, Patna, 1980.
② Nalinaksha Dutt, *Buddhist Sects in India*, Firma Kim private led.Calcutta, 1977.

还提到玄奘和义净关于提婆达多信徒的记载。看来杜德对提婆达多事件的认识没有能超出一般的水平①。

第二部是慕克吉的《提婆达多的传说》（B.Mukherjee, Die Überlieferung von Devadatta, München 1966）。这是一部专门研究提婆达多的书，在以上诸书中是水平最高的。它把提婆达多的事迹分为主要传说、附属传说、个别记载三大项。主要传说包括四件大事：一、作为和尚的提婆达多；二、提婆达多想夺取领导权；三、夺权斗争和他的恶行；四、他那破僧的尝试，然后加以综述并分析其可靠性。附属传说包括提婆达多的家谱、他的青年时期、杀死大象、参加射箭比赛、想毒死佛陀从而堕入地狱。个别记载对象仍然是上述诸大事。最后一部分是资料的鉴别和评价。作者根据提婆达多传说各异本，主要是上座部、法藏部、化地部、说一切有部和根本说一切有部的五部律，分析事件的过程，确定其先后次序。他触及了一些敏感的问题，比如佛陀派阿难或舍利弗到王舍城去宣布提婆达多非法（第52—54页），提婆达多的五法（第41—45页，第104页），提婆达多与阿阇世和哺剌拿的关系（第126页）。作者指出了提婆达多代表正统方向，这是本书的高明之处。但是其高明也就到此为止。作者一点也没有认识到，这在佛教开创时期是一场两条路线的斗争，也没有分析提婆达多思想与哺剌拿的关系。因此，我们只能说，他的认识有极大的局限，没有搔到痒处。

---

① 我再简略地介绍几本书：一、雷曼（Edv.Lehmann）《佛教，作为印度宗教部派，作为世界宗教》。1911年，Tübingen, pp.74—75；二、格拉森纳卜（Helmuth von Glasenapp）《佛教》，1936年，Berlin, Zürich，这是一本通俗的书，流传颇广，根本没有提到提婆达多；三、弗劳瓦尔纳（E.Frauwallner）《最古的毗奈耶和佛教文献的开端》（*The Earliest Vinaya and the Beginnings of Buddhist Literature*），Roma, Is.M.E.O, 1956, pp.117, 118,119,120,121,126,137,181,195,197。

欧美和印度学者的著作就引到这里为止。我不想求全,因为没有那个必要。这几部著作是有代表性的,鼎尝一脔,豹窥一斑,欧美、印度的研究水平一目了然。这些著作和我没有引用的众多著作,基本上都没有脱开正统佛典的羁绊。哪一部书也没能真正认识提婆达多事件的重要意义,这一件事真成了千百年来印度佛教史上待发之覆。多少年来,我个人就对此事有所怀疑。因此,在搞其他研究工作之余,随手搜集了一些有关提婆达多的资料,现在加以整理,希望能够用新观点来探讨这个问题,还提婆达多事件以本来面目。同时也希望对印度佛教史的研究增加点新东西,在某一些方面改变对印度佛教史发展规律的认识。如果我的观点能够站得住脚的话,将来再写佛教史必须在一定范围内改换一下写法。

二、佛典中对于提婆达多的论述

为了解决提婆达多问题,我想从分析佛典中关于他的记载入手。现存的佛典都是释迦牟尼的弟子们和再传弟子们的一家之言。提婆达多是斗争的失败者,对于他根本不可能有真实的记载。既然不真实,就必然自相矛盾。这情况有点像印度古代的唯物主义者,他们的著作(如果有的话)都已荡若云烟,今天要想了解他们,只能从他们那些胜利了的论敌的诬蔑不实之辞中去细心地爬罗剔抉。对于提婆达多,我们也只能利用现存的佛典,剔抉其矛盾之处,然后努力摄取真相。

佛典中关于提婆达多的论述多如牛毛。想全面地介绍提婆达多,困难不在于材料太少,而在于材料太多。我经过反复考虑,决定以唐义净译的《根本说一切有部毗奈耶破僧事》为基础来加以叙述（以下简称《破僧事》），于必要时采用一些其他佛典的说法。《破僧事》实际上类似一部佛传，我只选取其中与提婆达多关系密切的事件加以介绍。《破僧事》的梵文原文已在巴基斯坦吉尔吉特（Gilgit）发现，但残缺不全，只剩下最后一段[①]，对我们参考价值不大。

《破僧事》[②]叙述提婆达多破僧的故事用的是典型的印度方式。几乎是从开天辟地讲起，讲人类的出现、人类的逐渐堕落、私欲渐增，出现了争夺土地的现象，因而产生了国王（地主），中间经过了无数年代，出现了释迦种，又经历了不同的国王统治，到了师子颊王。他生了四个儿子：净饭、白饭、斛饭、甘露饭。净饭王生二子，长子即佛祖释迦牟尼，次子是难陀。白饭生二子，斛饭生二子，甘露饭也生二子，长子是阿难（庆喜），次子是提婆达多[③]。提婆达多是释迦牟尼的堂兄弟。

接着讲释迦牟尼的诞生，用的也完全是印度方式，从睹史多天宫讲起，佛典中所有的佛传几乎都是这样。在以下的叙述中，一方面竭力宣扬佛祖的神奇，另一方面又竭力渲染提婆达多的卑劣。提婆达多与佛祖一败一胜，这种情况是在意料中的。

佛祖与提婆达多的矛盾从很早的时期就开始了。太子（佛祖）学习乘马射箭，有博士来教，他的阿舅就说："唯提婆达多本自恶性，无有慈心，愿请博士勿教妙杀之法。"薛舍离城的

---

① Gilgit Manuscripts, vol. Ⅲ, part Ⅳ, Calcutta, 1950. 请参阅 Charles S. Prebish, Vinaya and Pratimoksa：*The Foundation of Buddhist Ethics*，见 A.K.Narain, *Studies in History of Buddhism*, Delhi, 1980,p.237。

② 夭24, 99a—206a。

③ 一说提婆达多是斛饭之子。还有一说，他是白饭之子，见夭22, 101。释迦家族的历史多半是捏造的，家谱没有法排清楚的。夭24,882b 夹注："调达婆儿，阿难妹也。"殊难解释。根据《破僧事》的说法，岂非提婆达多娶自己的姊妹吗？

居民向太子献宝象。提婆达多出于嫉妒，打死宝象。太子把大象尸体遥掷城外。太子挽弓射下大雁，提婆达多来抢。后来太子厌倦人世，出家修道。渡过殑伽（恒）河，到了王舍城附近的阇崛山旁野林中，修习苦行，同一群苦行者在一起。他翘一足至二更方休，他五热炙身至二更方休，实行严酷的苦行。但是，他不久就感觉到，这样苦行的结果仍然是天上人间轮回不息，"此是邪道，非清净道"[《大正新修大藏经》（以下缩写为㊛）24，119b]。他便毅然舍弃这种苦行方法，另寻其他途径。他走到伽耶城南尼连禅河边，在这里实行另外一种苦行，想闭塞诸根，不令放逸，闭气不令喘息，结果身体忍受了极大的痛苦，仍然不得入于正定。只喝小豆大豆及牵牛子汁，结果身体羸弱，毫无所获。最后他认识到，"此非正道，非正智，非正见，非能到于无上等觉"（㊛24，121b）。他决心舍弃苦行之道，吃了二村女献上的粥，恢复了体力。他来到了尼连禅河东金刚地，坐在菩提树下，终于证无上正智，他成了佛①。

释迦牟尼成了佛以后，经过深思熟虑，决定留在世上，宣扬大法。他首先想到那五个苦行伙伴，于是走到波罗尼斯城仙人堕处施鹿林中，为他们五人说法，"度憍陈如五苾刍（刍）众，次度耶舍五人，次度贤众六十人民"（㊛24，156c）。这可以说就是僧伽的滥觞。要讲"破僧"，必须从这里讲起，因为有了僧伽，才能谈到破；没有僧伽，何从破起呢？

总之，从此之后，佛法逐渐传播起来，僧伽逐渐扩大起来。释迦牟尼会见频毗娑罗王，接受了给孤独长者的赠园，进

---

① 有一段小插曲，很有趣味。当释迦牟尼坐在菩提树下，正准备成佛时，听了魔王的谎言，曾萌生杀害提婆达多的念头。这肯定是后来的和尚捏造出来的，故事本身没有多大意义，意义在于从中可见二人结怨之深。

行了一系列的佛教史上著名的活动。后来他决定回家看望父亲净饭王。净饭王大喜过望，用极其隆重的仪式欢迎了自己这成了佛的儿子。王令人击鼓鸣槌，"宣王教令，普使投劫比罗城内家家一子随佛出家"（大24，144c）。斛饭王二子，一名无灭，一名大名，无灭出了家，大名没有。无灭来到贤释种王那里。"住彼一宿。王言：'童子！我若随汝出家，天授（提婆达多）当为释种王，与诸释种极为大患。可共相劝天授同共出家。'"于是就把天授叫了来。天授也有自己的打算："我报言不出家者，贤释种王亦不出家。我设方便，应当诳彼。"他于是就回答说："王既出家，我亦不住。"这实际上是一句谎话，但是贤王对公众宣布了这个消息，提婆达多搬起石头，砸了自己的脚，迫不得已，只好出家。同时剃头匠邬波离也出了家。世尊规定，他们都要礼邬波离足。提婆达多认为这样有失身份。世尊让他照办，他不肯。"第一先起破佛之意"（大24，146a），他要设法伤害释迦牟尼了。从此以后，在僧伽内部，在释迦牟尼与提婆达多之间，矛盾与斗争就接二连三地发生了。

频毗娑罗王的儿子未生怨王（阿阇世，Ajātasatru）归依了世尊。他告诉守卫宫门的执仗人说，若见世尊及僧尼居士来，应当立刻放他们进来，"若见提婆达多及彼徒众，应须掩障，勿使其前。"（大24，147c）既曰"徒众"，足见此时提婆达多已经不是单枪匹马。他遭到拒绝，怀疑嗢钵罗色苾刍尼从中捣了鬼，就打了她。这个苾刍尼遂即入无余依涅槃界。提婆达多同未生怨王的关系是他一生重要事件之一，以矛盾开始，后来二人却成了密友。此是后话，这里暂且不谈。

提婆达多一生中另一个重要事件是他同外道六师之一的晡剌拿（Pūraṇa Kāśyapa，巴利文 Pūraṇa Kassapa，佛典中异译甚多：富兰那·迦叶，不兰·迦叶等等）的友谊。这一件事似乎为人们所忽略，其中有重大意义；但是我还没有看到任何一部印度佛教史谈到过这个问题。事情的经过是这样的：莲花色尼涅槃之后，提婆达多忧心忡忡，"以手支颊，退在一边，愁思而坐"（㊣24，148b）。这情景被晡刺拿看到，问提婆达多是什么原因。提婆达多如实告知。下面我引一段《破僧事》原文：

晡刺拿曰："我常谓诸舍迦种内唯汝一个解了聪明。岂谓汝今亦成愚蠢。岂有后世，令汝见忧？若有后世，汝造斯业者，我亦为斯愁思而住。"彼为开解天授情故，便于对面扑破己瓶，而告曰："纵天世间不能令此更为和会。更无后世，谁往受之？作者受者并成虚说。然而可往劫毕罗伐窣睹城，自称天子，为王而住。我当作汝第一声闻。"于时提婆达多便谤无圣，邪见遂兴，能令一切善根断绝。（㊣24，148c）

可见二人默契于心的情况。佛祖咒骂提婆达多将堕入地狱。

提婆达多也索性一不作二不休，别立五法。他告诉自己的徒众说：

尔等应知，沙门乔答摩及诸徒众，咸食乳酪，我等从今更不应食。何缘由此？令彼犊儿镇婴饥苦。又沙门乔答摩听食鱼肉，我等从今更不应食。何缘由此？于诸众生为断命事。又沙门乔答摩听食其盐，我等从今更不应食，何缘由此，于其盐内多尘土故，又沙门乔答摩受用衣时截其缕绩，我等从今受用衣时留长缕绩。何缘由

此?坏彼织师作功劳故。又沙门乔答摩住阿兰若处,我等从今住村舍内。何缘由此?弃捐施主所施物故。(夭24,149b)

这五法都是想同释迦牟尼"对着干"的结果。但其意义远不止此。下面第四章再谈这个问题。在同一部《破僧事》中,下面释迦牟尼又讲到提婆达多破僧的五种禁法:一、不居阿兰若;二、于树下坐;三、常行乞食;四、但蓄三衣;五、着粪扫服。(夭24,153b)这同五法有一定联系,可参考。

提婆达多与释迦牟尼结怨越来越深。提婆达多公然凌辱佛妻耶输陀罗,被瞿弥迦掷入池内。他从水窦中逃走,衣服被橛杙所裂,白氈一条,遂成两片,他说道:"善哉斯服,巧称净仪,为我声闻,制其裙服。"(夭23,149c)他跑进宫中,又被耶输陀罗抓住双手,十指迸血流出。他怀恨出宫,把毒药填指爪中,想捆佛脚令伤。结果是十指并皆摧破,吃了大苦头。而且无间之火遍燎其身,现身堕入无间无隙捺落迦(地狱)中。舍利弗咀啰(舍利弗或舍利子)到地狱里去看提婆达多,看到他在那里受苦,火烧水浇,火焰铁山磨碎其身。又有铁棒遍皆热焰,打碎其头。又有大象来践踏其身。舍利弗咀啰又到外道六师受苦之处。首先看到高迦离迦①,在他舌头上有1000张犁在耕垦。他又去看提婆达多的朋友哺剌拿迦摄波,有500张犁时时耕舌。《破僧事》上面这一段叙述,时间顺序完全混乱。可见《破僧事》不是出自一人之手。也或许是因为印度思想方式本来就不注意时间顺序。下面释迦牟尼结合提婆达多的罪

---

① 高迦离伽(Kokalika),不是六师之一,他只是提婆达多的一个追随者,经常在佛典中出现。

行,讲了几个本生故事。

下面主要讲破僧问题。这是《破僧事》的主题,也是提婆达多的首要罪状。释迦牟尼给"破僧"下了一个定义,他说:"何谓破僧?若一苾刍,是亦不能破僧伽也。若二若三乃至于八,亦复不能破和合众。如其至九,或复过斯,有两僧伽,方名破众。"(大24,153b)提婆达多宣布五种禁法,同释迦牟尼唱反调,以达到破坏僧伽的目的。如来佛宣布:"若有人破和合众已,此人定生无间之罪,亦成无间之业者。"(大24,154a)下面他又施展了印度那种典型的烦琐分析的本领,共总区分了18种不同的情况,有的只生无间罪,不成无间业;有的既生无间罪,亦成无间业。

下面的叙述,时间顺序又混乱起来。忽然插入了一段世尊为五苾刍说法的故事。又回头讲释迦牟尼同耶输陀罗结婚和罗怙罗的诞生。跟着来的是罗怙罗出家,耶输陀罗招待佛祖,度500释子及邬波离,阿难陀诞生,佛祖度阿难陀,绕了很大的弯子,最后又讲到提婆达多。佛在王舍城竹林迦兰铎迦园中,有500苾刍围绕世尊,皆是阿罗汉,唯提婆达多未得圣果。苾刍有神通,提婆达多请求佛祖教他神通,佛祖不肯。他又请求阿若憍陈如等以及500上座教,他们都不肯。最后他又找十力迦叶,十力迦叶不了解佛祖和500上座的用意,冒然把神通教给提婆达多。提婆达多就利用了这神通力去见太子阿阇世,用变化神通迷惑住了太子,得太子种种利养。提婆达多既得利养,遂起贪心,企图篡夺僧伽的领导权,自己心里想:"世尊不如与我四众,我自教示而为说法。世尊当可宴寂而坐,修习善法,常住安乐。"(大24,169a)这个念头一起,立即失掉神通,可他自己不知道,率领自己的四个亲信苾刍:一名迦利迦,二名褰荼达骠，三名羯吒谟洛迦底沙，四名三没罗达多，来见世尊，要求世尊让位。遭到拒绝，于世尊处遂起七种逆心。

从此以后，提婆达多带领四个亲密伙伴，破大众，破法轮，目的在于名扬后世。佛派一些苾刍去劝阻他们，但是他们不听，"坚执其事，无心弃舍"，"佛告诸苾刍：提婆达多共伴四人，顺邪违正，从今已去，破我弟子和合僧伽，并破法轮，有大势力。"（大24，172a）。众多苾刍告诉提婆达多，他得到利益供养，都是上座十力迦摄之德。但是提婆达多完全否认，声称是自己日夜常求精进苦行之力所得。说了这样无恩之语，于是失掉了神通。

提婆达多率领500苾刍，于人间游行。阿阇世王爱乐提婆达多，送给他500车粮食，令作路粮。提婆达多于人间常行非法不善。佛祖让阿难带一个苾刍，跟着提婆达多，到王舍城，街街曲曲，见了婆罗门及长者居士，说："提婆达多及同伴，若作非法罪恶人，不须谤佛法僧。何以故？此人非行佛法行人。若有人说提婆达多有神通威德，汝报彼：提婆达多先有神通，今悉退失，无一神验。"（大24，173c）

医王侍缚迦（Jīvaka）善知佛意，同佛关系密切。他想：如来大金刚体，微少酥膏，何以为足？于是给了如来二斤熟酥膏。如来吃了下去，完全能消化。提婆达多见了以后，也要求医王给自己二斤。但是，吃下去以后，无法消化，早晨吃了粥，腹即大痛，旋转叫唤，昼夜不安。世尊按了他的头顶，于是痛苦解除，从死得苏。但是，提婆达多不知感恩，反出恶言。世尊听到以后，对苾刍们讲了许多本生故事，说明提婆达多从来都是无恩无报的。

下面又讲提婆达多与阿阇世王的关系。提婆达多挑拨离间阿阇世王父子关系，说阿阇世已经长大，但是老王仍不传位给他。阿阇世于是蓄意害父，以掷矟刺其父频毗娑罗王，打破粥铛，不让如来吃到粥。有一次他又用掷矟打着父王手指，这都是受了恶友提婆达多的怂恿与挑拨。父王问他，为什么在父前掷剑。他回答说："父有受用，我无受用。"父王于是把瞻波城送给他，让他受用。提婆达多又怂恿他征税重役逼迫百姓。父王除王舍城外把整个摩揭陀国都送给了他，他仍然苦役损害摩揭陀城邑人民。父王送他更多的土地。他便与提婆达多相互勾结，压榨百姓。他最后囚禁了父王，不给饭吃，百般虐待折磨，老王终于饿死。

提婆达多又进一步对阿阇世王说道："我以教汝今得王位，今须建立令我作佛。"阿阇世说："佛身有金色，汝身无金色。"于是提婆达多就唤金匠，在他身上作成金色。金匠用热油涂身，上面涂上金箔。他忍受痛苦，大声叫唤。佛脚上有轮相①。提婆达多受大辛苦，烧脚作成轮相。他还处心积虑，想把世尊杀死。南天竺来了一个巧匠，善造抛车。提婆达多就找他造500人能牵引的抛车，想用抛车打死住在鹫峰上的世尊。此时世尊从座而起，将入深山岩穴之内。提婆达多同500人一起，发机飞石，直击如来。执金刚神在空中用金刚杵打石令碎，碎石伤了佛足。有商人献上牛头栴檀，用来涂脚，血流不止。如来又用童女乳汁来涂脚，血仍不止。在这中间，提婆达多还多方捣乱破坏。后来十力迦叶发大誓愿，如来血便止，疮即除。诸苾刍苾刍尼男女居士皆大欢喜，踊跃无量。唯提婆达多与阿

---

① 这是如来佛三十二相之一。

阇世王和那四位恶友心不欢喜，口出恶言。如来讲了几个本生故事，说明他同提婆达多结怨的因缘。有一次，如来同众苾刍入王舍城，有人放出护财大象。大象看到如来和徒众，大为嗔怒，冲向如来。此时提婆达多同阿阇世王在高楼上甚大喜悦，庆幸如来末日临头。结果如来施展法力，降服了大象。

在讲了几个本生故事以后，世尊又强调了两件事。一件是他强调："若依我教者，皆得离大苦难，若依提婆达多者，皆在苦难之中。"（大24，200c）他在下面又讲本生故事，来阐明他这个论点。第二件事是他强调提婆达多愚痴。他说："提婆达多非但今世愚痴，往时亦然。"（大24，202b）接着又讲了几个本生故事，说明在过去世提婆达多也是愚痴的。

《破僧事》最后一部分着重叙述提婆达多破僧的过程。有一次，时世饥俭，乞食难得。世尊静住三月。时提婆达多也在夏三月中安居。我在下面引一段原文：

> 满三月已，提婆达多为诸大众广说妙法："苾刍当知，沙门乔答摩常说法时，赞叹在山寂静，离诸烦恼，解脱最疾最速。一者乞食，二者粪扫衣，三者三衣，四者露坐。如是四人去诸尘垢，证得解脱。若有人不乐如是四种修道，不乐解脱者，即合受筹出离众外。"说此语已，于时大众五百苾刍人各受筹，随提婆达多出离众外。行至门首，罗怙罗见语五百苾刍曰："云何舍如来随逐恶党而去？"诸苾刍告罗怙罗曰："我于三月安居饥饿，蒙提婆达多供给取食，并将杂物而供养之。若不祗济，我等死尽。"（大24，202c）

这里讲的是"四种修道",上面⑧24,153b讲的是"五种禁法",这里缺一个"不居阿兰若",其内容都是完全一致的。提婆达多就是利用这种手段,从世尊的僧伽中拖走了500苾刍。不管怎样,看来提婆达多还是有极大的吸引力的。虽然后面说到,舍利子和大目连又设法把这500个和尚拖了回来;但是我认为这很可能是一种挽回面子的捏造。500苾刍被拖走了,只剩下孤(前面也译为"高""拘")迦里迦等四个亲信。提婆达多生大忿怒,把这四个亲信打了一顿。

《破僧事》在快要结束的时候又讲到未生怨王(阿阇世)。有一天夜里,"明月澄天,光景花丽",他问群下,此时应当做些什么事情。下面意见纷纭,他最后决心去拜望佛祖。大概此时他已回心转意,不再同提婆达多勾结,共谋害佛了。见了佛以后,佛问他还去拜见过什么人。他答,去拜见过外道六师之一的晡刺拿,此人也是提婆达多的好友。他问世尊:"颇有如是众生之类于现世中得沙门果不?"(⑧24,205b)他还告诉世尊晡刺拿对于这个问题的意见:"无善恶业,无善恶报,无施与祀,无施祀业,无父母,无父母恩,无有此世他世,无有修道得圣果者,无有圣人,无罗汉果者,四大散已,无所依止,若有人言今世后世业因业果真实有者,皆是妄言。智慧所说,愚人所谈,二俱皆空。"(⑧24,205b—c)

《破僧事》的内容就介绍到这里。

最后,我觉得有必要解释一下"破僧"(梵文和巴利文都是saṅghabheda)的含义。我在上面多次使用这个词儿,有时候我还加上一个解释:破坏僧伽。但是严格讲起来,"破僧"有其特殊含义。"僧伽",梵文和巴利文 saṅgha,含义有大小之别。大僧伽是指佛教整个组织,是三宝之一,一般人所理解的就是这个含义。小僧伽是指"僧伽小组",这样的僧伽可能有许多个。当时的情况是,和尚们住在一定地域范围内,梵文和巴利文称之为 sīmā (sīman),汉译名为"界"。在一个界中居住的和尚被认为是属于同一个 āvāsa（居住地）。在这一个界中的和尚小组就叫做 saṅgha。每一个僧伽至少要有四个和尚,少了不行。所谓"破僧",破的不是大僧伽,而是这样的小僧伽。举行褒洒陀（梵文 upavasatha,巴利文 uposatha；讹作 uposadha,断食洁斋之日）等宗教活动时,住在一个界中的和尚必须全体出席。小僧伽中有了不同的意见,就采取多数决定的办法。和尚们用木头片等来"投票",佛典名之曰筹。在两种意见中,持反对意见的和尚能独立组成一个小僧伽的,也就是至少要有四个和尚,这才叫做"破僧"。四人以下不同意多数决定,这叫做"意见分歧"（saṅgharājī）。因此,一个僧伽中至少要有九名和尚,才能出现"破僧"的现象。我在上面引用的《破僧事》中有关破僧的那一段话,只能这样去理解。这里讲的破僧,原因不在教义方面,而只在律条方面[①]。

三、论述中的矛盾

我在上面主要根据《破僧事》介绍了提婆达多破僧的情况。其中叙述真可谓详矣尽矣。足见和尚们确实花费了很大的精力和幻想力,一方面美化释迦牟尼,另一方面丑化提婆达多。里面可能有不少的历史事实。但是,其中必然有很多的捏造与诬蔑。提婆达多是一个失败者,在胜利者释迦牟尼的徒子徒孙们

---

① 参阅 H.Bechert, Aśokas"Schi śmenedikt"und der Begriff Saṅghabheda《阿育王的'破僧诏令'与破僧的含义》, Wiener Zeitschrift für die Kunde Südund Ostasiens, Band V,1961.

笔下,他能得到一个好的形象吗?这是根本不可能的。我们今天想要了解提婆达多的真相,有没有可能呢?有什么办法呢?可能性我认为是有的。办法就是从佛典叙述中的矛盾入手来爬罗剔抉。因为,既然是捏造,就必然有矛盾。抓住矛盾,加以探寻,就是我们今天探求真相的唯一途径。

我认为,从上面的叙述来看,至少有两大矛盾,一个是叙述本身的矛盾;一个是叙述的事实与以后历史的发展之间的矛盾。第一个矛盾又包含着两个问题:一、提婆达多真正是一个人格卑鄙干尽了坏事的家伙吗?二、提婆达多真正是失道寡助众叛亲离缺少徒众的坏人吗?下面我分别论述一下。

先谈第一个大矛盾中的第一个问题。我先举一个突出的例子。我在第二节的叙述中曾谈到,佛祖派阿难跟着提婆达多到王舍城去,昭告那里的婆罗门及长者居士,说提婆达多是个坏人。佛与阿难有几句对话,话虽简单,但很有意义。历史上有无此事,已不可考。历史的真实性是不能排除的。此事见于许多佛典中,为了同《破僧事》那一段进行比较,我在下面引用几处。

《四分律》卷四:

> 今差舍利弗比丘向诸白衣大众说,提婆达(多)所为事者非佛法僧事。……时舍利弗闻此语已,心疑,即往至世尊所,头面礼足,在一面坐,白佛言:"世尊!我当云何在白衣众中说其恶?何以故?我本向诸白衣赞叹其善,言:大姓出家,聪明有大神力,颜貌端正。"佛告舍利弗:"汝先赞叹提婆达多聪明有大神力,大姓出

家，实尔以不？"答言："大德！实尔。""是故，舍利弗！汝今应往是白衣大众中语言：'提婆达（多）先时如是，今日如是。'"（⼤22，593b）

这里派的是舍利弗，不是阿难。

《弥沙塞部和醯五分律》卷三：

舍利佛！汝往调达众中，作是唱言："若受调达五法教者，彼为不见佛法僧。"舍利弗言："我昔已曾赞叹调达，今日云何复得毁訾？"佛言："汝昔赞叹，为是实不？"答言："是实。"佛言："今应毁訾，而毁訾亦复是实。"（⼤22，19a）

这里也是舍利弗。

《十诵律》卷三十六：

尔时佛语阿难："汝将从行比丘，入王舍城巷陌市肆多人住处，唱言：'调达所作事，若身作口作，莫谓是佛事法事僧事，此是调达及弟子所作事。'"阿难受教，即将从行比丘诣王舍城巷陌市肆多人住处，唱言："调达身作口作事，莫谓是佛事法事僧事，此调达及弟子所作事。"（⼤23，260c）

这里同《破僧事》一样，不是舍利弗，是阿难。最令人注意的是，佛同舍利弗或阿难的那几句对话没有了。

《鼻奈耶》卷五：

> 时世尊见三十二人去不久,顾语阿难:"汝往入罗阅城,往大市四街巷头,作是唱言:'若调达所作行身口意所为,莫呼佛法僧教使为,调达自有亲信弟子。'"时阿难白佛:"前叹誉调达,今复说其恶,众人有讥者,当云何答?"世尊告阿难曰:"有此语者,以此语答:'本虽习善,今复习恶,何足怪耶?'"(大24,870b—c)

这里又是阿难。

引文就到这里为止。本来还有一些异本可以引用,我不再引了,这已经够用了。看来这个故事很可能有历史根据。至于主人公是阿难,还是舍利弗,这无关重要。在中国新疆出土的梵文原本残卷中碰巧保留了这一个故事的原文[①]。我把有关的一段引在下面,并将与此相当的巴利文也共同引出,并排排列,以资对比:

梵文

Saṃghabhedavastu

7 tatra bhagavānā āyu(6)ṣmāntam ānandam āmantrayati sma

8 (ga)cchānada rājagṛhaṃ praviśya rathyāvīthīcatvaraśṛṅgāṭakeṣu sthitvā devadattam prakāśāya yad devadattaḥ karma kuryāt kāyena vā vācā vā manasā

(7) vā na tena buddho vā dharmo vā saṃgho vā draṣṭavyaḥ

---

① 瓦尔德施密特(Ernst Waldschmidt)《说一切有部律中提婆达多故事的残余》(*Reste von Devadatta-Episoden aus dem Vinaya der Sarvāstivādins*),ZDMG, Bd.113-Heft 3, 1964, p.552ff。

devadatta eva tena saparṣatko draṣṭavyaḥ

9 purvaṃ mayā bhadanta devadattasya var ṇo bhāṣitaḥ ity api devadattaḥ bhadrahśo (8) bhano guṇavän tad idānīṃ māṃ visaṃvādaṃ āropayisyaṃti

10 bhagavān āha yas te evaṃ vadet tasya vaktavyaṃ purvaṃ tat tathā māsid idanīṃ punar eva

巴利文

saṃghabhedakkhandhaka

atha kho bhagavā āyasmantaṃ sāriputtamāmantesi

tena hi tvaṃ sāriputta devadattaṃ rājagahe pakāsehīti

pubbe mayā bhante devadattassa

rājagahe vaṇṇo bhāsito mahiddhiko godhiputto

mahānunhāvo godhiputto ti |kathāhaṃ bhante devadattaṃ rājagahe pakāsemīti | nanu tayā sāriputto bhūto yeva devadattassa rājagahe vaṇṇo bhāsito mahiddhiko godhiputto mahānubhāvo godhiputto ti |evam bhante ti |evam eva kho tvaṃ sāriputta bhutaṃ ñeva devadattaṃ rājagahe pakāsehīti |

梵文和巴利文内容几乎完全一致，唯一的区别就是，梵文是阿难，巴利文是舍利弗。梵文《说一切有部律》的汉译名是《十诵律》。如果拿这同一部佛典的梵文原文和汉文译文对比一下，就会发现一个多少令人吃惊的情况：梵文原文中有几句重要的话，在汉译文中被删掉了。这几句话是："大德！从前我曾赞叹过提婆达多的品质，说，提婆达多是善良的、英俊的、有德的，现在人们将会讥笑我前后矛盾"。薄迦梵说："谁要对你说这样的话，你就对他说：'过去他确实是这样，现在不是了。'"《十诵律》为什么单单把这几句话删掉了呢？瓦尔德施密特教授认为是有意（bewusst）删掉的（引文第555页）。为了维护释迦牟尼派的面子，这是可能的。但是其余的汉译异本都没有删掉，它们不想"为贤者讳"。这一点是值得注意的。瓦尔德施密特教授没有注意到这一点。梵文原文和巴利文原文都照实写出，似乎都没有考虑到面子问题。不管怎样，提婆达多至少一度在佛教僧伽中享有极高的威信，受到过如来大弟子的赞叹。大概后来由于意见不同，想同如来佛分道扬镳。佛爷的徒子徒孙一反常态，对他造谣诬蔑，咬牙切齿，无所不用其极。但是，想一手遮天是根本办不到的，事实毕竟是事实，谁也抹煞不掉。于是在错综复杂的矛盾中，无意中留下了这一点真实的记录。这是十分难能可贵的。

此外，我在上面引用过的如来佛的话："提婆达多先有神通。"也说明了同样的情况。《鼻奈耶》卷二说："（提婆达多）出家剃除须发，着袈裟，捐弃国土，入山行道，诵经禀受，于其间世尊说经法，尽诵上口，彼亦有大神足比丘。"（大24，859a）可见提婆达多的真实情况。

现在谈第一个大矛盾中的第二个问题：提婆达多果真是一个失道寡助的坏人吗？他有没有徒众呢？仅从《破僧事》的叙述中已经可以看出他有徒众，而且数目还不小。有名有姓的四个人是他经常的伙伴。之所以一定是四个人，我猜想，这可能同我上面谈到的破僧所需要的和尚的最少数目有联系。此外，还有不少地方提到他有500个追随者。我在下面引用几个例证：

《四分律》卷四：

提婆达多心欲为恶而生念言：我欲畜徒众。（大22，591c—592a）

《五分律》卷三：

舍利弗！汝往调达众中，作是唱言。（大22，19a）

同上：

尔时助调达比丘语诸比丘言。（大22，21a）

《十诵律》卷四十：

尔时助提婆达多比丘尼着细襦衣（大23，292a；又见294a，296b，313b等）

《鼻奈耶》卷四：

时瞿婆离比丘调达弟子见舍利弗目犍连出。（大24，868b；又见869a）

《破僧事》卷十八：

时提婆达多便即持咽珠价值千金而与巧工，令造此车，复与一千人以为驱使。（大24，192a）

例子不用再举了。就从这几个简单的例子中也可以看出，提婆达多是有徒众的，不但有和尚，而且也有尼姑。提婆达多决不是失道寡助者。他的徒众数目是相当多的。

现在谈第二个大矛盾，就是叙述的事实与以后历史的发展之间的矛盾。

根据佛典的记载，提婆达多之阴险、之卑鄙，简直甚于虎豹蛇蝎、魑魅魍魉，坏得不能再坏了。在他还活着的时候已经被释迦牟尼的那些忠诚的徒子徒孙们打入十八层地狱，永世不得翻身，哪里还能谈到什么身后的影响呢？然而事实却不是这个样子，历史的发展证明了另一种情况。5世纪初，法显到印度在拘萨罗国舍卫城见到：

调达亦有众在，常供养过去三佛，唯不供养释迦文佛[①]。

在这里，释迦牟尼派和提婆达多派的"派性"泾渭分明，跃然纸上。又过了200多年，到了唐代，玄奘于7世纪到了印度，在他的《大唐西域记》中，在室罗伐悉底国（舍卫国）（卷六）和憍萨罗国（卷十）都没有关于提婆达多派的记载。但是，在羯罗拿苏伐剌那国（卷十），他却记载：

天祠五十余所，异道实多。别有三伽蓝，不食乳酪，遵提婆达多遗训也。

难道说是提婆达多派迁徙了吗？也或许因为提婆达多派在某一个地区盛衰起伏，命途多舛，此地衰微，他处重振。无论如何，提婆达多派藕断丝连，从来没有完全绝迹。几十年以后，

---

① 《高僧法显传》，大51,861a。

在同一世纪，义净又到了印度。他在自己翻译的《根本说一切有部百一羯磨》卷九写了一条比较长的夹注：

> 此言随党者，谓是随顺提婆达多所有伴属。言非随党者，即是佛弟子。此乃由其住处，则令物随处判（制）处中。既非两处，故遣两众均分。现今西方在处皆有天授种族出家之流。所有轨仪，多同佛法。至如五道轮回，生天解脱，所习三藏，亦有大同。无大寺舍，居村坞间。乞食自居，多修净行。胡芦为钵，衣但二巾，色类桑皴，不飡乳酪。多在那烂陀寺，杂听诸典。曾问之曰："汝之轨式，多似大师。有僻邪处，复同天授，岂非天授之种胄乎？"彼便答曰："我之所祖，实非天授。"此即恐人嫌弃，拒讳不臣耳。此虽多似佛法，若行聚集，则圣制分途，各自为行，别呈供养，岂况诸余外道。计断计常，妄执自然，虚陈得一。食时杂坐，流俗无分，踵旧之徒，用为通鉴。更相染触，泾渭同波。高尚之宾，须察兹滥。殊行各席，深是其宜。（㊧24，495c）

这是一个非常有趣的夹注。既然说"在处皆有天授种族出家之流"，可见他们人数之多，传布区域之大。可惜从那以后就没有再听到他们的消息了①。

法显在公元5世纪初，玄奘和义净在公元7世纪，都在印度看到了提婆达多派的僧人。公元7世纪上距提婆达多生

---

① 参阅王邦维《提婆达多派问题》，见所著《义净〈南海寄归内法传〉校注与研究》。

存时期已有一千二三百年的历史了。可是被释迦牟尼派打入地狱的提婆达多派的和尚居然还在活动。如果没有中国高僧们的记载，这件事简直是不可思议的。在佛教发展史上，这一千二三百年是关键的一段时间，佛教由盛趋衰，再过二三百年，终于在印度绝迹。在这1000多年的时间内，佛教既走过阳关大道，也走过独木小桥，曲曲折折，坎坎坷坷，终于发展了下来，而提婆达多的信徒们究竟是怎样熬过了这一段漫长的时间的，我们则完全不清楚。从公元前6世纪到公元7世纪，如果以30年为一代的话，那就几乎有了40代。在受到正统佛徒压迫与歧视的情况下，提婆达多40代的传人，必然是含辛茹苦，受尽了人间的折磨。然而他们毕竟坚持下来了。提婆达多这一派必然具有极大的吸引力，这一点还用得着怀疑吗？

我在上面论证了佛典中关于提婆达多叙述的两大矛盾。当然矛盾还不就只是这两个，仅从这些矛盾中，我们已经可以看出，佛典的叙述是不真实的，是捏造的。正如世间一切捏造一样，一手是不能遮天的。从矛盾中我们窥见了提婆达多的真相[①]。

四、我的看法：几点结论

通过以上的论证，我觉得，我们现在完全有能力来回答我在本文开始时提出来的那几个问题了：提婆达多究竟是一个什么样的人？他究竟为什么要"破僧"？他同佛祖的斗争究

[①] 关于提婆达多的论述，可参阅 Mukherjee, Die Überlieferung von Devadatta。

竟有什么意义？这一场斗争在佛教史上究竟有什么影响？对这几个问题，我怎样来回答呢？我想主要抓一个核心问题。我想论证提婆达多与释迦牟尼的矛盾斗争决不是什么个人恩怨，而是——请允许我借用一个现代术语——两条路线的斗争。我想分下面几个层次来展开论证。

（一）公元前6世纪北印度思想界的情况

公元前6世纪至前5世纪在印度历史上是一个非常重要的时期，有点像中国的春秋战国时代。当时百家争鸣，思想界空前活跃。其背后隐藏着生产方式的一场剧烈变化。专就意识形态来说，大体上可以分为东西两大体系。借用古代希腊旅行家麦伽赛因斯（Megasthenes）使用过的两个词儿，西方的叫婆罗门体系，东方的叫沙门体系。外来的雅利安人最早到的是印度西部旁遮普（五河）一带。婆罗门思想体系就是在这个基础上形成的。他们从西方向东方扩张，到了古代叫做摩揭陀的一带地方（今天的北方邦一带），同东方原有的居民相混。在这个基础上产生出来了沙门思想体系。两个思想体系各有特点。婆罗门思想体系的特点约略可以归纳为以下各点：崇信吠陀天启，坚持种姓制度，婆罗门至上，提倡祭祀，信仰多神中的一神，哲学思想主张梵我合一。雅利安人最初看世界上一切都是美好的，并没有悲观思想，这种思想是后来渗入的。婆罗门不主张苦行，他们基本上是入世的。兴起比较晚的人生四阶段论，也是在尽上了人生职责之后才林栖遁世。

沙门思想体系完全有另外一套内容。沙门运动是一种遁世的苦行的运动，是现实主义的、多元论的、无神论的，反对种姓制度。苦行的概念不是从西方婆罗门那里传来的，而是受了东方原已存在的苦行部派的影响。否定自我，主张非暴力（ahiṃsā），相信轮回业报，也可以说是沙门体系的特点。

从上面简短的介绍中也可以看出，这两个思想体系，尽管有时难免有一些相互渗透、相互影响，从本质上来看，是根本对立的。

（二）沙门思想体系内部的情况

沙门体系内部派系纷杂，派系之间有其共性，又各有特性。如果以佛教为一个方面的话，它的对立面可以以外道六师为代表，其中包括耆那教。从佛经来看，释迦牟尼派主要攻击对象就是外道六师，攻击的言论到处可见。佛教简直视六师为眼中钉。从心理学上来看，其中奥妙并不难解释。同佛教争夺群众，争夺宗教利益和经济效益的不是婆罗门，而是身边的、卧榻之下的六师之流。

因此，我们也可以说，尽管佛教与外道六师之间有时也难免有一点相互渗透、相互影响，从本质上来看，是根本对立的。

讲完了两个根本对立之后，我在这里介绍一下吕澂先生对当时印度思想界的看法[①]：

> 当时学说有两个系统：一是婆罗门思想，认为宇宙是一个根本"因"转变而来，即所谓因中有果说。用以指导实践，即以修定为主。通过修定法去认识了那个根

---

① 吕澂《印度佛学源流略讲》，上海人民出版社，1979年版，第18页。

本因，便可达到解脱境界。二是非婆罗门思想，认为事物是多因积累而成，即所谓因中无果说。这一学说用以指导实践，形成了两派，一派走苦行道路，一派则寻求快乐。释迦对以上两大系统的思想都不相信，另立缘起论，认为诸法是互相依赖，互为条件的，既非一因生多果，也非多因生一果，而是互为因果。

这个解释言简意赅，值得参考。但认为释迦独立于两大体系之外，恐不妥。

（三）佛教内部的情况

佛教内部也有一个根本对立，就是释迦牟尼与提婆达多的矛盾与斗争。为了说明这个问题，必须做一些细致的分析。

a. 提婆达多五法的分析

提婆达多的五法我在上面第二章中已经介绍过了。从那个介绍中也可以看出，五法的内容并不十分明确[①]。我在这里不想做烦琐的考证，因为我觉得没有那个必要。我只想从中提出两个问题来谈一谈：一个是苦行，一个是不食肉。这两者都属于律的范围，整个五法也都一样。五法中没有明确规

---

① 《十诵律》卷三十六说法又稍有不同："尽形寿受著纳衣，尽形寿受乞食法，尽形寿受一食法，尽形寿受露地坐法，尽形寿受断肉法。"（大23，259a）；参阅大23，264c；265a 等等。《五分律》卷二十五说："一不食盐，二不食酥乳，三不食鱼肉，若食善法不生，四乞食，若受他请，善法不生，五春夏八月日露坐，冬四月日住于草庵，若受人屋舍，善法不生。"（大22，164a—b）《四分律》卷四说："尽形寿乞食，尽形寿着粪扫衣，尽形寿露坐，尽形寿不食酥盐，尽形寿不食鱼及肉。"（大22，594b）。参阅巴利文 Cullavagga VII 3.14。

定苦行，但其内涵精神是苦行的，比如在树下坐，终生乞食，着粪扫衣等都表明苦行的精神，连不吃肉也是如此。苦行和不食肉都是印度宗教史上的重大问题。婆罗门思想体系和沙门思想体系的根本对立也表现在这两个问题上。苦行在当时的印度东方是一种流行的方式。释迦牟尼出家以后，也曾一度想通过苦行而达到解脱。经过自己的实践，证明至少对他自己来说此路是不通的。于是毅然改弦更张，放弃了那种野蛮残酷折磨身体的苦行，走了另外一条路，最终自己承认成了佛。我在前面已经说到，提婆达多是处心积虑同释迦牟尼"对着干"的，五法亦然。释迦牟尼放弃了那种苦行，提婆达多就换了一种方式仍然坚持苦行的精神。你吃盐，我偏不吃；你吃乳酪，我偏不吃；你吃肉，我偏不吃。吃肉问题是一个异常复杂的问题。大家知道，雅利安人最初是游牧民族，以吃肉为生。到了比较晚的时候，环境改变了，宗教概念也随之而改变，逐渐产生了不食肉的想法和做法。在东方沙门思想垄断的地方，不食肉之风比西方更为浓烈。专就佛教而言，最初佛祖并不绝对禁和尚吃肉，众多的律可以为证。释迦牟尼本人很可能是在吃猪肉以后患病涅槃的。佛徒吃素的办法是后来兴起来的。即使到了后来，甚至在今天，国家民族不同，佛徒的不食肉的规定也不相同。有的允许吃肉。中国境内也是这样。这些有一部分是由生活环境所决定的。生活环境不同，就很难"一刀切"。

荷兰学者克恩讨论过吃肉问题①，我在这里简略地介绍一下他的看法。他认为，雅利安人最初是吃肉的，后来逐渐形成了

---

① A.K.Warder, Indian Buddhism, Motilal Banarsidas, Delhi, Varanasi, Patna, 1980.Ⅱ.Bd.s.73ff。

一种想法：不吃肉是有功德的（verdienstlich）（这种解释没有搔着痒处——羡林）。佛允许和尚吃鱼肉，但是条件却令人费解（unverständlich），条件中没有包含着生病。婆罗门允许吃鱼肉，苦行者不允许。他在这里引用了一些法论的说法①。波罗提木叉（Pratimokṣa）禁止吃肉和蜜，说明这些律条制订时，苦行者们不愿脱离时尚，愿意被人们视作高贵者（Ārya）。吃肉和蜜容易惹起人们的讥讽和闲言闲语。不吃牛奶，说明释迦族子比婆罗门苦行者还要严厉。印度人自己承认，少吃或不吃肉类食物的习惯是在佛涅槃以后才兴起来的。在古代诗歌和法论中，可以找到很多圣人们的故事，说明他们是吃肉的，甚至亲手杀牲。吠陀时期，杀牲祭祀，习以为常，当然更谈不到什么禁食肉类。克恩对吃肉问题的意见大体上就是这样。

吃肉问题是很复杂的，我不再详细讨论。我只想再指出一个很有趣的现象。佛典中频繁谈到"六群比丘"吃美食，受到白衣非教徒的讥讽。佛祖因而制订律条，禁比丘食美食。有的佛典还规定了吃肉的条件。我举一个例子。《摩诃僧祇律》卷三十一、三十二就规定了不能吃人肉、狗肉、马肉、象肉、龙肉等等一系列的肉。最有趣的是规定："若言已为阿阇梨杀者不应食。若言：'尊者！我为祠天，故杀。'食不尽，与，得食。"（大22，486a）总之，自杀不能吃，教（别人）杀不能吃，为杀（"为杀者为比丘杀"）不能吃。换句话说，倘非这三杀，和尚就可以心安理得地大吃其肉了。我觉得，其中的心理活动是非常有趣的，非常值得研究的。中国古有"君子远庖厨"的明训。据克恩说，缅甸僧侣吃肉，罪孽不在食者，而在杀者。中

---

① Heinrich Kern, Der Buddhismus und seine Geschichte in Indien, übes.von Hermann Jacobi, 2 Bde.Leipzig, Otto Schulze, 1882, 1884. p.74 注。

国古代有"肉食者"这样一个名词，指的是吃肉的"上等人"，也就是"君子"，这些人只吃不杀，享受了美味，又没有宗教上或者道义上的责任。多么圆通灵活！看来如来佛也得归入这一类之中。在另一方面，提婆达多却果断明确地规定"尽形寿断肉"，不但断肉，连酥乳都不吃。这是他与释迦牟尼根本对立最突出的表现之一。

b. 提婆达多思想的分析

提婆达多的思想与他的五法有密切的联系。《破僧事》卷十说："于是提婆达多谤毁圣说，决生邪见，定断善根。'但有此生，更无后世。'作是知已，于其徒众别立五法。"（大24，149b）这里清清楚楚指明了二者的关系。提婆达多的根本思想就是："但有此生，更无后世。"这使我们立刻就想到六师之一的晡剌拿。我在上面已经多次提到提婆达多与晡剌拿是最亲密的好友。他们俩都被释迦牟尼的徒子徒孙们打入十八层地狱。他们的思想有非常类似、甚至完全一致的地方，是很自然的。晡剌拿的学说在佛经中很多地方都可以找到。我在这里举几个例子。《长阿含经》卷十七《沙门果经》说：

> 不兰迦叶（即晡剌拿）报我言："王若自作若教人作，斫伐残害煮炙切割，恼乱众生，愁忧啼哭，杀生偷盗，淫逸妄语，逾墙劫夺，放火焚烧，断道为恶，大王！行如此事，非为恶也。大王！若以利剑脔割一切众生，以为肉聚，弥满世间，此非为恶，亦无罪报。于恒水南脔割众生，亦无有恶报。于恒水北岸为大施会，施一切

众，利人等利，亦无福报。"（㈥1,108a—b）①

紧接着又讲到末伽梨拘舍梨（Makkhali Gosāla，六师之一）。他主张："无善恶报，无有今世，亦无后世。"② 我在前面曾引过哺剌拿的话："岂有后世，令汝见忧？"总起来看，哺剌拿的学说的中心就是否认善恶果报和今世后世。在这一点上提婆达多是同他完全一致的③。国外学者谈论这个问题的很多。我在这里介绍几家。巴沙姆在他的著作④里介绍了巴利文佛典中关于哺剌拿的记载，并着重谈到了他的逝世。巴沙姆指出，哺剌拿的学说和实践同末伽梨拘舍梨相差无几，巴利文佛典的作者常常把二者混淆起来。两人都是定命（determinism）论者。印度学者恰托巴底亚耶在他的名著《顺世外道》⑤中也介绍了哺剌拿的学说。他说，哺剌拿认为，想区分善与恶，神圣与不神圣，是完全无用的。他把哺剌拿归入无行为论（akriyavāda）这个范畴，认为人无意志自由，行为无责任，没有善恶果报。此外，讨论哺剌拿学说的学者们还多得很，用不着过多地介绍了。

哺剌拿等，提婆达多也包括在里面，既然不承认有今世、后世，当然也就否认轮回的学说，而轮回学说在当时沙门思想流行的地区内是普遍被接受的。连婆罗门后来也逐渐接受了这

---

① 参阅异译本《寂志果经》，㈥1,271b—272a。

② 否认有后世的学说大概当时的所谓"外道"都有，参阅《根本说一切有部毗奈耶杂事》卷十四，㈥24,268a。

③ 同上。

④ A.L.Basham, History and Doctrines of the Ājīvikas,《邪命外道之历史与学说》, Motilal Banarsidas, Delhi, Varanasi, Patna, 1981, p.80—90。

⑤ Debiprasad Chattopadhyaya, *Lokāyata*（顺世外道）, People's Publishing House, New Delhi, 1959, pp.486, 513—514, 516—518。

一种他们原来陌生的学说。这可能是受了东方思想的影响。大家都知道，佛陀是承认轮回的，尽管他采用一种与众不同的方式，他的"十二因缘"不是轮回又是什么呢？在这一点上，也就是说，在学说方面，提婆达多是同他根本对立的。有一个问题必须在这里说清楚。我在上面引用《根本说一切有部百一羯磨》的义净的夹注中说提婆达多派僧人们"所有轨仪，多同佛法。至如五道轮回，生天解脱，所习三藏，亦有大同"。这怎么解释呢？提婆达多的徒子徒孙们怎么竟违背祖训相信起"五道轮回"来了呢？难道说他们竟受到了对手的影响了吗？抑或是为了在强大的敌人压迫下求得苟延残喘而不得不尔呢？我目前还没有更满意的解释。

c. 两条路线的根本对立

我在上面从两个方面：戒律方面和学说方面，论证了提婆达多与释迦牟尼的根本对立。我们现在完全可以得到如下的结论：他们两个人之间的矛盾斗争，决不是什么个人恩怨，也不仅仅是他们之间的问题，而是在佛教开创时期僧伽内部两条路线的斗争。扩而大之，也可以说是沙门思想体系内部两条路线的斗争。沙门思想体系内部的矛盾，比较突出地表现在赞成苦行与否定苦行、赞成轮回说与否定轮回说上。提婆达多和释迦牟尼在这两方面也是泾渭分明，形成了对立面。如果要问，谁进步，谁保守，这就很难说，因为难以确立一个标准。专就学说而论，提婆达多代表的是唯物主义倾向，也许可以说是进步的吧。

提婆达多问题讨论完了。我现在简略地归纳一下我的结论：我们必须改变对整个佛教史的看法。我在本文第一章曾经说到，在佛教史上有一些重大问题还没有解决。提婆达多问题就是其中之一。两千多年以来这个问题从根本上被遗忘、被歪曲，今天是还其本来面目的时候了。

提婆达多学派看来在如来还活着的时候已经相当壮大了。对所谓"壮大"，我要加几句解释。在公元前6世纪、前5世纪，佛教初创立时在北印度的力量并不大，完全不像佛典吹嘘的那样。那是佛教信徒在自己脸上贴金的办法，决不可轻信。有人认为，释迦牟尼涅槃时和尚的数目不过500，人们经常讲的500罗汉就暗示其中消息。佛教在当时的社会中影响决不会太大。因此，佛教本身也难以说是"壮大"。我在这里说提婆达多相当壮大，是指在僧伽内部而言。如果他们不够壮大的话，释迦牟尼及佛子佛孙们决不会费这样大的力量，挖空心思，造谣诬蔑，制造神话和鬼话，对提婆达多及其信徒极尽攻击诽谤之能事。这反过来也能证明，这个敌人是有力量的。提婆达多在律的方面提出了五法，与释迦牟尼针锋相对。在教义方面，反对轮回，也是针锋相对。这两个方面大概都具有极大的吸引力。否则就无法解释，为什么在释迦牟尼和提婆达多逝世后一千二三百年在印度竟然到处都还有不食乳酪的提婆达多的信徒。提婆达多派显然在佛教发展史上形成了一股强大的力量，与释迦牟尼的正统力量相对立。如果说释迦牟尼派是佛教发展的主潮的话，那么提婆达多派就是一股潜流。我在这里想补充几句。释迦牟尼在世时以及他涅槃后的一段时期内，提婆达多派被视为洪水猛兽，不共戴天。但是，不知道从什么时候起，看法变了。梁僧祐《释迦谱·释迦从弟调达出家缘记》十[①]讲到，提婆达多因为加害佛祖，堕入地狱，受大苦难。"便发

[①] ㊛ 50,58b—59a。

悔心，称：'南无佛！'"。如来佛于是说，他将来会成为辟支佛，名曰南无。一个罪大恶极的敌人竟能成为辟支佛，岂非天下最大怪事！僧祐说：

> 祐拾检调达之历缘也，亟为戚属恒结仇雠，岂以标明善恶影响秘教乎？是故经言：若言提婆达多造逆罪堕阿鼻者，无有是处。斯乃诸佛境界，非二乘所测也。

这一段话很值得仔细玩味。我推测，提婆达多派仍然继续存在这个历史事实，释迦牟尼派不能再视而不见了。怎样处理这一件事呢？办法就是在不影响佛祖以及佛子佛孙的面子的情况下，承认提婆达多，承认提婆达多派继续发展这一件历史事实，加以玄秘的解释。根据这个事实，我构思出来了一个佛教发展的系统。我在下面用一个简明的图表表示出来。我先在这里解释一下图表中的几个名词。"破僧"，我在上面已经解释过了。"破"的主要根由是戒律分歧。"破部"，是我翻译杜撰的，原文 nikāyabheda。"破"的主要根由是教义分歧。二者有所不同。但提婆达多的破僧，据我看，两方面的根由都有。这一点非常有意义。

下面是图表：

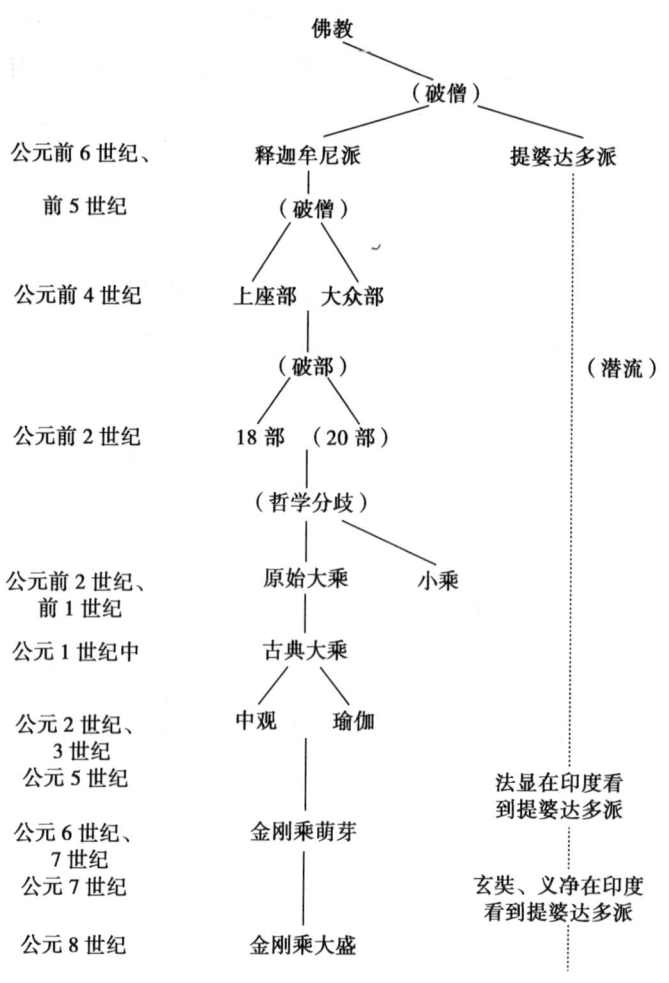

两条路线之间的关系，因为一方缺乏资料，我们不清楚。希望将来能得到更多的资料。无论如何，今后再写佛教史，必须改变以前的写法，把被歪曲、被遗忘了的事实重新纠正、记忆起来。

1987 年 3 月 16 日晨写完

佛教在中国

季羡林

传入中国——佛教传入（汉代）[①]

印度佛教兴起于公元前6—前5世纪，佛祖释迦牟尼生存时代约与中国的孔子相同。最初佛教规模比较小，以后逐渐扩大，而且向国外传播。也传到了中国。

佛教传入中国，是东方文化史上，甚至世界文化史上的一件大事。其意义无论怎样评价，也是不会过高的。佛教不但影响了中国文化的发展，而且由中国传入朝鲜和日本，也影响了那里的文化发展，以及社会风俗习惯。佛教至今还是东方千百万人所崇信的宗教。如果没有佛教的输入，东方以及东南亚南亚国家今天的文化是什么样子，社会风俗习惯是什么样子，简直无法想象。

至于佛教究竟是怎样传入中国的？什么时候传入中国的？现在还无法说得很确切，很清楚。这是一个异常复杂的学术问题，学者关于这个问题的著作连篇累牍，大家在各个方面都同意的结论，也还没有，我在这里存而不论。如有兴趣，可参阅汤用彤先生的《汉魏两晋南北朝佛教史》，以及梁启超、任继愈诸位先生众多的论文和专著。

至于佛教是怎样传进来的？传进来的道路又是什么？这些都是极端复杂的问题，我在这里不能详细讨论，我只能大体

[①] 原标题为《精神文化方面的交流　佛教的传入中国——两种文化的撞击和吸收阶段》，节选自《中印文化交流史》《活跃（后汉三国）25—280》一章，中国社会科学出版社，2008年版。

讲一个轮廓，着重讲一讲我自己对这个问题多年以来探讨的结果，以求教于高明。

我觉得有必要先讲一个相当有趣的看法，以资谈助。日本学者藤田丰八有一个见解，他先引《史记·秦始皇本纪》里的一句话：

> 禁不得祠明星出西方。

他认为"不得"就是梵文 Buddha（一般音译为"佛陀"）的音译，这句话的意思是秦始皇禁佛陀的庙，或者对佛陀的祭祀。结论是印度佛教在秦始皇（公元前246—前209）时代已经传入中国。这当然只能算是一个笑话。想不到中国有一位学者在各不相谋的情况下，也提出了同样的主张。尽管是"英雄所见略同"，但同样贻笑士林。因为许多学者都指出来过，像"禁不得什么什么"这样的句子在当时是颇为习见的，决不会是什么另外的解释。

闲言少叙，书归正传。在佛教传入中国这个问题上，最习见的说法是汉明帝（58—75）永平求法。这个说法最早见于《牟子理惑论》等书。《理惑论》说：

> 昔孝明皇帝梦见神人，身有日光，飞在殿前，欣然悦之。明日，博问群臣：此为何神？有通人傅毅曰："臣闻天竺有得道者，号之曰'佛'，飞行虚谷，身有日光，殆将其神也。"于是上悟，遣使者张骞、羽林郎中秦景、博士弟子王遵等十二人，于大月支写佛经四十二

章，藏在兰台石室第十四间。时于洛阳城西雍门外起佛寺。（下略）

所谓"永平求法"，大体上就是这个样子。《理惑论》里没有提到摄摩腾、竺法兰的名字，也没有"白马寺"这个名字。这几个名字都是较晚在别的书中出现的。研究中国佛教史的学者们大都认为，这个说法，尽管流传甚广，却是靠不住的。佛教传入中国从种种迹象来看，肯定早于汉明帝。

但是，这个说法就一点历史事实都没有吗？根据我自己最近几十年来的研究与考虑，我觉得，其中确有一点十分有价值的内容或者暗示。我是专门研究所谓"混合梵语"或"佛教梵语"的，对古代中亚（中国的新疆是其中一部分）的民族语言，比如吐火罗语 A 和 B，也稍有所涉猎。在探讨佛教梵语本身语言特点之外，时常涉及印度佛教在国内传布的问题。在这方面，在我的比较多的论文中，有两篇与这个问题有关，一篇是 1947 年写的《浮屠与佛》[①]，一篇是 1989 年写的《再论浮屠与佛》[②]。文长不具引。我只将我的推论方式和研究结论在这里简要地介绍一下。

在这里，关键是"浮屠"与"佛"这两个词儿。"浮屠"是梵文 Buddha 的音译，对此学者们毫无意见分歧。至于"佛"，则问题颇多。流行的意见是"佛"是 Buddha 另一个音译"佛陀"的缩写。但是，这个意见是有问题的。汤用彤先生指出"汉代称佛为浮屠"，这应该怎样来解释呢？为了方便起见，我把梵文 Buddha 这个字在不同语言中的表现形式列表如下：

---

① 见《中印文化关系史论文集》，页 334—347。
② 见《历史研究》1990 年第二期。

大夏文　bodo，boddo，boudo

吐火罗文　pät，pud，pūd

拜火教经典的中古波斯文（巴利维文）　bwt

摩尼教安息文　bwt/but/

摩尼教粟特文　bwty，pwtyy

佛教粟特文　pwt

回鹘文　but，bur

达利文　bot

上面这个表中的字可以明显地分为两组：大夏文为一组；其余的中亚古代民族语言为一组。第一组大夏文的 bodo，boddo，boudo 与汉文音译的"浮屠"完全对应；而其余的则又同汉文音译的"佛"完全对应。可见"佛"字决不是"佛陀"的缩写，而是另有来源。从梵文 Buddha 这个字的汉文音译来看，佛教从印度向中国传布，共有两条途径：

（1）印度→大夏（大月支）→中国

Buddha → Bodo，Boddo，Boudo →浮屠

（2）印度→中亚新疆小国→中国

Buddha → But 等→佛

《理惑论》中说，中国派人到大月支去写佛经四十二章，当时的大月支这个游牧民族正居住在大夏。《理惑论》这一句话是符合历史事实的，汉代之所以称佛为"浮屠"，也完全可以得到满意的解释。总之，印度佛教不是直接传入中国的，途径有两条，时间有先后。最早的是通过大夏，以后是通过中亚某些

古代民族，吐火罗人最有可能。

我这个看法，颇得到一些同行们的赞赏。

总之，佛教就这样传进了中国。佛教既然属于精神文明的范畴，它同物质文明不同，必然受到我在上面导言中提到的异族文化相遇时出现的规律的制约。它初入中国时，必然会有一个撞击的过程或者阶段。不过，我在这里必须指出，中华民族是一个对宗教比较宽容的国家，不管是本土的宗教，还是外来的宗教，都一视同仁，无分轩轾。中国历史上并没有像其他一些国家那样有十分剧烈的宗教战争。欧洲的十字军东征是一个最突出的例子。我这样说丝毫也没有评价的意义，我不是说哪一个宗教好，哪一个宗教坏，我只不过是指出一个历史事实而已。在这样的情况下，印度的佛教传入中国，同本国的宗教或者文化，特别是伦理道德方面，是有撞击的，但是不激烈，不明显；表面上来看，似乎一下子就和平共处了。

一点不撞击也是违反规律的。仔细研究一下佛教初入中国的情况，明显的表面的撞击没有发现，但是从佛教所抱的态度和它所倡导的伦理来看，撞击的痕迹隐约可见。从前汉开始一直到后汉，鬼神方术的信仰在社会上极为流行，这些与佛教教义是根本相违的。也许佛教在这方面碰过一些小钉子，也许是为了避免碰钉子，自己来一个先发制人的手段，先韬晦一下，遂以方术自隐，结果是顺利地通过了最难过的第一关。

在伦理观点方面，我也可以举一个例子。众所周知，孝在中国传统的伦理道德中占有极其崇高的地位。社会风习不必说了，连帝王也几乎全部以孝治天下。不管他们的行为有时与孝绝对相违，口头上却不得不这样表白。佛教要求信徒出家，这就与中国的"不孝有三，无后为大"的道德教条根本对立。怎么办呢？也只好迁就现实，暂时韬晦。在后汉三国时期翻译的佛经中，有不少讲到孝的地方。我现在举几个例子：

吴康僧会译《六度集经》第一：子存亲全行，可谓孝乎？(《大正新修大藏经》1，6a)

失译人名在后汉录《大方便佛报恩经》第一：佛法之中，颇有孝养父母不耶？(同上书，124c)

欲令众生孝养父母故，以是因缘故，放斯光明。(同上书，125a)

欲令众生念识父母，师长重恩故。(同上书，127b)

为孝养父母知恩报恩故，今得速成阿耨多罗三藐三菩提。(同上书，127c)

例子不必再多举了。你看，最早的汉译佛经是多么强调这个"孝"字呀！梵文里面不是没有与汉文"孝"字相应的字，比如 Māt-rjña pitrjña 等等；但是这些字都决非常用常见的字，它们在佛经甚至印度其他古代经典中所占的地位，完全无法同"孝"字在中国经典中的地位相比。佛教为了适应中国的伦理道德，不得不作出这样的姿态。关于这个问题，中外学者有很多人都注意到了，日本著名的梵文学者中村元博士就是其中之一。

从上面举的两个小例子中也可以看出，佛教传入中国后，为了适应新环境，不得不采取一些比较隐晦的手段，使撞击不至于激化。这事实本身就说明，撞击是存在的。由于佛教徒手法的高明，撞击被掩盖起来了。

不管怎样，印度的佛教传到中国来了，印度的佛教在中国

1987年,北大未名湖畔,季老(左一)与日本佛教研究泰斗、著名梵文学者中村元博士合影留念。

立定脚跟了。这在中印文化关系史上是一件大事，不能不大书特书一笔的。

我在上面已经提到，中印两国文化相遇时的撞击过程，比较隐晦，时间也不长，吸收阶段立刻就上来了。但我决不是说，这就是一劳永逸的，这也是完全不可能的。在这以后的千百年中，中国的传统文化与外来的佛教还不断有一些小的摩擦，比如六朝时代沙门不敬王者论的辩论，一些君王排佛的行动，所谓"三武灭佛"等等，以及一些也不一定就算是正统儒家的学者的排佛，韩愈是一个众所周知的例子，如此等等，我认为这也是正常的现象，用不着大惊小怪。反正在中国没有残酷的宗教战争，这总是一个历史事实。

再回头来谈后汉三国时佛教初传入时的情况。撞击阶段基本上一过，吸收阶段立刻随之而来。根据中国历史的记载，最早崇信佛法的人，不是平民老百姓，而是宫廷贵族或者大官僚。《后汉书·光武十王列传·楚王英传》，记载着楚王英遣郎中令奉黄缣白纨三十匹，"以赎愆罪"，诏报曰：

楚王诵黄老之微言，尚浮屠之仁祠，洁斋三月，与神为誓，何嫌何疑，当有悔吝？其还赎，以助伊蒲塞桑门之盛馔！

这是一段十分值得重视的记载。第一，这件事情发生在汉明帝永平八年（65年）。它说明，至晚在公元1世纪中叶，佛教已经得到了比较广泛的传播。因此，正如我在上面说过的那样，"永平求法"说是靠不住的，它必定在永平前已经传入中国。其次，这里面出现了两个音译：伊蒲塞和桑门。"伊蒲塞"，梵文是 upāsaka，一般音译为"优婆塞"，还有"邬波斯迦"等，出现比较晚；意译是"近事"。"桑门"，梵文是 śramaṇa，音译为"室啰末拿""舍啰磨拿"等，出现比较晚。"桑门"和另一个音译"沙门"，显然不会是直接从 śramaṇa 译过来的，而是更接近巴利文的 śamana。但估计巴利文也不会是"桑门"的直接来源。这个音译的直接来源只能是中亚一个古代民族的语言。这就可以说明我在上面已经谈到过的印度佛教传入中国的途径是中亚。不管怎样，在公元 1 世纪印度佛教的专名词已经在中国，至少在中国一部分人中间流行了。

约在楚王英崇信佛教之后的一百年左右，汉桓帝又并祭二氏，指的是佛家和老子。桓帝延熹九年（166），襄楷上书说：

> 又闻宫中立黄老浮屠之祠。此道清虚，贵尚无为，好生恶杀，省欲去奢。今陛下嗜欲不去，杀罚过理，既乖其道，岂获其祚哉！

前面是一个"王"，后面是一个"帝"，都相信了佛教，可见佛教在最高层人士中有了基础。但是这一王一帝都不是专诚信佛，而是佛老兼信，由此又可见佛教的基础还不那么牢固，远远没有能达到垄断的地位。

再晚一些时候，在汉灵帝中平五年（188）至汉献帝初平四年（193）之间，一个叫笮融的人大起浮图祠。《三国志·吴志·刘繇传》说：

> 笮融者，丹阳人。初聚众数百，往依徐州牧陶谦。

谦使督广陵丹阳运漕。遂放纵擅杀，坐断三郡委输以自入，乃大起浮图祠，以铜为人，黄金涂身，衣以锦采，垂铜槃九重，下为重楼，阁道可容三千余人，悉课读佛经。令界内及旁郡人有好佛者听受道，复其他役，以招致之。由此远近前后至者，五千余人户。每浴佛，多设酒饭，布席于路，经数十里，民人来观及就食，且万人，费以巨亿计。

看样子，这一位笮融像一个游侠似的人物，是一个地头蛇，聚集了一帮子人，乘天下扰攘之时，弄到了一个官。他一方面"放纵擅杀"，另一方面又信了佛，塑佛像，举办浴佛节，招待人们吃饭，布席数十里，食者万人，气魄真够大的。这里值得注意的是，第一，中国造像立寺，这是首次见于记载；第二，佛教已经从宫廷王府走向平民老百姓，基础牢固了，势力增强了。

从楚王英和笮融归依佛教的行动中，我们约略可以看出汉代佛法地理上之分布。楚王英的辖区跨今天的山东、江苏、河南、安徽等省，治所在彭城（今徐州）。后来楚王废徙丹阳，跟随着他南移的有数千人。这些人中，即使不全是佛教徒，至少有一部分是。笮融是丹阳人，他归依佛教必有根源，决非偶然行动。由此可见，淮河南北地区是当时佛教中心之一，而且是最大的中心，似无可疑。但是，佛教是从哪里传到这里来的呢？有人因此就提出了印度佛教最初是由海路传来中国的。我在上面已经谈到佛教从陆路传来中国的过程。但是，我并没有明确排除海路传来的可能。在当时中国同西方也有海路交通。

不过，从各方面的情况来判断，海路的可能几乎是没有的①。到了晚一些时候，确有从海路传来的情况；但此是后来的情况，不能与汉代相混。

排除了海路传来的可能，陆路就只能通过北方的"丝绸之路"吗？也不是的。从很早的时代起就有一条陆路从四川通过云南到缅甸再到印度的路②。最近读到阮荣春先生的《早期佛教造像的南传系统》③，是一篇极见工力、极有见解的文章。文章中有一段话：

> 由此可见，由中国经缅甸达印度，在东汉三国间这条道是相通的。中国僧人可结队成行去印度，印度僧人带经像由此道来华传教也是可能的。事实上在早期来华僧人中，就有许多人经由此道的，这些僧人不仅驻足于四川或长江沿线，也有由此北上东洛的，中国佛教史上最早来华僧摄摩腾与竺法兰，或经由此道。腾、兰俱为中天竺人，且在《四川通志》中曾记载大邑雾中山寺为腾、兰于永平十六年（73）创建。有趣的是，在四川地方志上载有多处寺庙建于东汉，其分布范围主要在紧邻成都的岷江区及长江线上，这不光与学者们长期以来探讨的"缅甸道"不谋而合，而且近年发现的早期造像也在这些范围之内，表明这些地区佛教造像的出现是有一定的思想基础的。（上引书，第3期，页163—164）

---

① 参阅汤用彤上引书，上，页83—86。
② 详细论证请参阅《邹和尚与波斯》，见《中国文化与中国哲学》1989年。
③ 见南京博物馆《东南文化》1990年第1、2、3期。

佛教在中国　99

这是很重要的论断，可以补充我在拙文的论点。但是，谈到摄摩腾与竺法兰，则似有问题。因为这两个人本身的存在就在虚无缥缈中，他们走的道路更难以捉摸了①。这并不是要取消中印交通的川滇缅古道。佛教从这里以及从海路传入中国，也是历史事实。只不过在最早的时期只能通过中亚而已。这问题我在上面已经论证过了，兹不赘。

现在谈一谈后汉三国时译经的情况。

后汉时译经著名的人物有安世高、安玄、支娄迦谶、竺佛朔、支曜、康巨、严浮调、康孟详等等。其中最有影响的人物，当然首推安世高。他从汉桓帝建和二年（148）至灵帝建宁四年（171），二十余年中，共出佛经三十余部。后人称他专务禅观，特专阿毗昙学，但偏于小乘。安玄共严浮调译的经，也属于小乘禅观。顺便说一句，严浮调是最早出家的汉人。同安世高同时到洛阳译经的有支娄迦谶。他活跃在灵帝光和（178—183）和中平（184—189）之间。他译出了《般若道行品》《首楞严》《般舟三昧》等经。他弘扬的是大乘禅观，宣传的是大乘空宗思想。竺佛朔出《道行经》，似系竺佛朔口授，支谶传译。这是中国《般若经》的第一译。支曜译有《成见光明三昧经》，与支谶所出《光明三昧》实为同本异译。康巨（亦作臣）在灵帝时出《问地狱事经》，献帝时出《中本起经》等。

三国时在吴、魏二国译经的人有支谦、康僧会、朱士行等。支谦，一名支越，月支人，是一个优婆塞（居士）。汉灵

---

① 参阅汤用彤上引书，上，页19，页26—28。

帝（168—184）时其父来献中国，支谦就生于中国。他似乎是先学汉语，后习胡书，据说备通六国语，是一个深被华化的人。他没有见过支谶，却是支谶弟子支亮的弟子，自孙权黄武（222—228）在南方译经，至刘禅建兴（223—237），共出经数十部。他所出的《大明度无极经》，实即支谶《道行般若》之异译。支谦弘扬的也是大乘空宗理论。康僧会，于赤乌十年（247）初达建业，孙权为之立建初寺。江南佛法早已流行，至此益增影响。康僧会，其先康居人，世居天竺，其父经商，移居交阯。此时越南已有佛法流布。自魏起，老庄风行。此时印度《般若方等》适来中国，大申空无之义，为时人所喜爱。《般若经》之传译，前此已有之。到了朱士行对此并不满足，于是以魏甘露五年（260）出塞，至于阗国，写得梵文本《放光般若经》。汤用彤先生评之曰："士行之所谓佛法者，乃重在学问，非复东汉斋祀之教矣。"[①] 这是很重要的意见。

综观后汉三国的译经传教工作，可以看出以下几个特点：

第一，译经的人，不是姓安，就是姓支，还有的姓康。"安"代表"安息"。英文是 Parthia "帕提亚国"。"支"是"月支"，"康"是"康居"。都是古代中亚一带的民族。汉人仅有几个人，严浮调、朱士行等。可见印度佛教传入中国，是经过中亚民族的媒介，这一点我在上面已经谈过。

第二，从译出的经可以看到，小乘和大乘都有，而大乘空宗似占上风。《般若经》译本之多，值得注意。

第三，我曾在《大唐西域记校注》的《前言》中谈到中国佛经翻译史上直译和意译之争[②]。我认为，从大体上来看，翻译

---

① 参阅同上书，上，页152。
② 《中印文化关系史论文集》，页180—185。

初期是直译，自鸠摩罗什起转向意译，而玄奘则泯混二者，成为集大成者，有如黑格尔所主张的正题——反题——合题三个阶段。我现在要着重指出，在初期直译阶段，也就是后汉三国时期，直译也并没有统一天下，支谦、康孟详等属于意译范畴，这可能与他们的汉化有关。

第四，汤用彤先生在他的《汉魏两晋南北朝佛教史》[①]，提出了一个观点：支谦、康僧会常掇拾中华名辞与理论，羼入译本，故其学非纯粹西域之佛教。牟子采老庄之言，以明佛理。康僧会亦颇采老庄名词典故，与中夏思想渐相牵合，等等，等等。最后汤先生说："明乎此，则佛教在中国之玄学化，始于此时实无疑也。"我在上面"导言"中讲到文化交流的五个阶段。佛教在中国之玄学化属于哪一个阶段呢？我认为这只能属吸收阶段，双向吸收，距离融合还有很长一段路。

第五，我上面提到安世高的"小乘禅观"和支娄迦谶的"大乘禅观"等等。大家都知道，后来菩提达摩传入的禅学逐渐发展成为禅宗，在中国延续时间最长，影响最大。但是，研究中国禅宗史者颇有人忽略了从安世高到菩提达摩这四百来年的禅法史，连著名的印顺的《中国禅宗史》，似乎都没有能避免这个现象。我觉得，这一点也值得注意。请参阅冉云华先生的意见[②]。

摘自《中印文化交流史》

[①] 《中印文化关系史论文集》，页138—139。
[②] 见冉著《中国禅学研究论集》，台北，东初出版社，1980年，页2。

佛教在晋朝[①]

佛教传入中国，到了东晋法显时代，已经约有三百年的历史广。流传的内容主要有两大体系，一个是以支谶、支谦为代表的大乘空宗般若学；一个是以安世高为代表的小乘禅学。小乘和大乘都传进来了。从时间先后来看，传法最盛的时代大体上有三个：支谦、竺法护时，所译多般若方等；道安时，所译多有部经论；鸠摩罗什时，大乘之学极为昌明。佛法已深入中国文化了。

一个外来的宗教，传入一个文化传统迥异的国家，不可避免地要发生冲撞，佛教不能例外。经过相当长时间的试探、伪装、适应，逐渐为中国人所接受，最后达到了融合的阶段。到了东晋，应该说这个阶段已经到达了。

从政治形势来看，此时中华大地已经分为南北两区。西晋亡于建兴四年（316），次年晋元帝即位，是东晋的开始。北方的统治者都是少数民族，大都扶植佛教，后赵、前秦、后秦、北凉，崇佛更为突出。在南方，则是所谓"衣冠南渡"，北方的达官贵人、文人学士，为了躲避异族压迫，纷纷南逃。这些人，包括一些国王在内，也都崇信佛教，佛教得到了很大的发展。总之，南北两方都对佛教垂青。佛教可以说是在中国已经牢牢地立定了脚跟。

---

① 原标题为《晋宋时期佛教发展情况》，节选自《季羡林全集（第15卷）》中的《法显》一文，外语教学与研究出版社，2010年版。

从佛教内部来看，也有几点值得特别提出的。首先是僧寺日益增多。根据唐法琳《辩正论》的记载，东晋一百零四年，共建寺一千七百六十八所。这个数字是否可靠，不得而知。（请参阅任继愈主编《中国佛教史》第二卷，页574—580）其次僧伽已经有了一定的规模，僧尼数目与日俱增。再次，名僧辈出，出了一些很有影响的高僧。最后，从印度和西域来的和尚也多了起来。还有一点必须在这里提一下：许多高僧的活动范围和影响，并不限于北方或者南方，而是跨越地区，跨越政治分界。

佛教虽然已经有了坚牢的基础，但是究其实际却是送进来的成分多，而取进来的成分少。中国僧人或者居士前此往西域求法者，颇亦有人。但是他们多半只到了西域而止。在法显前真正亲临天竺者，实如凤毛麟角。在这样的情况下，到了晋末宋初，就掀起了一个西行求法的运动。中国僧人西行求法者，或意在搜寻经典，或旨在从天竺高僧受学，或欲睹圣迹，作亡身之誓，或想寻求名师来华。（参阅汤用彤《汉魏两晋南北朝佛教史》，第二分，第十二章）

在搜寻经典中，一般说来，也不是漫无边际地乱搜一气，而是有目的，有重点。最突出的重点就是搜求印度本土的佛教戒律。只要了解了当时中国佛教发展的阶段，就会认为，这样做有其必然性。

我在上面已经谈到，僧尼人数日增，僧伽已经形成，这就产生了一个寺院管理问题。人数少了，只需约法三章，就能使僧伽生活正常运行。人数一多，就需要比较详备的条例。我举道安作一个例子。梁慧皎《高僧传》卷五《道安传》说：

> 师徒数百，斋讲不倦……既至，住长安五重寺，僧众数千，大弘法化。（见《大正新修大藏经》，（以下缩写为㊅）50,352c）

可见道安门下和尚之多。《道安传》接着说：

> 安既德为物宗，学兼三藏，所制僧尼轨范佛法宪章，条为三例：一曰行香定座上讲经上讲之法；二曰常日六时行道饮食唱时法；三曰布萨差使悔过等法。天下寺舍遂则而从之。（㊅50，353b）

可见道安也感到为僧尼立法的必要性。但是他立的法还是非常简略的。同印度那些律比较起来，简直有点小巫见大巫了。

唐初的中国佛教

一、佛经的翻译与翻译组织

佛教是公元前传入中国的,具体的时间现在还无法确定。最初不是直接从印度传来的,而是间接经过中央亚细亚和新疆一带的、有些今天名义上已经不存在的民族,如大月支、安息、康居等国传入的。这从最初译经者的姓名以及梵文译音[①]中可以清楚地看到。流传很广的所谓汉明帝夜梦金人、派人西行求法的故事,是捏造的;摄摩腾和竺法兰的故事也是完全靠不住的[②]。

初期的译经者差不多都是从中亚一带来华的高僧,后来也逐渐有了从印度直接来的。到印度去留学的中国和尚最初是没有的。最早译过来的佛经不是直接根据梵文或巴利文,而是经过中亚和新疆一带今天已经不存在的许多古代语言转译过来的,比如焉耆语(吐火罗语A)和龟兹语(吐火罗语B)等等都是。

因为汉文和梵文以及中亚这些古代语言都是很难掌握的,从外国来华的和尚想要翻译佛经,必须同中国和尚或居士合作才能胜任。僧祐《出三藏记集》卷一说:"或善胡义而不了汉旨,

---

① 季羡林《浮屠与佛》《吐火罗语的发现与考释及其在中印文化交流中的作用》,见《中印文化关系史论文集》,第323页、第97页。

② 汤用彤《汉魏两晋南北朝佛教史》上,《永平求法传说之考证》。

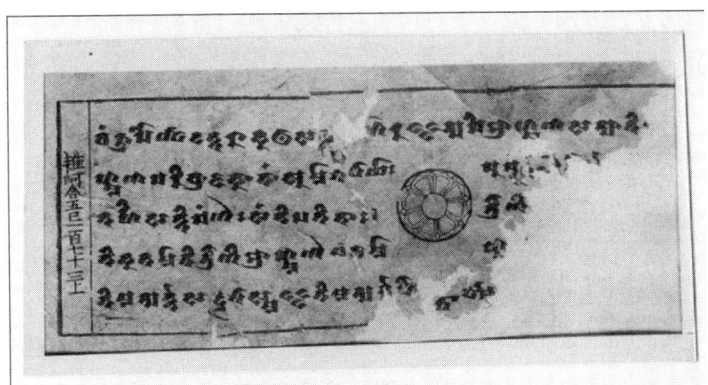

婆罗米字母的吐火罗文残卷

或明汉文而不晓胡意。"①说的就是这种情况。《梁高僧传》卷一《维祇难传》说："时吴士共请出经。难既未善国语，乃共其伴律炎，译为汉文。炎亦未善汉言，颇有不尽。志存义本，辞近朴质。"②同卷《支楼迦谶传》说："（安）玄与沙门严佛调共出《法镜经》。玄口译梵文，佛调笔受。理得音正，尽经微旨。郢匠之美，见述后代。"③《宋高僧传》卷三说："初则梵客华僧，听言揣意。方圆共凿，金石难和。椀配世间，摆名三昧。咫尺千里，觌面难通。"④这里说的也都是这种情况。

在这样的情况下，直译就在所难免。比如《梁高僧传》卷一《支楼迦谶传》说："（竺佛朔）弃文存质，深得经意。"⑤所谓"质"，就是勉强把意思表达出来，文采却无法兼顾。当然，在后汉三国时代，译经方法也并不完全整齐划一。比如支谦的译文就比较接近于意译。这在当时算是一个例外，而且他的意译还是处在比较原始的阶段，不能算是开创一代新的译风。一直到了晋代的道安，情况还没有变化。《梁高僧传》卷五《道安传》说："初经出已久，而旧译时谬，致使深义，隐没未通。"⑥可见翻译佛经问题之大。道安虽然是一位很有学问而又非常虔诚的和尚，但由于自己不通梵文，也只好提倡直译。他说："诸出为秦言，便约不烦者，皆蒲陶酒之被水者也。"⑦为了不让蒲陶（葡萄）酒被水，只有直译一途。在《出三藏记集》卷八《摩

---

① 《大正新修大藏经》（下面缩写为⊗）55，4c。
② ⊗50，326b。
③ ⊗50，324c。
④ ⊗50，723a—b。
⑤ ⊗50，324b。
⑥ ⊗50，352a。
⑦ 《出三藏记集》卷十一道安《比丘大戒序》。⊗55，80b。

诃钵罗若波罗蜜经抄序》中，他提出"五失本""三不易"的学说。他说："前人出经，支谶、世高审得胡本难系者也。叉罗、支越昕凿之巧者也。巧则巧矣，惧窍成而混沌终矣。"①这是道安对后汉三国译经的批评。在《出三藏记集》卷十《十四卷本鞞婆沙序》中，他又转述赵政的意见说："昔来出经者，多嫌胡言方质，而改适今俗，此政所不取也。何者？传胡为秦，以不闲方言求知辞趣耳。何嫌文质？文质是时，幸勿易之。"②他自己说："遂案本而传，不令有损言游字，时改倒句，余尽实录也。"③所有这些话都清楚表明道安主张直译的理论与根据。

在这个直译的阶段中，有许多佛经文句是从梵文原文逐字逐句译过来的，因而异常难懂。如果不与梵文原文对照，简直不知所云。梵汉两种语言，语法结构是非常不相同的。梵文不但名词、代词、形容词的变格和动词的变位异常复杂，而且词序也同汉语完全不同，如果直译，必然会产生诘屈聱牙的文体。这当然会影响佛教教义的宣传；但是在初期阶段，这情况有时是难以避免的。

这种直译的风气一直到了鸠摩罗什才有了根本的改变。慧皎《梁高僧传》卷五《道安传》说："安终后十六年，什公方至。什恨不相见，悲恨无极。"④可见罗什对道安之推重。但是他们的译风却是很不相同的。鸠摩罗什"不严于务得本文，而在取原意"。《梁高僧传》卷二《鸠摩罗什传》中说："什既

---

① 大55，52c。
② 大55，73c。
③ 大50，73c。
④ 大50，354a。

佛教在中国　109

率多请诵，无不究尽，转能汉言，音译流便。既览旧经，义多纰缪，皆由先度失旨，不与梵本相应。"①僧祐《出三藏记集》卷一说："逮乎罗什法师，俊神金照；秦僧融肇，慧机水镜；故能表发翰挥，克明经奥，大乘微言，于斯炳焕。""然文过则伤艳，质甚则患野，野艳为弊，同失经体。故知明允之匠，难可世遇矣。"②这里说的是，完全直译不行，这有点"野"；只注意文笔华丽也不行，这有点"艳"。只有罗什可以做到得乎其中。《梁高僧传》卷六《僧叡传》说："昔竺法护出《正法华经·受决品》云：'天见人，人见天。'什译经至此，乃言：'此语与西域义同，但在言过质。'叡曰：'将非人天交接，两得相见？'什喜曰：'实然。'"③这一个生动的例子，可见罗什的译风。

但是，如果仔细推究起来，就连这一位号称"转能汉言"的鸠摩罗什，也并不能华梵兼通。《出三藏记集》卷十僧叡《大智释论序》说："法师（鸠摩罗什）于秦语大格，唯识（译）一法（往），方言殊好犹隔而未通。苟言不相喻，则情无由比。不比之情，则不可以托悟怀于文表；不喻之言，亦何得委殊涂于一致，理固然矣。"④这里对翻译的困难说得非常清楚，连一代大师鸠摩罗什也不能例外。外国来华的高僧，不管他们的汉文学到什么程度，因为他们毕竟是外国人，所以必须同中国僧人配合协作，才能把翻译的工作做好。这个道理是非常清楚的。

道安的弟子慧远曾企图折衷直译与意译。《出三藏记集》

---

① 大50，332b。
② 大55，4c—5a。
③ 大50，364b。
④ 大55，75b。

卷十慧远《大智论抄序》说："于是静寻所由，以求其本，则知圣人依方设训，文质殊体。若以文应质，则疑者众；以质应文，则悦者寡……令质文有体，义无所越。"① 但是影响不大，不能算是开辟了一个新阶段。

在佛经翻译史上，玄奘可以说是开辟了一个新的时代。他不像隋僧彦琮那样幻想废译，人人学梵。彦琮说："则应五天正语充布阎浮；三转妙音并流震旦；人人共解，省翻译之劳，代代咸明，除疑网之失。"② 他也深切了解翻译中的困难与问题。他本人既通华言，又娴梵语，在印度留学十几年，参加过印度宗教哲学的大辩论，对印度各教派，对佛教中的各宗派都有深刻的研究。他怀着一腔宗教的虔诚，总结了在他以前几百年翻译工作的经验，创立了一种前所未有的新的译风。《续高僧传》卷四《玄奘传》说："自前代以来，所译经教，初从梵语倒写本文，次乃回之，顺同此俗。然后笔人乱理文句，中间增损，多坠全言。今所翻传，都由奘旨，意思独断，出语成章；词人随写，即可披玩。"③

这种新的译风还表现在另外一些方面。《大唐大慈恩寺三藏法师传》卷十说："至（显庆）五年春正月一日起首翻《大般若经》。经梵本总有二十万颂。文既广大，学徒每请删略，法师将顺众意，如罗什所翻，除繁去重。作此念已，于夜梦中，即有极怖畏事，以相警诫。或见乘危履岭，或见猛兽搏人，流汗战栗，方得免脱，觉已惊惧。向诸众说，还依广翻。"④

---

① 大 55，76b。
② 《续高僧传》卷二《彦琮传》。大 50，438c。
③ 大 50，455a。
④ 大 50，275c—276a。

他可能做这样的梦。但我认为，如果真做这样的梦的话，也只是他主观愿望的一种表现：他不赞同鸠摩罗什那种删略梵文原文的做法。他主张忠实地翻译原文全文。

《续高僧传》卷四《玄奘传》又说："前后僧传往天竺者，首自法显、法勇，终于道邃、道生，相继中途，一十七返，取其通言华梵，妙达文筌，扬导国风，开悟邪正，莫高于奘矣。"①又说："世有奘公，独高联类。往还震动，备尽观方，百有余国，君臣谒敬。言议接对，不待译人。披析幽旨，华戎胥悦，故唐朝后译，不屑古人。执本陈勘，频开前失。"②

玄奘不但毕生亲自参加翻译实践，而且根据穷年累月积累的经验，创立有关翻译的理论。"唐奘法师论五种不翻：一秘密故，如陀罗尼。二含多义故，如薄伽梵具六义。三此无故，如阎浮树，中夏实无此木。四顺古故，如阿耨菩提，非不可翻，而摩腾以来常存梵音。五生善故，如般若尊重，智慧轻浅。"③

近代学者对玄奘也有很高的评价。比如章太炎说："佛典自东汉初有译录，自晋、宋渐彰，犹多皮傅。留支、真谛术语稍密。及唐玄奘、义净诸师，所述始严栗合其本书，盖定文若斯之难也。"④这种对玄奘的赞美，我认为，他是当之无愧的。

要想具体细致地描述玄奘新创的译风，需要很多的篇幅，这里不是最适当的地方。简而言之，我们可以说，他的译风，既非直译，也非意译，而是融会直意自创新风。在中国翻译史

---

① 大50，458c。
② 大50，459c。
③ 四部丛刊，《翻译名义集序·周敦义序》。
④ 参阅章炳麟《初步梵文典序》，《章氏丛书·太炎文录·别录三》，浙江图书馆。

上达到了一个新的高峰，开辟了一个新的时代。如果允许我们借用辩证法术语来表达的话，这种发展可以说是完全合乎辩证法的规律：这是否定之否定。如果允许我们再借用黑格尔的说法的话，这种发展可以说是符合他的三段式：正题——反题——合题。由低级阶段向高级阶段发展时，高级阶段保留了低级阶段的某一些肯定的特点，向前发展下去，达到更高的阶段。

因为翻译工作必须有多人协作，这就需要有一个组织。最初的组织人少，也很简单，而且松散，基本上只有两个人：一个懂梵文的为主译，一个通汉文的为笔受。佛经梵文原本最初没有写本，全凭记忆，一直到法显时代基本上还是这样子。所以，有时先要有一个人口诵，另外一个人或者第三个人先依其所诵写成梵字或胡字，然后才加以翻译。《出三藏记集》卷七道安《合放先光赞略解序》说："《光赞》，护公执胡本，聂承远笔受。"① 同卷《普曜经记》说："（法护）手执胡本，口宣晋言。时笔受者沙门康殊帛、法炬。"② 同书卷九《长阿含经序》说："凉州沙门佛念为译，秦国道士道含笔受。"③

后来参加人数渐多，分工渐细，逐渐形成了一个组织，叫做译场。道安可能是最初译场的创建者之一。《梁高僧传》卷五《道安传》说："安既笃好经典，志在宣法。所请外国沙门僧伽提婆、昙摩难提及僧伽跋澄等，译出众经百余万言。常与沙门法和诠定音字，详核文旨。新初众经，于是获正。"④ 这些外

---

① 大55，48a。
② 大55，48b—c。
③ 大55，63c。
④ 大50，354a。

国沙门译经，都是在译场中进行的。

在翻译组织方面，南北朝可以说是一个过渡阶段。在这时期，情况已经同后汉有所不同了。译经不再依靠外国僧人。中国和尚到印度去求法的人多了起来。他们归国以后，既通梵语，又善华言。译起经来，自然可以避免前一阶段的那种情况，既不伤文，也不伤质。法显就是一个最著名的例子。《梁高僧传》卷三《法显传》讲到他到印度学习的经过。他精通梵文是不成问题的。但是他回国以后，仍然同外国和尚协作译经。《法显传》说："遂南造京师，就外国禅师佛驮跋陀于道场寺译出《摩诃僧祇律》《方等泥洹经》《杂阿毗昙心（论）》，垂百余万言。"① 这恐怕只说明，法显感到集体翻译比个人单干要好，译场这样的组织是可取的；并不像以前那样，中国和尚一离开外国和尚就寸步难行了。

在翻译组织方面，鸠摩罗什开辟了一个新的时代。他比法显稍早一点。他的译场规模非常庞大。《梁高僧传》卷二《鸠摩罗什传》说："兴少（达）崇三宝，锐志讲集。什既至止，仍请入西明阁及逍遥园，译出众经……于是兴使沙门僧䂮、僧迁、法钦、道流、道恒、道标、僧叡、僧肇等八百余人，咨受什旨。"② 僧叡《大品经序》说，译《大品经》时，参加翻译工作的有五百人③。译《法华经》时，"于长安大寺集四方义学沙门二千余人，更出斯经"④。译《思益经》时，"于时咨悟之僧

---

① 大 50, 338b。
② 大 50, 332a—b。
③ 大 55, 53b。
④ 大 55, 57b。

二千余人"①。译《维摩诘经》时有义学沙门千二百人参加。②《续高僧传》卷三《波颇传》说:"昔苻姚两代,翻经学士乃有三千。今大唐译人,不过二十。"③

这些记载,虽然可能稍有铺张,但基本上是可靠的。罗什门下之盛,译场规模之大,恐怕是空前的了。

译场当然不限于上述的这一些。从《梁高僧传》等书的记载中可以找到下列这一些译场:东晋时有庐山慧远的般若台,陈代富春之陆元哲宅,陈隋间广州之制旨寺。国立译场有姚秦长安之逍遥园,北凉姑臧之闲豫宫,东晋建业之道场寺,刘宋建业之祇洹寺、荆州之辛寺,萧梁建业之寿光殿、华林园、正观寺、占云馆、扶南馆、元魏洛阳之永宁寺及汝南王宅,北齐邺之天平寺,隋长安之大兴善寺,洛阳之上林园,唐长安之弘福寺、慈恩寺、玉华宫、荐福寺等等。这都是最著名的译场。④

我们上面已经谈到,翻译工作到了玄奘手中,达到了一个新的阶段。在翻译的组织,所谓译场方面,尽管玄奘自己华梵兼通,但仍然继承了过去的传统,仍然建立了译场。从参加人数上来看,可能比罗什的译场为少,但是分工的细致却超过了它。《续高僧传》卷四说:"既承明命,返迹京师,遂召沙门慧明、灵润等以为证义,沙门行友、玄赜等,以为缀缉,沙门智证、辩机等,以为录文,沙门玄模以证梵语,沙门玄应以定字伪。其年五月,创开翻译《大菩萨藏经》二十卷,余为执笔,并删缀词理。"⑤《大唐大慈恩寺三藏法师传》卷六说:

---

① 大55,58a。
② 大55,58b。
③ 大50,440b。
④ 见梁启超《翻译文学与佛典》。
⑤ 大50,455a。

三月己巳，法师自洛阳还至长安，即居弘福寺将事翻译。乃条疏所须证义、缀文、笔受、书手等数，以申留守司空梁国公玄龄。玄龄遣所司具状，发使定州启奏。令旨依所须供给，务使周备。夏六月戊戌证义大德、谙解大小乘经论为时辈所推者一十二人至，即京弘福寺沙门灵润、沙门文备、罗汉寺沙门慧贵、实际寺沙门明琰、宝昌寺沙门法祥、静法寺沙门普贤、法海寺沙门神昉、廓州法讲寺沙门道深、汴州演觉寺沙门玄忠、蒲州普救寺沙门神泰、绵州振向寺沙门敬明、益州多宝寺沙门道因等。又有缀文大德九人至，即京师普光寺沙门栖玄、弘福寺沙门明濬、会昌寺沙门辩机、终南山丰德寺沙门道宣、简州福聚寺沙门静迈、蒲州普救寺沙门行友、栖岩寺沙门道卓、豳州昭仁寺沙门慧立、洛州天宫寺沙门玄则等。又有字学大德一人至，即京大总持寺沙门玄应。又有证梵语梵文大德一人至，即京大兴善寺沙门玄暮。目（？）余笔受书手所司供料等并至。①

玄奘于大唐贞观二十二年五月十五日于长安弘福寺翻经院翻译《瑜伽师地论》时有下列参加人员：

弘福寺沙门知仁笔受

弘福寺沙门灵雋笔受

大总持寺沙门道观笔受

瑶台寺沙门道卓笔受

---

① 大50,253c—254a。

清禅寺沙门明觉笔受

大总持寺沙门辨（辩）机证文

简州福众寺沙门靖迈证文

蒲州普救寺沙门行友证文

普光寺沙门道智证文

汴州真谛寺沙门玄忠证文

弘福寺沙门明濬正字

大总持寺沙门玄应正字

弘福寺沙门玄谟证梵语

弘福寺沙门文备（备字原缺）证义

蒲州栖岩寺沙门神泰证义

廓州法讲寺沙门道深证义

宝昌寺沙门法祥证义

罗汉寺沙门慧贵证义

宝澄寺沙门明琰证义

大总持寺沙门道洪证义

除了和尚以外，还有官僚参加：

银青光禄大夫行太子左庶子高阳县开国男臣许敬宗监阅。

大唐内常侍轻车都尉菩萨戒弟子观自在敬写西域新翻经论。①

参加人员之多，分工之细致，可以说是已经达到很高的程度。这只是《瑜伽师地论》这一部佛经翻译时译场组织的情况，玄奘翻译其他佛典时情况也差不多，这里不再详细论述了。

在唐太宗活着的时候，玄奘努力翻译。太宗逝世以后，他的努力并未少缀。《大唐大慈恩寺三藏法师传》说："（贞观

---

① 大30,881c—882a。

二十三年五月）庚午帝崩于含风殿。时秘不言，还京发丧，殡太极殿。其日皇太子即皇帝位于梓宫之侧。逾年改元曰永徽。万方号恸，如丧考妣。法师还慈恩寺。自此之后，专务翻译，无弃寸阴。每日自立程课。若昼日有事不充，必兼夜以续之。过乙之后，方乃停笔。摄经已，复礼佛行道，至三更暂眠，五更复起。读诵梵本，朱点次第。拟明旦所翻。"① 玄奘用力之勤可以想见。

玄奘利用那样一个详密的、能网罗天下人才的译场组织，再加上自己惊人的努力与精力，从贞观十九年二月元日至龙朔三年十月，十九年间，译出了佛经七十五部，一千三百三十一卷②，每年平均七十卷，而在最后四年间（显庆五年至龙朔三年），每年平均乃至一百七十卷。从隋初（581）至唐贞元五年（789）共二百零八年，译人五十四，译经四百九十二部，二千七百十三卷。玄奘一个人就译了七十四部，一千三百四十一卷。因此，无论从译经的量来看，还是从质来看，玄奘都是空前绝后的。《大唐故三藏玄奘法师行状》说："今日法师，唐梵二方，言词明达，传译便巧。如擎一物掌上示人，了然无殊。所以岁月未多，而功倍前哲。至如罗什称善秦言，译经十有余年，唯得二百余卷。以此校量，难易见矣。"③ 我想，我们都会同意这些话吧。玄奘以后，译场的组织继续存在而且发展。我在这里简单地举几个例子。

《宋高僧传》卷三《菩提流志传》谈到菩提流志的译场组织的分工情况时说："此译场中，沙门思忠、天竺大首领伊舍罗

---

① ㊛ 50,260a。
② 这些数字，见《大唐故三藏玄奘法师行状》。
③ ㊛ 50,220b。

等译梵文。天竺沙门波若屈多、沙门达摩证梵义。沙门履方、宗一、慧觉笔受。沙门深亮、胜庄、尘外、无著、怀迪证义。沙门承礼、云观、神暕、道本次文。次有润文官卢粲，学士徐坚，中书舍人苏瑨，给事中崔璩，中书门下三品陆象先，尚书郭元振，中书令张说，侍中魏知古，儒释二家，构成全美。"①润文这个角色，一般都由大官，大概都是儒家来担任。儒佛合作，这可以说是译坛的佳话吧。同书《戒法传》说："其本道节度使杨袭古与龙兴寺僧请法为译主。翻《十地经》，法躬读梵文并译语，沙门大震笔受，法超润文，善信证义，悟空证梵文。"②同书《莲华传》中说："至（贞元）十二年六月，诏于崇福寺翻译。罽宾沙门般若宣梵文，洛京天宫寺广济译语，西明寺圆照笔受，智柔、智通缀文，成都府正觉寺道恒、鉴虚润文，千福寺大通证义。澄观、灵邃详定。神策军护军中尉霍仙鸣、左街功德使窦文场写进。"③

玄奘以后的伟大的翻译家应该首推义净。《宋高僧传》卷一《义净传》谈到义净的译场。他翻译《金光明最胜王》等等二十部佛经时，"北印度沙门阿俩真那证梵文义，沙门波仑、复礼、慧表、智积等笔受证文。沙门法宝、法藏、德感、胜庄、神英、仁亮、大仪、慈训等证义。成均太学助教许观监护。"④后面又说："暨和帝神龙元年乙巳，于东洛内道场，译《孔雀王经》。又于大福先寺出《胜光天子香王菩萨呪》《一切庄严王经》四部。沙门盘度读梵文，沙门玄伞笔受，沙门大仪

---

① 大50，720b。
② 大50，721b。
③ 大50，721b—c。
④ 大50，710b—c。

证文，沙门胜庄、利贞证义，兵部侍郎崔堤、给事中卢粲润文正字，秘书监驸马都尉杨慎交监护。帝深崇释典。特抽敷思制《大唐龙兴三藏圣教序》。又御洛阳西门宣示群官新翻之经。二年净随驾归雍京。置翻经院于大荐福寺居之。三年诏入内。与同翻经沙门九旬坐夏。帝以昔居房部幽厄无归，祈念药师，遂蒙降祉。荷兹往泽，重阐鸿猷。因命法徒，更重传译于大佛光殿。二卷成文曰《药师琉璃光佛本愿功德经》。帝御法筵手自笔受。睿宗永隆元年庚戌。于大荐福寺出《浴像功德经》《毗奈耶杂事》《二众戒经》《唯识宝生所缘释》等二十部。吐火罗沙门达摩末磨。中印度沙门拔弩证梵义。罽宾沙门达摩难陀证梵文。居士东印度首领伊舍罗证梵本。沙门慧积、居士中印度李释迦度颇多读梵本。沙门文纲、慧诏、利贞、胜庄、爱同、思恒证义。玄伞、智积笔受。居士东印度瞿昙金刚、迦湿弥罗国王子阿顺证译。修文馆大学士李峤、兵部尚书韦嗣立、中书侍郎赵彦昭、吏部侍郎卢藏用，兵部侍郎张说、中书舍人李又二十余人，次文润色。左仆射韦巨源、右仆射苏环监护。秘书大监嗣虢王邕同监护。景云二年辛亥，复于大荐福寺译《称赞如来功德神呪》等经。太常卿薛崇嗣监护。"①监护的和润文正字的都是官员，有的甚至是大官。连皇帝本人都亲自御法筵笔受，可见李家王朝对翻译是怎样地重视。

从这样的分工中，可以看到，义净的译场对以前的译场组织有所继承，又有所发展。义净以后，唐朝译经的和尚仍然有译场的组织，《宋高僧传》中有极详细的叙述，这里不再引用。

《宋高僧传》卷三之末，赞宁把中国译经的组织做了一个

---

① 大 50,710c—711a。

小结：

或曰："译场经馆，设官分职，不得闻乎？"曰："此务所司，先宗译主，即贵叶书之三藏明练显密二教者充之。次则笔受者，必言通华梵、学综有空、相问委知，然后下笔。西晋伪秦以来，立此员者，即沙门道含、玄赜、姚嵩、聂承远父子。至于帝王，即姚兴、梁武、天后、中宗，或躬执翰，又谓为缀文也。次则度语者，正云译语也。传度转令生解，亦名传语。如翻《显识论》沙门战陀译语是也。次则证梵本者，求其量果，密能证知，能诠不差，所显无谬矣。如居士伊舍罗证译《毗柰耶》梵本是也。至有立证梵义一员，乃明西义得失，贵令华语下不失梵义也。复立证禅义一员，沙门大通充之。次则润文一位，员数不恒。令通内外学者充之。良以笔受在其油素，文言岂无俚俗，倘不失于佛意，何妨刊而正之。故义净译场，则李峤、韦嗣立、卢藏用等二十余人次文润色也。次则证义。盖证已译之文所诠之义也，如译《婆沙论》，慧嵩、道郎等三百人考正文义，唐复礼累场充任焉。次则梵呗，法筵肇启，梵呗前兴，用作先容，令生物善，唐永泰中方闻此位也。次则校勘，雠对已译之文，隋前彦琮复疏文义，盖重慎之至也。次则监护大使，后周平高公侯寿为总监检校，唐则房梁公为奘师监护。相次许观、杨慎交、杜行颙等充之。或用僧员，则隋以明穆、昙迁等十人，监掌翻译事，诠定宗旨。其处则秦逍遥园、梁寿光殿、瞻云馆、魏汝南王宅。又隋炀帝置翻经馆,其中僧有学士之名。唐于广福等寺,或宫园不定。又置正字、字学,玄应曾当是职。后或置或否。朝廷罢译事,自唐宪宗元和五年至于周朝,相望可一百五十许岁,此道寂然。①

赞宁这个总结是符合实际情况的。至于宋朝和宋朝以后的情况,是在我讨论范围以外的,我们就不再谈了。

二、佛教教义的发展与宗派的形成

佛教传入中国以后,作为一个外来的宗教,首要的任务就是要努力挣扎立定脚根。要想立定脚跟,必须依附于一个在中国已经流行的、有了基础的宗教学说。必要时,甚至不惜做出一些伪装,以求得蒙混过关。在中国人方面,首先信仰这个外来的宗教的并不是普通的老百姓,而是一些上层的统治阶级的人物。他们对一个外来的、完全陌生的宗教也不能立刻了解,他们也总是拿自己固有的宗教观念去比附。这在世界上其他宗教外传时也是常常遇到的现象。

当佛教传入中国时,正是谶纬之学盛行的时候。当时一些皇室贵族,包括个别皇帝在内,比如东汉光武帝和明帝,都相信谶纬之学。在一般人心目中,佛教也纯为一种祭祀,它的学说就是鬼神报应。他们认为佛教也是一种道术,是96种道术之一,称之为佛道或释道。佛道并提是当时固定的流行的提法。《后汉书·光武十王列传·楚王英传》说:"楚王诵黄老之

---

① 大50,724b—725a。

微言，尚浮屠之仁祠。"襄楷上书说（《后汉书》卷六十下）："闻宫中立黄老浮屠之祠。"许多人，包括汉桓帝在内，并祭佛老二氏。佛教就在这样的伪装之下，在中国社会里生了根。王充《论衡》对于当时的学术、信仰、风习等都痛加贬斥，然而无一语及佛教。可见当时佛教并不怎么流行，在思想界里并不占什么地位。

为了求得生存，初期的译经大师，如安世高、康僧会之流，都乞灵于咒法神通之力，以求得震动人主和人民的视听。一直到晋代的佛图澄（公元310年至洛阳）还借此为弘教手段。不管这些和尚自己是否相信这一套神通咒法，反正他们不能不这样做。《梁高僧传》卷九《佛图澄传》中多次提到佛图澄的神异，说得活龙活现，神乎其神。"（石勒）召澄问曰：'佛道有何灵验？'澄知勒不达深理，正可以道术为征。因而言曰：'至道虽远，亦可以近事为证。'即取应器盛水烧香咒之，须臾生青莲花，光色曜目。勒由此信服。"[1]从这一个小例子中可见一斑。

从三国开始一直到晋代，佛教又附属于玄学。玄学是儒家封建伦理思想的另一种表现形式，它在当时是为门阀士族地主阶级服务的。佛教依附上玄学，不但有能力存在下去，而且还能得到发展。玄学讲什么《周易》《老》《庄》，讲什么道。有人就用这个道同佛教的般若波罗蜜多相比附，牵强附会当然难免。然而佛教教义却因而得到承认与发展。

从佛教本身的教义的输入和发展来看，最初传到中国来的是小乘教说一切有部和禅定。这同佛教在印度本土发展的历

---

[1] 大50,383c。

史是相适应的。在印度是先有小乘，到了公元前3世纪阿育王时代，才开始有大乘思想的萌芽。又到了公元后1世纪，中观派的理论，所谓空宗（创始者为龙树）才开始产生。佛教小乘有些部派多少还有一点唯物主义的因素。大乘佛教则完全继承了《奥义书》的唯心主义，只不过是使这种唯心主义更细致化、更系统化而已。最早的《四十二章经》是否是印度佛经的译本，还是个问题。汉桓帝建和二年（148）到中国来译经的安世高译出了30余部经，主要是说一切有部的毗昙学和禅观的理论。

同安世高同时来洛阳译经的，以支楼迦谶为最有名。他译的经多半属于大乘中观派，所谓空宗的经典，比如《道行般若经》就属于这一宗。同时稍晚一点支谦译的《大明度经》就是同一部经。朱士行西行求法，求的也是大品般若，结果在大乘盛行的于阗得到梵文《放光般若经》。这就说明，在公元2世纪的时候，印度佛教大乘的中观派理论已经传入中国。但是，这种学说并没有立刻引起注意，当然更谈不到广泛流行。时隔一百五十多年，直至魏晋以后南北朝时期，才开始引起注意。原因在哪里呢？这同我们谈到的佛教自附于玄学，是分不开的。当时的佛教理论家并没有完全忠实地按照印度空宗的理论去理解它，而是杂糅了魏晋玄学唯心主义的观点，也讲什么"以无为本"，与老庄相混淆。

晋代的高僧道安（312—385），虽然曾说过"先旧格义，于理多违"，实际上却并没能脱出"格义"的框框。他的弟子很多都读儒书或老庄之书。《梁高僧传》卷五《昙徽传》说："释昙徽，河内人。年十二投道安出家。安尚其神彩，且令读书。

二三年中，学兼经史。十六方许剃发。"①同上书卷五《道立传》说："少出家事安公为师，善《放光经》。又以庄、老、三玄微应佛理。颇亦属意焉。"②同上书卷五《昙戒传》说："居贫务学，游心坟典。"③同上书卷六《慧远传》说："故少为诸生，博综六经，尤善庄、老。"④又说："远乃引《庄子》义为连类，于是惑者晓然。是后安公特听慧远不废俗书。"⑤同上书卷六《慧持传》说："释慧持者，慧远之弟也。冲默有远量。年十四学读书，一日所得，当他一句。善文史，巧才制。"⑥因为利用儒书和老庄牵强附会来宣传佛教更容易为人们所接受，所以他就听弟子"不废俗书"。道安还劝苻坚迎鸠摩罗什，为大乘开基，他又集诸梵僧译《阿毗昙》，为小乘作贡献。

在这个时期，由于中国还是统一的，所以佛教还没有形成南北两大派。到了南北朝时期，南北分裂，各自独立，佛教也因之而形成两大派：南方重理论，偏于思辨，不重禅法，所谓"宏重义门，至于禅法，盖蔑如也"，（《续高僧传》卷一七《慧思传》）⑦就是指的这个现象。盛行的佛学是《般若》《三论》《成论》，基本上都是大乘空宗的学说。北方重修持、禅定，倾向于苦行，盛行禅法与净土的信仰，偏重戒律，并杂以阴阳方术，汉代佛法的残余似乎流行于此，汉代儒家经学的传统也似乎比较有力；在这里学风比较朴实，继承了北方宗教传统的衣

---

① 大50,356b。
② 大50,356b。
③ 大50,356b。
④ 大50,357c。
⑤ 大50,358a。
⑥ 大50,361b。
⑦ 大50,563c—564a。

佛教在中国 125

钵。这是政治上南北对立在宗教上的反映。但是南北也有互相交流的一面，禅法与义学的界限并不是绝对的。隋唐之际，许多大师都主张"定慧双开"，"禅义兼弘"，可见其中消息。总的来说，这实际上是魏晋玄学的延续，不脱三玄的规范，并配合玄学，为门阀士族的特权辩护。

同佛教在中国形成了南北两大派差不多同时，印度佛教大乘瑜伽行者派所谓有宗也开始形成。这比起大乘的形成来要晚很多。比起中观派所谓空宗的形成来，也晚不少。传说这一派的创始者是弥勒（Maitreya—nātha，约350—430）。这个人的存在是值得怀疑的，有的学者说实有其人，有的学者则说纯属虚构。肯定是历史人物的是无著（约395—470）和世亲（约400—480）[1]。尽管这二人的生卒年月也还不清楚，但生在四五世纪是没有问题的。这里特别值得提出的是，在无著和世亲以后，这一派出了几个著名的逻辑（因明）学者，比如陈那（6世纪）和法称（7世纪）。讲因明，必须讲因果关系，因果关系就包含着一些辩证法的因素。释迦牟尼首倡的十二因缘，属于这一类。大乘初期的创始者是反对或歪曲因缘论的。比如龙树，他不敢公然反对十二因缘，却歪曲说，十二因缘就正证明了一切事物皆非真实。有宗的这些因明学者都有勇气承认Pramāṇa（旧译作"量"或"形量"，认识工具），承认pratyakṣa和Anumāna的正确性，法称公然说："人类所有的成功的活动都必须以正确的知识为前提。正确的知识有两种：一种是知觉，一种是推理。"[2]他们的学说对印度直接经验Anumāna哲学产生

---

[1] 陈代真谛译《婆薮般豆法师传》。玄奘《大唐西域记》多次提到。

[2] D.Chattopadhyaya, *What is Living and What is Dead in Indian Philosophy.* 恰托巴底亚耶《印度哲学中什么是活的？什么是死的？》，新德里，1976年，第57页。

了很大的影响。因为瑜伽派比中观派的建立要晚二三百年，所以传到中国来的时间也相应地晚了。在中国，传译介绍有宗法相唯识之学的，在南方有陈代（557—589）真谛，他译有《摄大乘论》等经典，有人就说，真谛建立了摄论宗。此外，真谛还译了一些有关因明的论著。在北方有菩提流支、勒那摩提，活动时期较真谛略早，所译有《十地经论》等，有人又说他们创立了地论宗。仔细研究起来，在当时还只能有学派，不可能有宗派，称之为宗，是有点勉强的。

到此为止，印度佛教的大小乘，大乘中的空宗、有宗，随着印度佛教的发展，都介绍到中国来了。印度这些宗派之间的矛盾也与之俱来。有人说，在中国这种矛盾不激烈。这是不符合实际情况的。宗教与宗教之间的斗争是很激烈的，但是一个宗教内部斗争往往比对外矛盾还要激烈，这是中外宗教史上常见的现象。中国也不能例外。首先遇到的是小乘和大乘的斗争。《梁高僧传》卷四《朱士行传》说："（士行）既至于阗，果得梵书正本凡九十章，遣弟子不如檀、此言法饶，送经梵本还归洛阳。未发之顷，于阗诸小乘学众遂以白王云：'汉地沙门，欲以婆罗门书，惑乱正典。王为地主，若不禁之，将断大法。聋盲汉地，王之咎也。'王即不听赍经。士行深怀痛心，乃求烧经为证。王即许焉。于是积薪殿前，以火焚之。士行临火誓曰：'若大法应流汉地，经当不然。如其无护命也如何。'言已投经火中，火即为灭。"[①] 很显然，这一段神话是站在大乘立场上说出来的。僧祐《出三藏记集》卷五《小乘迷学竺法度造异仪记》，记载了竺法度"执学小乘，云无十方佛，唯礼释迦而

---

① 大50,346b。

已。大乘经典，不听读诵"。①僧祐是站在大乘立场上的，故称之为"小乘迷学"。

大小乘有矛盾，大乘空、有也有矛盾。最著名的、最有代表性的例子就是罗什与觉贤的矛盾。觉贤，梵名佛驮跋多罗，或佛驮跋陀，亦作佛大跋陀罗②、佛度跋陀罗③。他生于天竺，以禅律驰名。他游学罽宾，受业于大禅师佛陀斯那。罽宾一向是小乘萨婆多部（说一切有部）的流行地。《梁高僧传》卷二《佛陀跋陀罗传》说："常与同学僧伽达多共游罽宾。"④他在那里受到萨婆多部的影响是很自然的。《出三藏记集》中之萨波多部目录说："长安城内齐公寺萨婆多部佛大跋陀罗。"⑤可见他原隶说一切有部。秦沙门智严到了罽宾，请他同来中国。同罗什见了面。罗什宣扬的是大乘空宗，而觉贤服膺的是大乘有宗。罗什的禅法，也与觉贤不同。《出三藏记集》卷九《华严经记》说："请天竺禅师佛度跋陀罗手执梵文，译胡为晋。沙门释法业亲从笔受。"⑥《华严经》属于大乘有宗。可见觉贤信仰之所在。觉贤是介绍世亲有宗入中国的最早的和尚之一。《出三藏记集》卷二讲到《大方广佛华严经》等十部经的翻译时说："晋安帝时，天竺禅师佛驮跋陀（罗）至江东，及宋初于庐山及京都译出。"⑦同卷讲到《大般泥洹》等十一部经的翻译时说："法显以隆安三年游西域，于中天竺师子国得胡本，归京都，住道场寺。就天

---

① 大55,41a。
② 大55,89c。
③ 汤用彤《汉魏两晋南北朝佛教史》，第306—307页。
④ 大50,334c。
⑤ 大55,89c。
⑥ 大55,61a。
⑦ 大55,11c。

竺禅师佛驮跋陀（罗）共译出。"①

觉贤既然与罗什有这样的矛盾，必不能融洽共处。《梁高僧传》本传说："闻鸠摩罗什在长安，即往从之。什大欣悦，共论法相，振发玄微，多所悟益。"②但是接着就说："因谓什曰：'君所释不出人意，而至高名何耶？'什曰：'吾年老故尔，何必能称美谈。'"③参阅《出三藏记集》卷一四《佛大跋陀传》④。这话说得很尴尬。两人论空，意见相左。结果"遂致流言，大被谤黩，将有不测之祸"。可见问题之严重了。这不是两人之间个人的问题，最根本的原因是二人的信仰空、有的矛盾。由于信仰而致杀身者，中外历史不乏先例。觉贤受迫害也就不足为怪了。

尽管大、小有矛盾，空、有有矛盾，但只能说是学派之争，还不能说是宗派之争。到了隋唐，南北统一了。一方面，佛教有了融合统一的可能性，此时不少人主张"定慧双开""禅义兼弘"，就是这种趋势的朕兆。但是，佛教在中国毕竟已经过了幼年期，可以说是已经成熟了。对于佛教教理方面的一些问题，看法越来越分歧，成见越来越深。久而久之，就形成了不少的宗派。到了此时，只有到了此时，我们才能谈佛教的宗派。

宗派的滥觞好像是在北方，而盛于南方。最初萌芽的宗派几乎都属于空宗。只有流传时间极短暂的摄论宗、地论宗属于有宗。这是同印度佛教思想的发展相一致的。空宗传入中国的

---

① 大55，12a。
② 大50，335a。
③ 大50，335a。
④ 大55，103c。

时候，有宗还没有出现，当然更谈不到传入中国了。

谈到宗派的形成，我上面已经谈到，在南北朝时期大体上只能有学派，还不能有宗派，很多中外的佛学研究者说中国有十宗或八宗，而且从南北朝时期已开始。这是不大符合实际情况的。梁启超《中国佛法兴衰沿革说略》中提到的宗有：大乘摄论宗、小乘俱舍宗、十地宗、三论宗、法华宗、涅槃宗、天台宗、法相宗（唯识宗、慈恩宗）、华严宗、净土宗、律宗、密宗、禅宗，有人还添上地论宗、摄论宗。在这些宗派中，各宗都有自己的教规。律宗不能成为宗；净土宗没有自己的专有理论，也不能算宗；成实、俱舍都只能算是学派，不是宗派；三论宗后被天台、禅宗所吸收，不能独立成宗。能够成为宗派的只有天台宗、华严宗、法相宗和禅宗。天台源于北齐、南陈，创于隋，流行于江浙、湖北一带，倾向于统一综合，南方义学和北方禅定都去学习，企图通过禅定来证悟般若。华严宗兴起于陈隋之间，形成于武则天时，根据地在终南山和五台山。法相宗创始者为玄奘、窥基。禅宗源于北魏菩提达摩，盛于唐，先流行于庾岭、广东、湖南、江西，然后遍及全国，流行时间最长，实际上已成为一个呵佛骂祖的宗派，已成为佛教的对立面，简直已经不是佛教了。

自南北朝以来，大量的佛经翻译过来了，印度佛教主要的经典几乎都有了汉译本，有的经典汉译本不止有一个，而是有许多个，中外僧徒翻来覆去地翻译。佛教宗派一个个地形成，佛教本身也在统治者扶持之下，流行起来了。这时在佛教教义方面，矛盾和分歧突出出来了。大乘、小乘有矛盾，大乘中空宗、有宗又有矛盾。为了调和和弥补理论上的分歧，加强内部的团结，各宗派都建立了判教的体系。换句话说，各宗派都根

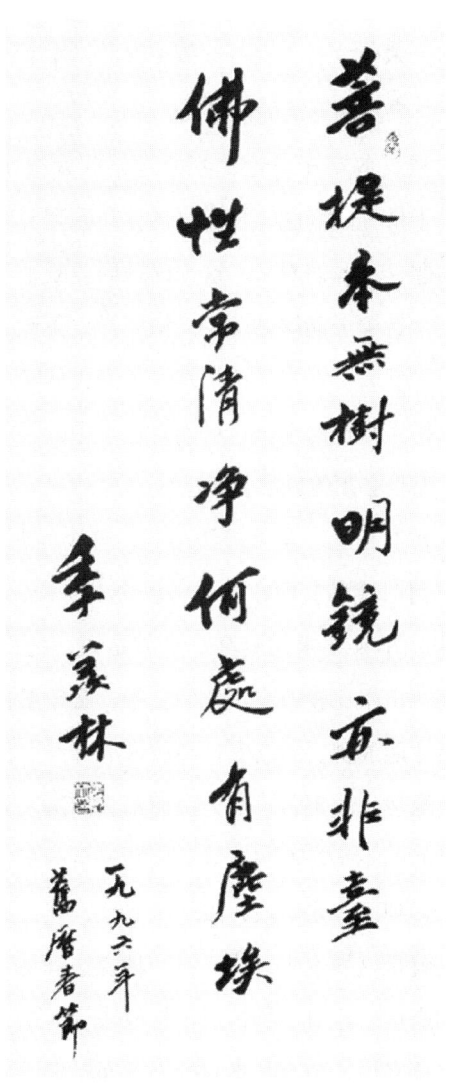

季羡林题"菩提本无树,明镜亦非台。佛性常清净,何处有尘埃"。

据自己的观点、理论，把佛教各宗的理论加以批判、整理和估价。判教源于何时，现在还说不清，最早的有慧观法师，他曾区分顿、渐、不定三教。判教之说大概起源于北凉昙无谶，盛行于北方，与宗派的形成关系很大。

在这时候，各宗派讨论批判的理论问题很多，其中最突出的就是关于佛性的问题。什么叫佛性问题呢？就是人能不能够成佛的问题。在我们看来，这个问题同西欧中世纪基督教神学家讨论一个针尖上能够站多少天使同样地荒诞不经，滑稽可笑。然而，在佛教徒看来，这却是一个天大的问题。为了麻痹善男信女，扩大自己的地盘，巩固自己手中的经济，必须提出这个问题，而且必须给以回答。

在印度佛教史上，虽然提法不同，这个问题也是有过的。怎样成佛？何时成佛？同在中国佛教史上一样，有许多说法。一般说起来，小乘要求比较高，也就是说，他们卖天国入门券，讨价高，出手比较悭吝。他们主张，必须累世修行，积累功德，然后才能成佛。后汉安世高所译的佛经大概都是这种主张。这样做当然比较艰苦，令人望而却步。这表现了守旧派为了维护人世间的不平等的封建等级制所进行的努力。又有人主张逐渐修行，到了一定阶段，来一个飞跃，然后再修行，即可成佛。道安就是这样主张。这比第一种说法容易一点，然而也还有不少的麻烦。这对于维护封建特权来说，是有好处的；然而对麻痹信徒来说，却有其不利的一方面。天国入门券如果太贵，有些人就望望然而去之了。到了鸠摩罗什的大弟子竺道生身上发生了一个巨大的变化。慧皎《梁高僧传》卷七《竺道生传》说：

于是校阅真俗，研思因果，乃立善不受报，顿悟成佛。又著《二谛论》《佛性当有论》《法身无色论》《佛无净土论》《应有缘论》等，笼罩旧说，妙有渊旨。而守文之徒，多生嫌嫉，与夺之声，纷然竞起。又六卷《泥洹》（东晋义熙十三年（417）译出——引者）先至京师。生剖析经理，洞入幽微，乃说"一阐提人皆得成佛"。于时《大本》未传，孤明先发，独见忤众。于是旧学以为邪说，讥愤滋甚。遂显大众，摈而遣之……后《涅槃大本》至于南京，果称阐提悉有佛性，与前所说，合若符契。"①（参阅《出三藏记集》卷一七，内容几乎完全一样）

北凉昙无谶译《大般涅槃经》四十卷本，卷二二《光明遍照高贵德王菩萨品》中说：

犯四重罪，谤方等经，作五逆罪，及一阐提悉有佛性。②

这说法与竺道生的说法完全相同。这真是石破天惊，佛坛佳话。中印相距万里，而想法竟如是之相似。可见买廉价的天国入门券也是有规律可循的。麻痹信众，维护阶级利益，竺汉相同，这也大概可以算是阶级斗争的规律吧。南朝阶级斗争激烈，贫富悬殊，于是先秦两汉已经提出来的一个问题又被提来了：人生有贵贱，人性是否也有贵贱呢？《涅槃经》解答了这

---

① 大50,366c—367a。
② 大12,493b。

个问题，可以说正是时候，佛教从般若学转到了涅槃学是佛教发展的一个关键阶段。般若和涅槃都属空宗，但在佛性问题上，涅槃可以说是抢先了一步。

其实这种想法在个别小乘经中，在大乘的《法华经》《维摩诘经》已有所流露。《法华经》卷四《授学无学人记品》第九说："悉皆与授记，未来当成佛。"[①]《常不轻菩萨品》第二十说："我不敢轻于汝等，汝等皆当作佛。"[②]《法华经》还讲到龙女成佛的故事。到了《涅槃经》只是说得更具体、更切实而已。但是这种学说在南北朝时，庶族地主还没能在政治上占重要地位，因而还没能得到广泛的承认。到了唐代，唐王朝统治者有意打击门阀士族，他们逐渐失势，庶族地主阶级靠科举往上爬，反映在佛教教义方面，顿悟成佛就大大流行起来，禅宗把这个学说发扬光大。渊源于北齐、南陈，创于隋，盛于唐的天台宗的祖师爷之一的湛然（711—782）提出了"无情有性"的学说，把成佛的可能与范围更扩大了，意思是连没有情的东西，像草木砖石都有佛性，都能成佛，进入极乐世界，人类能成佛当然更不在话下了。

玄奘创立的法相宗怎样呢？

前面谈到的各个宗派都是属大乘空宗的。创于唐初的法相宗是属于有宗的，玄奘和窥基所想继承的是印度无著和世亲等有宗大师的衣钵。这一派主张现实世界的一切事物都是众多感觉经验的集合体，都是"识"的变现。这有点像欧洲唯心主义经验论者贝克莱（1684—1753）的学说。列宁在《唯物主义和经验批判主义》一书中首先批判的也就是这一种学说。为

---

① 大9,30b。

② 大9,50c—51ac。

了开辟通向最高境界、真如世界（变相的天国）的道路，法相宗提出了"三性""三无性"的学说。这一派完完全全接受印度瑜伽行者派的关于八识的学说，说什么第八识阿赖耶识中包含着有漏种子和无漏种子，有漏种子通过善行的熏习可以转化为无漏种子，只有断尽了有漏种子才能成佛，而只有佛才能断尽有漏种子。我们姑且不谈这里面无法解决的矛盾。只是这种成佛的途径就非常艰辛而且毫无把握。同禅宗和其他宗派提出的"放下屠刀，立地成佛""一阐提人皆有佛性""无情有性"等等学说比较起来，其难易的程度有如天壤，人们舍此而就彼，不是很自然的吗？还有一点是法相宗同其他各宗不同的地方：法相宗是教条主义，几乎是全盘接受印度有宗的那一套学说，它利用相对主义翻来覆去地论证现实世界虚妄不实，但却认为"识"是存在的，它几乎没有什么创造与修正，没有或者很少配合当时阶级斗争的形势，适应经济基础的需要。而其他各宗都或多或少地中国化了，也就是说，密切配合阶级斗争为统治者服务。这些宗派，特别是禅宗，之所以能长久流行于中国，而法相宗只流行了几十年，创立人一死，宗派也就立刻消逝，其原因也就在这里。我们可以得出一个结论：一个宗派流行时间的长短是与它们中国化的程度成正比的。谁的天国入门券卖得便宜，谁就能赢得群众，就能得到统治者的支持。反之，就不能。这种情况，在印度佛教史上，同样可以发现，其中是有规律可循的。在中国，同在印度一样，还可以发现一个规律，就是：天国入门券，越卖越便宜。法相宗的入门券卖得贵了一点，所以买的人就少。它以后的华严宗和禅宗，就便宜得多。华严宗宣扬，进入佛国不必努力苦修，不必等到遥远的将来，只要在眼前改变一下对现实世界的看法，立刻就可以成佛。禅宗的"放下屠刀，立地成佛"是最有名的，也是最简便便宜的。禅宗流行的时间特别长，地域特别广，难道是偶然的吗？

有人[①]主张玄奘企图沟通中观与瑜伽两派，他在印度著《会宗论》就是为了达到这个目的。梁启超说："会通瑜伽般若两宗，实奘师毕生大愿。"[②]我看，这个说法恐怕不够确实、全面。玄奘实际上是在空宗（般若）的基础上建立自己的佛学体系的[③]。他并不把般若与瑜伽等量齐观。至于说，玄奘思想中有辩证法因素，那倒是符合实际情况的。这个问题下面再谈。[④]

在印度佛教史上，大乘有宗产生得最晚。它最有资格总结整个的佛教史。它也确实这样做了。在有宗一部重要的经典、玄奘亲自翻译的《解深密经》卷二《无自性相品》第五中，它以三时判别佛教各宗的高下：

> 尔时胜义生菩萨复白佛言："世尊！初于一时，在婆罗痆斯仙人堕处施鹿林中，惟为发趣声闻乘者，以四谛相转正法轮。虽是甚奇甚为希有，一切世间诸天人等先无有能如法转者；而于彼时所转法轮，有上有容是未了义。是诸诤论安足处所。世尊！在昔第二时中，惟为发趣修大乘者，依一切法皆无自性，无生无灭，本来寂静，自性涅槃，以隐密相转正法轮，虽更甚奇甚为希有，而于彼时所转法轮，亦是有上有所容受，犹未了

---

① 田光烈《玄奘及其哲学思想中之辩证法因素》，云南人民出版社，1958年版，第9页。
② 梁启超《饮冰室全集》专集第15册：《支那内学院精校本玄奘传书后》。
③ 任继愈《汉唐佛教思想论集》，人民出版社，1973年版，第208页。
④ 参阅本文五《关于玄奘》。

义,是诸诤论安足处所。世尊!于今第三时中,普为发趣一切乘者,依一切法皆无自性,无生无灭,本来寂静,自性涅槃,无自性性,以显了相转正法轮,第一甚奇,最为希有。于今,世尊所转法轮,无上无容,是真了义,非诸诤论安足处所。"①

意思就是说,第一时是小乘说有教,第二时是大乘空宗,这两时都不行。只有第三时有宗,才是最高的真理,最正确,"第一甚奇,最为希有"。

这种说法,我觉得很有意思,好像也符合印度佛教的发展实际情况。我在这里再借用黑格尔的三段式的说法:正题(小乘的有)——反题(大乘的空)——合题(大乘的有)。如果借辩证法的术语,也就是否定之否定。佛教传入中国后,其发展阶段,几乎完全与印度本土佛教的发展相适应,玄奘可以说是代表佛教教义的最高的发展。在他以后,虽然佛教还颇为流行,但已有强弩之末的趋势,在中国,在印度都是这样。从这个观点上来看玄奘在佛教史上的地位,在佛教教义中的地位,是可以说是既得鱼又得筌的。至于法相宗究竟是一个什么样的宗派,可参阅任继愈《汉唐佛教思想论集》《法相宗哲学思想略论》,这里就不再谈了。

三、佛教与儒家和道教的关系

在中国思想史上,儒、道、佛三家,一向起着很重要的作

---

① 大16, 697a—b。

用。其中儒家起源于孔子，这是清清楚楚的。佛教源于释迦牟尼，这也是毫不含糊的。独有道教，虽然自称是老子、庄子的信徒，汉初黄、老之道也曾盛极一时，但是汉以后的道教实际上却是张道陵创建的。在这三家中，儒道两家是土生土长的，佛教是从印度传来的。佛道二者都算是正宗的宗教。儒家一般不被认为是一个宗教。南北朝以来，笼统言之，称之曰三家或者三教。陶弘景说："百法纷陵，无越三教之境。"（见《茅山长沙馆碑》）。他是把三家都称为"教"的。

我在这里想谈的是自从佛教传入中国以后一直到唐代玄奘时期三家的相互关系。

先谈佛、道关系。

佛教在汉朝传入中国以后，自附于鬼神方术，这就同道教发生了关系。当时许多帝王，比如楚王英和桓帝并祭二氏。《后汉书》卷四二《光武十王列传·楚王英传》说："晚节更喜黄老，学为浮屠斋戒祭祀。"《资治通鉴》卷五五，桓帝延熹九年（166），襄楷上书说："闻宫中立黄、老、浮屠之祠，此道清虚，贵尚无为，好生恶杀，省欲去奢。"但是佛道二家也有矛盾。从理论基础来看，佛教有一整套的理论。道教的理论底子就比较薄，最初实在拿不出什么成套的东西来。它同外来的佛教碰头以后，由于理论方面的矛盾（骨子里是经济方面的矛盾）两者难免磕磕碰碰。道教除了一些服食、炼丹等方术以外，在理论方面根本不是佛教的对手。交手打了几个回合，就败下阵来。道教徒于是就施展出以后常常使用的手法：一方面拚命反对佛教；另一方面又偷偷摸摸地抄袭佛教的学说。《太平经》就是这种手法的产品。此外，还施展出一种以后也常常被人使用的手法：你说浮屠好，他其实是中国人，老子入夷狄化胡，命令尹喜托生为释迦牟尼。《老子化胡经》就是这种手法的产品。这一部书传说是西晋道士王浮所伪造，恐怕也是根据旧闻而加以创造的，是代表一种思潮的。连鱼豢《魏略·西戎传》也说："浮屠所载，与中国《老子经》相出入。盖以为老子西出关，过西域，之天竺，教胡浮图属弟子别号二十有九。"可见魏时老子化胡的故事已经传播。今天我们有的那一部道藏里面剽窃佛经的地方，比比皆是，我们在这里不详细论述了。

道教在理论上虽然不是佛教的对手；但它是土生土长的，用它来对抗外来的佛教，最容易奏效。因此，它就常为统治者所利用。我们甚至可以这样说：如果没有佛教的传入与兴隆，道教也许传播不开。汉族有一整套伦理教条：君君，臣臣，父父，子子等等。这是统治的基础。这当然是儒家思想，但道教并不违反它。而佛教却偏偏破坏这一套。在佛教同道教和儒家的斗争中，这是对它很不利的一个方面。

按照世界宗教史上的一般规律，宗教都是具有排他性的。在这里，原因并不像一般人所相信的那样是由于宗教信仰和学说的不同。如果这样说，那只是皮毛之论。关键是经济利益。打击别人，争取信徒，也就是争取布施，争取庙产。佛道斗争也不能例外。

我们在这里讲的汉末的佛道斗争，只能算是滥觞。这个斗争还一直继续了下去，甚至可以说是与中国古代历史相始终。南北朝时，北方元魏道教天师寇谦之（365—448）集道教方术之大成，又兼修儒教。他通过崔浩怂恿元魏太武帝摧毁佛法，教帝立崇虚寺，供养道士。但是道士本身实无方术可言，以后的皇帝又重佛法。至孝明帝时，佛道争论于殿庭之上，道教几败。

周武帝最初也因循事佛，但又想励精图治，觉得佛道皆非其选，只有尊崇儒术，最后发展到灭佛的地步。所谓"三武灭佛"，魏太武帝是其一，周武帝也是其一。

在南朝，则有葛洪（284—364）、陶弘景（456—536）等重要道教代表人物。葛洪著有《抱朴子》一书，提出了"玄"这一个概念作为天地万物的根源。他大力提倡服食丹药、求神仙等方术。陶弘景著有《真诰》一书。他也是一个著名的炼丹家，又是一个政客，号曰"山中宰相"。葛、陶都大肆宣扬白日飞升，得道成仙，长生不老。这种幻想恰恰投合了统治者的心意。在表面上与佛教的基本思想形同水火。佛教主张生为空幻，要追求解脱，追求涅槃，想要跳出"轮回"，主张"无生"。因而引起了激烈的论争。梁僧祐《弘明集》和唐道宣《广弘明集》所载诸文与道家抗辩者几占三分之一。可见二者矛盾之尖锐。但是在骨子里，二者差别并不大。它们同世界上一切宗教一样，都是兜售天国的入门券，不过方式不同而已。因此，它们就有了互相学习，互相影响的余地，能够为同一个封建统治者服务。李老君的诞生的奇迹，完全是从释迦诞生的故事抄来的。道教的戒律也完全是模仿的佛教。佛教天台宗二祖南岳慧思（515—577）的《誓愿文》又抄袭了道家，反复提到神仙、芝草、内丹，想借外丹力修内丹，祈求长生。陶弘景的三传弟子司马承祯（647—735，贞观二十一年至开元二十三年），吸收了北朝的精神，不重视炼丹、服食、法术变化的神仙方术，而偏重道教的理论研究，主张摒见闻，去知识，修心，主静。在这里，他显然是受到了佛教的影响。上面这几个简单的例子，就充分能够说明佛、道两家是如何互相学习、互相影响了。

但是佛道的矛盾并没有减少。到了唐初，这个矛盾达到了一个新的阶段。道教是民族形式的宗教，又得到唐初统治者的大力提倡，因此在两教斗争中显然占了上风。在这时期，最突出的事件是所谓"傅奕辟佛"。傅奕生于梁敬宗绍泰元年（555），死于唐太宗贞观十三年（639）。他是隋与初唐的著名的无神论者、自然科学家。他做太史令，主管天文和历算。也许因为他作过《老子注》，佛教徒就称他为道士。唐彦琮《唐护法沙门法琳别传》说："有前道士太史令傅奕，先是黄巾，党其所习，遂上废佛法事十有一条。"① 其中可能有诬蔑的意思，是"人身攻击"。对我们来说，这无关重要。《旧唐书》卷七九《傅奕传》说，武德七年，奕上疏，请除去释教，"故使不忠不孝，削发而揖君亲；游手游食，易服以逃粗赋"。短短几句话，却说出反佛的根本原因。前两句讲的是维护封建社会秩序，后两句讲的是佛教破坏生产，逃避租赋。这二者都是封建统治者的命根子，是碰不得的。傅奕又说："且生死寿夭，由于自然；刑德威福，关之人主。"这是从理论上驳斥佛教的。唐道宣选集的《广弘明集》中选了傅奕许多奏折。这些奏本说："搢绅门里，翻受秃丁邪戒；儒士学中，倒说妖胡浪语。"② 又说："不事二亲，专行十恶。"③ 他又说："海内勤王者少，乐私者多；乃外事胡佛，内生邪见；剪剃发肤，回换衣服。出臣子之门，入僧尼之户；立谒王庭，坐看膝下，不忠不孝，聚结连房。"④ 他又说："西域

---

① 大50,198c。
② 大52,160b。
③ 大52,160c。
④ 大52,161c—162a。

胡者，恶泥而生，便事泥瓦；今犹毛臊，人面而兽心，土枭道人，驴骡四色，贪逆之恶种。"①这简直是破口大骂，"人身攻击"达到了极点。不过论点还是不出上面说的两点：一是维持封建伦理道德，维护封建秩序；一是保护生产力，保护国家财赋。傅奕临终诫其子曰："老、庄玄一之篇，周、孔六经之说，是为名教，汝宜习之。"②可见他是站在道家和儒家的立场上向佛教猛烈开火，大有不共戴天之势。

现在再谈一谈儒道关系。

上面已经谈到，儒道两家都是在中国土生土长的。因此，即使有时也难免有点矛盾，但是总起来看，二者的关系是比较融洽的。中国历来传说，孔子是老子的学生。不管这是否是事实，它至少反映出二者关系的密切。中国古代有几个皇帝兼奉儒道。比如汉武帝是古代的明君。为了巩固封建统治，他尊崇儒术，罢黜百家；但晚年却求神仙，信方士，这就接近了道家。夏曾佑在所著《中国古代史》（第256页）中评论秦始皇与汉武帝说："综两君生平而论之，其行事皆可分为三大端。一曰尊儒术，二曰信方士，三曰好用兵。此三者，就其表而观之，则互相牴牾，理不可解。既尊儒，何以又慕神仙？既慕神仙，何以又嗜杀戮？此后人所以有狂悖之疑也。"不管怎样，这些例子都说明儒道两家是可以并存、可以共处的。在以后漫长的历史上，儒道两家之间的关系，都不像它们同佛教的关系之紧张。长久的历史事实证明了同一个道理。

最后再谈一谈儒佛关系。

佛教初传入时，儒佛没有什么矛盾。后汉牟融作《理惑

---

① 大52,163b。
② 《旧唐书》卷七九。

论》，以通两家之义。三国时代，康僧会本身是一个佛徒，却力主调和两家之论。据《梁高僧传》卷一《康僧会传》，康僧会回答孙皓说："易称积善余庆，诗咏求福不回。虽儒典之格言，即佛教之明训。"①

两晋南北朝时，儒者或兼采佛教名理以自怡悦，或漠然置之，好像世间根本没有这种学说。东晋时流行的玄学是儒家封建思想的表现。这时佛、儒两家思想互相结合，互相补充，更看不出什么矛盾。孙绰本是儒家，曾撰《论语注记》。又与名僧支遁游，作《喻道论》，阐明孔释本是一家。他说："周、孔即佛，佛即周、孔，盖内外名之耳。"此时儒门之士，多归心佛法，而缁门佛徒，亦不废儒学。所谓庐山十八高贤中的雷次宗、宗炳等都以儒者而修持净土。慧远以高僧而深研儒学。这是最典型的例子。萧梁时，两教并重。这也是大家熟知的事实。北齐颜之推，儒释并重。隋王通以儒者而推崇释、道，大有融合三教之势。南北朝一直到隋唐，许多义学高僧都出身于儒家士族，这些家族成员中一旦失势，又往往寄情于佛学。其中消息，耐人寻味。这些人在转入释教以前，已有儒学和玄学的修养。儒、佛二者关系之密切也概可想见了。玄奘本人就出身于儒家，这个问题以后再谈。②

在这时候，佛教主要攻击的对象是道教，对于儒家则很少敢于非议。因为儒家是钦定的，非议儒家就等于非议朝廷。但也不是完全如此，只要有机会，佛家总对儒家射上几支冷箭的。比如华严宗判教：一、人天教；二、小乘教；三、大乘法相教；四、大乘破相教；五、一乘显性教。五教之外，还有最

---

① 大50,325c。

② 详见本文五《关于玄奘》。

低的教：道、儒①。在这里佛家把儒家放在最低的地位上。有点讽刺意味的是，尽管华严宗判教，把儒家判到最低级；但是，宋朝的理学家程、朱之流则拚命抄袭佛家学说，特别是华严宗的学说。程、朱宣扬的"体用一源，显微无间"，实际上就是华严宗"理事无碍法界，事事无碍法界"思想的翻版。

唐朝儒生反对佛教，态度比较一致，理论比较肤浅。最著名的辟佛者是韩愈，他就是肤浅的典型。从他的名著《原道》来看，他大概并不大通佛理。他只是从保护民族文化，坚持中国的学术传统，就是所谓道统，维护儒家格物、致知、诚意、正心、修身、齐家、治国、平天下那一套修养经来反对佛教。佛家只讲个人修行，不关心国家大事。这一点使儒者韩愈很不满。一个人一出家就不再从事生产，统治阶级的剥削和经济利益就会受到损害。这一点更使韩愈不满。他因此就辟佛。他是以唯心主义来反对唯心主义的。他的辟佛实与哲学体系无关。柳宗元和刘禹锡情况差不多。他们基本上都是唯物主义者，但是都尊崇佛教。柳宗元说："自幼好佛，求其道积三十年。"（《送巽上人序》）可见其爱佛之深。刘禹锡也把儒、佛并提，毫无辟佛之意。他又认为儒家"罕言性命"，适合于治世；佛家讲心性，大悲救诸苦，是有神论，适合于乱世。总之，他们俩以唯物主义者而崇信佛教教义，可见也与理论体系无关。看来，他们不过是想在彼岸世界（涅槃）寻求精神安慰而已。

唐代的儒佛关系，当然不限于上面讲的这些情况，也不限于韩愈、柳宗元和刘禹锡几个人。在佛教传入中国以后，在整

---

① 参阅任继愈《汉唐佛教思想论集》《天台宗哲学思想略论》，第67页。

个的中国思想史上,儒、佛的关系都占有一定的地位,其间的关系,也是很错综复杂的。因为与我们现在讲的关系不大,我们也就不再细谈了。①

---

① 关于唐代以前的情况,可参阅高观如《唐代以前儒佛两家之关系》,见《微妙声》第一期,1926年11月15日。

佛教在宋朝——衰微

中印文化交流从后汉三国时期开始。回顾以佛教为主要载体的这种交流活动，从最早的撞击与吸收阶段，经过了两晋南北朝隋唐时期的改造与融合阶段，到了宋元进入同化阶段，延续千有余年，算是完成了一个大的发展过程。所有这一些阶段时间的划分，都只是相对的，没法截然区分开来，都是交光互影的，都是你中有我，我中有你的。这样五阶段的划分只不过表示一个发展的大方向而已。到了宋代最后一个阶段，印度佛教在印度面临灭绝，已经失去活力，已不可能再有新发展，无源无水，已不可能再影响中国佛教的发展了。只有在这样的情况下，佛教思想才能自由自在地为中国思想所同化，不受到来自印度的任何的撞击与干扰。

这种同化的具体表现是什么呢？我以为有两个方面：一是禅宗，二是理学。

一、禅　宗

印度禅法早就传入中国，后汉安世高，三国吴康僧会都译有这方面的经。到了南朝的宋代（420—479），菩提达摩来到中国，成为中国禅宗的一世祖。这时的禅宗，印度色彩当然极浓。以后继续发展下去，到了唐代，禅宗内部分成了不少小宗派，什么南宗、北宗、牛头宗、净众宗、菏泽宗、洪州宗等等。到了五代，禅宗清凉文益的弟子天台德韶（891—972）接受了吴越忠懿王的召请，成为国师。在南唐，禅宗也最为兴旺。这时的禅宗更进一步分成五家：沩仰宗、临济宗、曹洞宗、云门宗和法眼宗。这样的分宗，证明禅宗还有活力，而在分化的同时，印度色彩越来越淡，中国色彩越来越浓。自唐代至五代，逐渐出现了一批禅宗灯史。到了宋代，与禅宗的兴盛相适应，又出现了许多灯史，目的是为了明确禅宗传法灯的系谱。此时禅宗兴盛至极，借用日本学者镰田茂雄的一句话："禅宗成了宋代佛教界的元雄。"但是，中国禅宗的发展还没有尽期，它一直发展下去。到了元代，仍然借用镰田的话："在元代佛教诸派中，禅宗最为繁荣。"在明代，"活跃于明代的僧侣，几乎都是禅宗系统的人。"一直到清代，甚至民国，禅宗依然颇有活力。[①]

禅宗为什么流行逾千年而经久不衰呢？我认为，这就是同化的结果。再仔细分析一下，可以归纳为两层意思。首先，一部分禅宗大师，比如百丈怀海，规定和尚必须参加生产劳动，认为"担水砍柴，无非妙道"。印度佛教本来是不让和尚劳动的。这种做法脱离群众，引起非议。中国禅宗一改，与信徒群众的隔阂就除掉了。这也符合宗教发展的规律。因此，在众多的佛教宗派中，禅宗的寿命独长。别的宗派几乎都销声匿迹，而禅宗巍然犹在。其次——这也是最主要的原因——禅宗越向前发展，越脱离印度的传统，以至完全为中国所同化，有的学者简直就说，禅宗是中国的创造，话虽过点分，却也不无道理。有的禅宗大师实际上是向印度佛教的

[①] 以上叙述根据镰田茂雄《简明中国佛教史》，上海译文出版社，1986年版，郑彭年译，力生校。

对立面发展，他们呵佛骂祖，比如宣鉴（慧能六世法孙，唐末865年死）教门徒不要求佛告祖（达摩等），说："我这里佛也无，祖也无，达摩是老臊胡，十地菩萨是担屎汉，等妙二觉（指佛）是破戒凡夫，菩提涅槃是系驴橛，十二分数（十二部大经）是鬼神簿，拭疮疣纸，初心十地（菩萨）是守古冢鬼，自救得也无。佛是老胡屎橛。"又说："仁者莫求佛，佛是大杀人贼，赚多少人入淫魔坑。莫求文殊普贤，是田库奴。可惜一个堂堂丈夫儿，吃他毒药了。"这样咒骂还可以找到不少。这简直比佛教最狠毒的敌人咒骂还要狠毒，咬牙切齿之声，宛然可闻。说它是向佛教的对立面发展，难道有一丝一毫的歪曲吗？这哪里还有一点印度佛教的影子？说它已为中国思想所同化，不正是恰如其分吗？

二、理　学

理学的情况当然与禅宗有所不同。它是宋代正统的儒学，自称是继承尧、舜、禹、汤、文、武、周、孔、孟以来的道统的。按道理应该是纯粹又纯粹的中国学问。因此，他们必然排佛，佛是夷狄之人，焉得不排？唐朝韩愈的《论佛骨表》是人所共知的例子。宋代的濂、洛、关、闽四大家，无不努力排佛。然而，倘若细细地研究他们的学说，又几乎无不有佛教的成分，受佛教或深或浅的影响。这也是尽人皆知的事实，中外学者无不承认的。这当然也是中国同化的结果①。

从上面两个例子来看，以佛教为代表的印度思想已经为中

---

① 宋代理学不但在理论核心中接受了佛教影响，连在一些细微末节上也是如此。请参阅《佛教对于宋代理学影响之一例》，见《中印文化关系史论文集》，页309—311。

国思想所同化。中印文化交流的关系发展到了最后一个阶段，同化阶段。交流当然并不会到此为止。印度佛教也还继续对中国产生影响；但是这个佛教决不会再来自印度，印度已经没有佛教了，而是印度佛教的一个变种，喇嘛教。

佛教对于宋代理学影响之一例

这确是一个"大题",但我却只能"小做"。佛教对宋代理学有很大的影响,这几乎已经成了一个公认的事实,现在没有哪一个哲学史家会再否认了。但一般人注意到的差不多全是思想方面的影响,冯芝生(友兰)先生在他的《中国哲学史》下册第十二章(页八〇〇)里讨论韩愈和李翱的思想,结论说:

> 由上所言,则宋明道学之基础及轮廓在唐代已由韩愈、李翱确定矣;而李之所贡献尤较韩为大,其学说所受佛学之影响尤为显然。

谢无量《中国哲学史》第三编上页一也说:

> 宋之大儒,多与禅门往还,其讨论性命之说,故宜有相契发者;唯于人事伦理,所持各异耳。

都说的是宋代理学在思想方面受了佛学的影响。蒋维乔、杨大膺《中国哲学史纲要》卷下页四说:

> 自来学者都说宋明理学和佛学的深切关系在乎根本思想,我们则认为只在乎方法。由方法的相同,所以外

表上彼此有些类似；其实两家的思想虽有一二相通的地方，而根本上，一是世间法，一是出世间法，实在是水火不相容的。

我不明白，他所谓"方法"究竟是指的什么。此外中外学者讨论佛教和理学的关系的还非常多，几乎都是从大处着眼，研究两家思想方面的关系。我在这里不能一一列举了。

在这篇小文里，我不能，而且也不敢，讨论思想方面的大问题。我只想指出一件过去似乎还没有人注意到过的小事情，让大家注意。中国理学家除了讨论哲学问题以外，多半还都用一番实践的功夫，克治私欲就是这实践的功夫之一。清尹铭绶《学规举隅》卷上入德之方在叫做"克治"的一段里引朱子的话说：

> 朱子曰：前辈有欲澄治思虑者，于坐处置两器。每起一善念，则投白豆一粒于器中；每起一恶念，则投黑豆一粒于器中。初时黑豆多，白豆少，后来遂不复有黑豆，最后则虽白豆亦无之矣。然此只是个死法，若更加以读书穷理底工夫，则去那般不正当底思虑，何难之有？

我不知道这方法究竟有多少人实行，只记得在别的书里也看到过实行这方法的理学家，可见实行这方法的人不在少数。我们初看这方法，恐怕没有人会想到这不是"国货"，我最初也以为，只有中国，而且只有中国的理学家，才能发明这一个滑稽而笨拙的"死法"。但我后来竟然在中译《大藏经》里找到它的来源。《贤愚经》卷第十三，（六七）优波毱提品第六十讲到一个故事，说阿难的弟子耶贳羁，奉持佛法。他听说某一个居士生了一个孩子，于是他就去向居士索要，"欲使为道"。居士不肯。后来他又生了一个孩子，仍然不肯让他当和尚。

> 此耶贳羁是阿罗汉，三明具足，能知人根。观此二儿，与道无缘，亦自息意，不殷勤求。时彼居士复更生男，颜貌端妙，形相殊特。时耶贳羁复往从索。其父报曰："儿今犹小，未能奉事，又复家贫，无以饷送。且欲停之，须大当与。"年渐长大，才器益盛。父付财物，居肆贩卖。时耶贳羁往到其边，而为说法。教使系念。以白黑石子，用当筹算。善念下白，恶念下黑。优波毱提奉受其教，善恶之念，辄投石子。初黑偏多，白者甚少。渐渐修习。白黑正等。系念不止，更无黑石，纯有白者。善念已盛，逮得初果。（《大正新修大藏经》4，442b）

这个"系念"的方法，同宋代理学家所用的那个方法，除了黑白豆子和黑白石子一点区别外，完全一样。倘若宋代理学家根本没同佛经接触过的话，我们或者还能说，这是偶合；但事实上他们却同佛经的关系非常深切，所以我们只能说，这是有意的假借。这个貌似地道中国货的方法原来也是跟佛教从印度传过来的。从这个小例子，我们可以看出来，宋代理学不但在大的思想方面受了佛教的影响，连许多人们平常不注意的末节也居然受到佛教的影响了。

1948 年 5 月 11 日于北京大学

佛典中的"黑"与"白"

羡林按：

明年是著名学者汤锡予（用彤）先生诞生百周年纪念。我虽然不是锡予先生的正式学生，但是我读过先生的很多著作，从中受到了极大的教益。这对我的研究工作有深远的影响。1946年我来北大任教，实出于陈寅恪先生和锡予先生以及胡适之先生的提掖。我曾听锡予先生讲授"魏晋玄学"，一堂课没有缺过，并且认真做了笔记。因此，我自认为是先生的弟子。在纪念先生百年冥寿之际，一介学弟拟出版纪念论文集。此乃学坛盛事，实慰下怀。一介让我写篇文章，我欣然应命。但窃以为纪念论文集文章以短为宜，于是就根据多年搜集的资料，写此短文，滥竽论文集中，谨表对锡予先生仰止之敬意。

1948年，我曾写过一篇短文：《佛教对于宋代理学影响之一例》（现收入拙作《中印文化关系史论文集》，三联书店，1982年，页309—311）。我在里面讲到朱子教人用白豆黑豆来"系念"，起一善念，则投白豆一粒于器中；起一恶念，则投黑豆。我认为，这个办法来自印度佛教。我举了《贤愚经》卷十三的一个例子。我的结论是："从这个小例子，我们可以看出来，宋代理学不但在大的思想方面受了佛教的影响，连许多人们平常不注意的末节也居然受到佛教的影响了。"

后来翻阅汉译佛典，又陆续发现了一些类似的例子，更足以证成我的前说。我现在再举出几个例子，稍加诠释，并引申谈一谈佛典中的"黑"与"白"。

《摩诃僧祇律》卷十三：

> 羯磨已，此比丘应作二种色筹：一者黑，二者白。不应唱言：非法者捉黑筹，如法者捉白筹。应如是唱：如是语者取黑筹，如是语者取白筹。（《大正新大藏经》以下缩写为⑰22，334b）

如果觉得这不够清楚，我再从对应本中举出一个例子。《十诵律》卷三十五：

> 若比丘已作行筹人，随僧多少应作二种筹：一分长，一分短；一分白，一分黑。说如法者，为作长筹；说非法者，为作短筹。说如法者，为作白筹；说非法者，为作黑筹。（⑰23，254b）

所谓"筹"，是小竹片。这里讲的是用投筹的办法来裁决和尚中的争端。我不讲裁决的过程，因为那同我要讲的无关。我想着重指出的是，在这里，黑筹和白筹尽管用途不一样——黑豆和白豆以及黑白石子象征的是恶念和善念，黑筹与白筹和善恶念头无关——可是黑仍然表示反面的近乎恶的东西，而白则表示正面的近乎善的东西，东西不同，含义则一。关键不在东西，而在颜色。

白黑象征善恶,还表现在其他场合。我举几个例子。《根本说一切有部毗奈耶》卷九:

> 苾刍当知,若纯黑业得纯黑异熟。若纯白业得纯白异熟。若黑白杂业得杂异熟。是故苾刍应离纯黑及黑白杂业,当勤修学纯白之业。(大23,674b)

对几个名词需要解释一下。"业",梵文 karma,巴利文 kamma,指的是人们的所作所为。"异熟",也译为"报"或者"果报",梵文和巴利都是 vipāka,我们平常所谓"报应"。"白业",指的是善行,"黑业",指的恶行。善行得善报,恶行得恶报。《根本说一切有部毗奈耶》反复说明这个善恶报应的道理,参看大23,814b;827b;837b等等。到了《根本说一切有部毗奈耶出家事》卷二,更言简意赅地说明:"汝等苾刍当知,黑业还得黑报;若行白业,还得白报。"(大23,1029b)

"黑",梵文,kṛṣṇa,巴利文 kaṇha;"白",梵文 śukla,巴利文 sukka。"黑业",梵文 kṛṣṇa-karma,巴利文 kaṇha-kamma;"白业",梵文 śukla-karma,巴利文 sukka-kamma。"黑异熟(黑报)",梵文 kṛṣṇa-vipāka,巴利文 kaṇha-vipāka;"白异熟",梵文 śukla-vipāka,巴利文 sukka-vipāka。同在其他语言里一样,白的颜色总是同"光明"联系在一起,引申为"善"。黑的颜色总是同"黑暗"联系在一起,引申为"恶"。

黑白不但同业报相联系,而且还同人的思维直接联系。《那先比丘经》说:"因知善恶,知当所行,别知黑白思惟。"

（⊛32,697c）有时甚至同"出家""在家"联在一起。

在中国，黑白有时也有类似的含义；但决不像佛典中这样具体，这样复杂；用途决没有这样广泛。

1992 年 7 月 14 日

佛教的倒流

我们讲"文化交流",其中"交"字是关键。既然说"交",就不会是向一个方向流,形成了所谓 one-way traffic,而是相向地流,这才是真正的"交流"。一方的新东西、新思想、新科技等等流向另一方。另一方的新东西、新思想、新科技等等也流向这一方。有时候,流过来的东西,经过这一方的改造、加工、发展、提高,又流了回去。如此循环往复,无休无止,一步比一步提高,从而促进了人类文化的发展,以及人类社会的进步。这种流出去又流回来的现象,我称之为"倒流"。

这种现象在科学技术方面特别明显而常见。但是在意识形态方面,则比较隐晦。至于在意识形态中最微妙的那一部分——宗教中,由于宗教的排他性特别强,则几乎是难以见到,甚至可以说是根本不见。

有之,自中印之间的佛教"倒流"始。这在印度佛教史上,在中印文化交流史上,甚至在世界宗教史上,是一个非常有趣的现象,一个非常值得深思的现象。为什么会在佛教中出现这种现象呢?这现象是否在其他宗教中也出现呢?如果不出现,那么原因何在呢?这样一些问题,对研究佛教史,对研究中印文化交流史,对研究世界宗教史,都有深刻的意义。但是,就我浏览所及,还没有哪一部佛教史或有关的书籍,认真地谈到这个问题。我认为,这不能不说是一件憾事。我现在试着对这个佛教倒流的现象作一些阐述,最后提出我的解释。

佛教是从印度传到中国来的。中国人接受了这一个外来的宗教以后，并不是墨守成规、原封不动地把它保留了下来，而是加以改造和提高，加以发扬光大，在传播流通过程中，形成了许多宗派。总起来看，在律的方面——僧伽组织方面的改变，比起在教义方面的改变与发展，要少一些，要不太引人注目一些。在佛教义理方面，中国高僧在几百年上千年的钻研与学习中，有了很多新的发展，有的又"倒流"回印度，形成了我所说的"佛教的倒流"。中国佛教典籍中对于这种现象有一些记载。我在下面举几个例子。

元念常集《佛祖历代通载》卷十三：

> 玄宗隆基开元二年（714年）十月十七日，永嘉玄觉禅师示寂。……与东阳策禅师偕谒六祖。……须臾告辞。祖曰："返太速乎？"师曰："本自无动，岂有速耶？"祖曰："谁知非动？"师曰："仁者自生分别。"祖曰："女（汝）甚明得无生之意。"师曰："无生岂有意耶？"祖曰："无意谁当分别？"曰："分别亦非意。"祖曰："善哉！善哉！少留一宿。"时谓一宿觉。及回，学徒奔萃。著《证道歌》一篇，梵僧归天竺。彼皆亲仰，目为东土大乘经，又著《禅宗悟修圆旨》十篇及《观心十门》，并盛传于世。①

这一段话讲的是中国禅宗中所谓机锋。禅宗，虽然名义上是菩提达摩从印度传到中国来的，但是实际上是在中国发展起来

---

① 《大正新修大藏经》（以下缩写为⑨）49，589，a—b。

的一个佛教宗派，流行得时间最长，最富于中国色彩。永觉禅师拜谒禅宗六祖慧能，二人耍开了机锋。永觉从中悟得大道（觉）。六祖连声高呼："善哉！善哉！"《证道歌》中的思想大概也不出中国禅宗的这一套东西。这一套东西印度人可能是陌生的，认为是莫测高深的。因而《证道歌》终于在唐玄宗时期（八世纪）传回了印度，为那里的人所"亲仰"。

最有典型意义的"倒流"现象是宋赞宁的《宋高僧传》二七《含光传》所讲的情况。《传》中说：

> 时天台宗学湛然，解了禅观，深得智者膏腴。尝与江淮僧四十余人入清凉境界。湛然与光相见，问西域传法之事。光云：有一国僧，体解空宗，问及智者教法。梵僧云："曾闻此教定邪正，晓偏圆，明止观，功推第一。"再三嘱光，或因缘重至，为翻唐为梵，附来，某愿受持。屡屡握手叮嘱。详其南印土多行龙树宗见，故有此流布也。光不知所终。①

这个短短的《传》里讲到湛然见含光，含光谈到一个印度僧人再三叮嘱含光把智颉的著作翻成梵文，传到印度。看来智颉对大乘空宗的研究水平超过了印度空宗大师龙树。

赞宁是一位很有眼光，很有远见的高僧。他写完了《含光传》以后，心有所感，在《传》后面又写了一个《系》，发挥自己对含光遇到梵僧这一件事情的感想。这一个《系》是中国佛教史上的一篇重要文字，内容丰富，含义深刻。为了具体地

---

① 大50，879，b—c。

阐明我对佛教倒流的看法，我把这一篇不太长的《系》全部抄在下面：

系曰："未闻中华演述佛教倒传西域，有诸乎？"通（羡林按：当即通慧大师）曰："昔梁武世，吐谷浑夸吕可汗使来，求佛像及经论十四条。帝与所撰《涅槃》《般若》《金光明》等经疏一百三卷付之。原其使者必通华言，既达音字，到后以彼土言译华成胡，方令通会。彼亦有僧，必展转传译，从青海西达葱岭北诸国，不久均行五竺，更无疑矣。故车师有《毛诗》《论语》《孝经》，置学官弟子以相教授。虽习读之，皆为胡语是也。又唐西域求易道经。诏僧道译唐为梵。"二教争"菩提"为"道"。纷挐不已，中辍。设能翻传到彼，见此方玄赜之典籍，岂不美欤。又夫西域者佛法之根干也，东夏者传来之枝叶也。世所知者，知枝叶不知根干，而不知枝叶殖土，亦根生干长矣。尼拘律陀树是也。盖东人之敏利，何以知耶？秦人好略，验其言少而解多也。西域之人淳朴，何以知乎？天竺好繁，证其言重而后悟也。由是观之，西域之人利在乎念性、东人利在乎解性也。如无相空教出乎龙树，智者演之，令西域之仰慕。如中道教生乎弥勒，慈恩解之，疑西域之罕及。将知以前二宗殖于智者、慈恩之土中枝叶也。入土别生根干，明矣。善栽接者，见而不识，闻而可爱也。又如合浦之珠，北土之人得之，结步摇而饰冠珮。南海之人见而不识，闻而可爱也。蚕妇之丝，巧匠之家得之，绣衣裳而成黼斁，缦拙之姁见而不识，闻而可爱也。懿乎！智者、慈恩西域之师，焉得不宗仰乎！

你难道不认为这是一篇蕴藏着许多深刻内容又十分有启发性的《系》吗？我现在根据原文内容厢序，对文中所谈的问题，加以必要的诠释，然后作出我认为是合情合理的结论。

先谈梁武帝。

我在这里要谈的是虔诚的佛教信徒萧衍，而不是身为一代人王帝主的梁武帝。因此，二十四史中的《梁书》等所谓正史，我一概不征引，我只从《高僧传》《佛祖统纪》《佛祖历代通载》等佛教典籍中征引必要的资料，来说明我要解决的问题。佛教典籍中当然认为梁武帝是一个非常值得赞扬的人物，吹嘘他是一个虔诚的居士，一生几次舍身出家。但是，在提到辟佛者的意见时，也间或提到萧衍。譬如唐代的韩愈就是这样。这些辟佛者抓住他一生虔诚拜在佛教莲台之下，终于还是落得了一个在侯景之乱中饿死台城的下场这一条辫子不放，使信佛者处于非常尴尬的情况中。

佛教典籍中吹捧梁武帝的地方，比比皆是，我举几个例子。《续高僧传》五《智藏传》说："逮有梁革命，大弘正法。"①《续高僧传》二五《慧云传》说："梁高拨乱弘道，偏意释门"②样的吹捧之辞，还有不少。但在吹捧中也有含有贬意的，唐代魏征的《梁武帝赞》是一个有代表性的例子。魏征说："（梁武帝）剪离德如振槁，取独夫如拾遗，其雄才大略，固不可得而

---

① 〔大〕50,466a。
② 〔大〕50,650b。

称矣。既悬白旗之首，方应皇天之眷。而布泽施仁，悦近来远，开荡荡之王道，革靡靡之商俗，大修文学，盛饰礼容，鼓扇玄风，阐扬儒业，介胄仁义，折冲樽俎，声振寰区，泽周遐裔，干戈载戢，凡数十年。济济焉，洋洋焉，魏晋以来，未有若斯之盛也。然不能息末敦本，斲雕为朴，慕名好事，崇尚浮华，抑扬孔墨，流连释老，或终夜不寐，或日旰不食，非弘道以利物，唯饰智以惊愚。……"① 这是一个崇奉儒家者的意见。可以参照。《佛祖历代通载》用极长的篇幅来为他树碑立传，记述他学佛的过程。他从高僧宝志交游，宝志示寂，梁武建浮图五级，葬大士其下。"凡大士（宝志）所为秘谶偈句，多著《南史》。为学者述《大乘赞》十篇，《科诵》十四篇，并《十二时歌》，皆畅道幽致，其旨与宗门冥合，今盛传于世"。天监三年（504年）四月八日，梁武帝亲制文发愿，乞凭佛力，永弃道教。五年（506年）帝注《大品》。十年（511年），诏法师僧旻入惠轮殿讲《胜鬘经》。十一年（512年）有旨命宝亮法师授《涅槃义疏》，帝为之序。又下诏疏食断肉，造《断酒肉文》及《净业赋》，普通元年（520年），帝于禁中筑圆坛，将禀受归戒。以惠约为师，太子诸王公卿道俗从约授戒者四万八千人。时释子多纵率，帝患之，欲自以律行僧正事。帝开放宫禁，恣僧游览。大通元年（527年），帝幸同泰寺舍身。中大通元年（529年）九月，上幸同泰寺舍身，群臣以钱一亿万奉赎回宫。十月，上幸同泰寺，升座讲《涅槃经》，十一月，讲《般若经》。太清三年（549年），侯景作乱，梁武帝萧衍死。《佛祖历代通载》九评论他说："幼而好学，六艺备闲，基登逸品。至

---

① 大49，552b。

于阴阳纬候卜筮占决草隶尺牍骑射，并洞精微。虽登大位，万机多务，犹手不释卷，然烛测光，尝至戊夜。撰《通史》六百卷，《金海》三十卷，《五经义注》《讲疏》等，合二百余卷，赞序诏诰铭诔箴颂牋奏诸文，凡一百二十卷。晚奉佛道，日止一食，膳无鲜腴，唯豆羹粝饭而已。或遇事拥，不暇就食，日才过中，便嗽口而坐。制《涅槃》《大品》《净名》《三惠》诸经义记数百卷。听览余暇，即于重云殿同泰寺讲说，名僧硕学四部听众常万余。衣布衣木棉皂帐，一冠三载，一被二年。自五十外，便断房室，不饮酒，不取音乐，非宗庙祭祀大会飨宴及诸法事，未尝举乐。勤于政事，每冬月四更竟，即敕把烛看事。执笔触寒，手为皴裂。然仁爱不断，亲亲及所近倖，愆犯多纵舍。坐是政刑弛紊。"①根据上面的叙述，梁武帝应该说是一个非常难得的虔诚的皇帝。虽然由于"仁爱不断"等等可能是佛教影响过分姑息的作法，终致以耄耋之年饿死台城，但是总不失为一个有学问、有道德的帝王。他的有关佛教义理的著作能影响到西域，以致吐谷浑夸吕可汗派人来求佛像及经论，完全是可以理解的。至于他《涅槃》《般若》《金光明》等经疏能够"均行五竺"，看来只是通慧大师推测之辞，还没有找到有关的记载。

梁武帝这样一个人，从佛教倒流的角度来看，当然使我很感兴趣。但是从同一个角度来看使我更感兴趣的却是同梁武帝有某些牵连的一个印度和尚，他就是有名的菩提达摩大师，所谓东土禅宗初祖。他是天竺南印度国香至王第三子。父王死后，他出了家。《佛祖历代通载》九，把菩提达摩事系于梁大

---

① 大49，544b—552b。参阅《佛祖统纪》三七，大49，348b—352a。

佛教在中国 163

通元年（527年）。下面一段记载值得注意：

> （达摩）遇二十七祖般若多罗，付以大法。因问："我既得法，宜化何国？"多罗曰："汝得法已，俟吾灭度六十余年，当往震旦阐化。"曰："彼有法（浩）器，堪继吾宗，千载之下，有留难否？"多罗曰："汝所化方，得菩提者，不可胜数。吾灭度后，彼有劫难，水中文布善自降之。"①

《佛祖统纪》二九有类似的记载：

> （达摩）出家之后，遇二十七祖般若多罗，付以大法。谓曰："吾灭后六十年，当往震旦行化。"多罗既亡，师演道国中，久之思震旦缘熟，即至海滨，寄载商舟，以梁大通元年达南海。②

这里没有讲震旦"法器"，只讲"缘熟"，指的是震旦与大法有缘分。

《释氏稽古略》二也有这个记载：

> 姓刹帝利，本名菩提多罗。二十七祖般若多罗至其国，受其父王供养。得所施珠，试其所言。祖谓之曰："汝于诸法已得通量。夫达摩者，通大之义也。宜名菩提达摩。"磨咨之曰："我既得法，当往何国而作佛事？"

---

① 大49,547c。
② 大49,291a。

祖曰："汝虽得法，未可远游。且止南天，待吾灭后六十七载，当往（生）震旦^(东土也)，设大法乐，获菩提者不可胜数。"

下面谈到一个名叫佛大先的和尚，遇到般若多罗，舍小（乘）趣大（乘），与达摩并化。后来达摩"念震旦缘熟，行化时至"，于是来到中国。①

《续高僧传》十六《菩提达摩传》里只说："南天竺婆罗门种，神慧疏朗，闻皆晓悟，志存大乘，冥心虚寂，通微彻数，定学高之，悲此边隅，以法相导。"②没有讲到同中国的缘分，对中国的期望。

《佛祖历代通载》《佛祖统纪》和《释氏稽古略》等三书中所讲的情况，实际上已经够清楚的了。但是，到了大同元年（535 年）十月，达摩行将示寂的时候，他对自己选定的接班人惠可说的一番话，更是明白清楚：

吾有《楞伽经》四卷，亦付与汝，即是如来心地要门。吾自离南印，来此东土，见赤县神州有大乘气象，遂逾海越漠，为法求人。际会未谐，如愚若讷。今得汝传授，吾意已终。③

菩提达摩信奉的是佛教大乘，上面已经谈到过了。他在这里说得明明白白，他到中国来是"为法求人"，这"法"就是大乘。

---

① 大49,796c—797a。
② 大50,551b。
③ 大49,548c。

他在中国看到了大乘气象，找到了大乘传人，"吾意已终。"他满意了。众所周知，中国千余年来，崇奉的就是大乘。这中间有什么必然性吗？这同我在本文中要探讨的问题有什么联系吗？我在本文结束时再来谈一谈我的想法。

还有一段神话似的故事，也值得提上一下。就在同一书中，在《佛祖历代通载》九中，讲到达摩示寂以后，"明年，魏使宋云西域回，遇师于葱岭，手携只履，翩翩独迈。云问：'师今何往？'曰：'西天去。'及云归朝，具言其事。门人启圹。唯空棺只履存焉。"① 难道这里面蕴含着什么微言大义吗？

总之，从梁武帝和菩提达摩这个简单的故事中，我们似乎可以体会出许多东西来，这些东西都与佛教倒流有关。它起码暗示出，印度人认为中国人有学习并且发展佛教大乘的根器，这就给佛法倒流准备了有利的条件。

现在按顺序谈翻《道德经》为梵文的问题。

严格说来，这不属于佛教倒流的范围。但是，既然通慧大师讲到它而赞宁又记了下来，所以我也来谈上一谈。

《旧唐书》一九八《天竺国》：

有伽没路国②，其俗开东门以向日。王玄策至，其王发使贡以奇珍异物及地图，因请老子像及《道德经》。

《新唐书》二二一上《西域列传·天竺国》：

---

① 大49,548c。

② 伽没路国及迦没路国，皆梵文 Kāmarūpa 之音译。

> 迦没路国①，献异物，并上地图，请老子像。

《新唐书》没有讲《道德经》。《旧唐书》讲到了，肯定是有根据的。在这里，我认为，我们必需回答的问题是：玄奘究竟翻译了《道德经》没有？如果已经翻译了，传到印度去了没有？我现在根据现有的资料，试图解答如下。

《佛祖统纪》二九，《玄奘》：

> 上令翻《老子》为梵文，以遗西竺。师曰："佛老二教，其致大殊，安用佛言，以通老义？且老子立义肤浅。五竺闻之，适足见薄。"遂止②。

这里说得很明确："遂止"，就是根本没有翻译。同书三九，又重复说了上面引用的这一段话，只是说得更详细一些："十月，车驾还京师，敕于北阙大内紫微殿西建弘法院，命奘法师居之。选名德七人以从。昼则陪御谈玄，暮则归院翻译。上令翻《道德经》为梵文，以遗西竺。"下面同上引文基本一致。③

从上述情况来看，玄奘根本没有动手。但是，上面引用的《含光传·系》中却说："二教争'菩提'为'道'，纷拏不已，中辍。""中辍"就是已经动手翻译，因纷拏而停了下来。这同《佛祖统纪》的说法，稍有不同。

对于这一件事情叙述得最详尽的是《集古今佛道论衡》卷

---

① 伽没路国及迦没路国，皆梵文 Kāmarūpa 之音译。
② ㊛49,294c。
③ 同上书366b。《大慈恩寺三藏法师传》七，也谈到建弘法院的事，但是没有谈到翻译《道德经》，㊛50,259b。

丙《文帝诏令奘法师翻〈老子〉为梵文事第十》。这一段文字很重要，我全文抄在下面：

贞观二十一年(647年)，西域使李义表还奏，称"东天竺童子王（Kumāra）所，未有佛法，外道宗盛，臣已告云：'支那大国未有佛教已前，旧有得圣（道）人说经，在俗流布。但此文不来。若得闻（文）者，必当信奉。'彼王言：'卿还本国，译为梵言，我欲见之。必道越此徒（從）传通不晚（晓）'"。登即下敕，令玄奘法师与诸道士对共译出。于时道士蔡晃、成英二人，李宗之望，自余锋颖三十余人，并集五通观，日别参议，评核《道德》，奘乃句句披析，穷其义类，得其旨理，方为译之。诸道士等并引用佛经"中""百"等论，以通玄极。奘曰："佛教道教，理致大乖。安用佛理通明道义？"如是言议往还，累日穷勘。出语濩落，的据无从。或诵四谛四果，或诵无得无待。名声云涌，实质俱虚。奘曰："诸先生何事游言，无可寻究？向说四谛四果，道经不明。何因丧本，虚谈老子？旦据四谛一门，门有多义，义理难晓。作论辩之，佛教如是，不可陷沦。向问四谛，但答其名。谛别广义，寻问莫识。如何以此欲相抗乎？道经明道，但是一义。又无别论，用以通辩，不得引佛义宗用解老子，斯理定也。"晃遂归情曰："自昔相传，祖承佛义，所以《维摩》三论，晃素学宗，致令吐言命旨，无非斯理。且道义玄通，洗情为本。在文虽异，厥趣攸同。故引解之，理例无爽。如僧肇著论，盛引老庄。成诵在心，由来不怪。佛言似道，如何不思？"奘曰："佛教初开，深经尚壅。老谈玄理，微附虚怀。尽照落筌，滞而未解。故肇论序致，联类喻之，非谓比拟，便同涯极。今佛经正论繁富，人谋各有司南，两不谐会。然老之《道德》，文止五千。无论解之，但有群注。自余千卷，事杂符图。张葛之冑附，非老君之气叶。又《道德》两卷，词旨沉深。汉景重之，诚不虚及（反？）。至如何晏、王弼、严遵（道）、钟会、顾欢、萧绎、卢景裕、韦处玄之流数十余家，注解老经，指归非一。皆推步（涉）俗理，莫引佛言。如何弃置旧踪，越津释府？将非探赜过度，同失混沌之窍耶？"于是诸徒无言以对。遂即染翰缀文。厥初云"道"，此乃人言。梵云"末伽"，可以翻度。诸道士等一时举袂曰："'道'翻'末伽'，失于古译。昔称'菩提'，此谓为'道'。未闻'末伽'以为'道'也。"奘曰："今翻《道德》，奉敕不轻。须核方言，乃名传旨。'菩提'言'觉'，'末伽'言'道'。唐梵音义，确尔难乖。岂得浪翻，冒罔天听。"道士成英曰："'佛陀'言'觉'，'菩提'言'道'。由来盛谈，道俗同委。今翻'末伽'，何得非妄？"奘曰："传闻滥真，良谈匪惑。未达梵言，故存恒习。'佛陀'天音，唐言'觉者'。'菩提'天语，人言为'觉'。此则人法两异，声采全乖。'末伽'为'道'，通国齐解。如不见信，谓是妄谈。请以此语，问彼西人。足所行道，彼名何物？非'末伽'者，余是罪人。非唯罔（惘）上，当时亦乃取笑天下。"自此众锋一时潜退，便译尽文。河上序胤缺而不出。成英曰："老经幽秘，闻必具仪。非夫序胤，何以开悟？请为翻度，惠彼边戎。"奘曰："观老存身存国之文，文词具矣。叩齿咽液之序，序实惊人，同巫觋之媱哇，等禽兽之浅术。将恐两关异国有愧乡（卿，误）邦。"英等不惬其情，以事陈诸朝宰。中书马周曰："西域有道如李庄不？"答："彼土尚道九十六家，并厌形骸为桎梏，指神我为圣本。莫不沦滞情有，致使不拔我根。故其陶练精灵，不能出俗。上极非想，终坠无间。至如顺俗四大之术，冥初（物）六谛之宗，东夏老庄所未言也。若翻老序，彼必以为笑林。奘告忠诚，如何不相体悉！"当时中书门下同僚，咸然此述，遂不翻之①。

同上引文内容相似的，还有《续高僧传》四《玄奘传》里的一段话，为了利于比较，为了纠正上引文中的一些错字和难解之处，为了免去读者翻检之劳，我也把它抄在下面：

寻又下敕，令翻《老子》五千文为梵言，以遗西域。奘乃召诸黄巾，述其玄奥，领叠词旨，方为翻述。道士蔡晃、成英等竞引释论《中》《百》玄意，用通道经。奘曰："佛道两教，其致天殊。安用佛言，用通道义？穷核言迹（疏），本出无从。"晃归情曰："自昔相传，祖凭佛教。至于三论，晃所师遵，准义幽通，不无同会。故引解也。如僧肇著论，盛引老庄，犹自申明，不

---

① 大52,386b—387b。

相为怪。佛言似道,何爽纶言?"奘曰:"佛教初开,深文尚拥。老谈玄理,微附佛言。《肇论》所传,引为联类。岂以喻词,而成通极?今经论繁富,各有司南。老但五千,论无文解。自余千卷,多是医方。至如此土贤明何晏、王弼、周颙、萧绎、顾欢之徒,动数十家,注解《老子》,何不引用?乃复旁通释氏,不乃推步逸踪乎?"既依翻了,将欲封勒。道士成英曰:"老经幽邃,非夫序引,何以相通?请为翻之!"奘曰:"观老治身治国之文,文词具矣。叩齿咽液之序,其言(辞)鄙陋。将恐西闻异国,有愧乡邦。"英等以事闻诸宰辅。奘又陈露其情。中书马周曰:"西域有道如老庄不?"奘曰:"九十六道并欲超生。师承有滞,致沦诸有。至如顺世四大之术,冥初六谛之宗,东夏所未言也。若翻《老》序,则恐彼以为笑林。"遂不译之①。

大家一看就可以知道,对于研究中国佛教史,中国佛道关系史,甚至中国宗教史来说,这是一篇非常重要的文字,可惜过去鲜为人注意。把上录两个文本对比一下,可以看出,两者叙述的内容基本相同,个别字句可以互校互补。两者是否同一来源?其中最大的区别是,后者没有涉及"末伽"与"菩提"的问题。也许《续高僧传》的道宣认为这无关紧要,所以略而不谈,但其实这是一个很重要很关键的问题。看完我在下面的分析,读者会同意的。

这一段文字不但详尽,而且具体、生动,其可靠性是毋

---

① 大50,455b—c。

庸置疑的。从表面上来看，它讲的是翻《老》为梵的问题；但是实际上，它涉及的问题面要广阔得多，深刻得多。它主要讲了中国宗教史上的一个重大问题，即佛道之争。在很长的时间内，佛道之间又对抗斗争又妥协融合的情况，是中国宗教史上的主轴问题之一。关于这一点，我这里无法详细讨论，请参阅汤一介《魏晋南北朝时期的道教》，陕西师范大学出版社，1988年。

佛教传入中国以后，同中国土生土长的儒学和道教，狭路相逢。宗教是最具有排他性的，但是同时又富于适应性。在这个普遍规律约束之下，佛教与儒道二家长期展开了极其漫长极其复杂的对抗斗争，同时又想方设法互相接近，以求得共同的生存。儒家我在这里不谈，只谈佛道二教。这两教斗争与调和的历史发展，可以分为几个阶段，有时以对抗为主，有时又以调和为主，错综复杂，简直令人眼花缭乱。汉魏两晋南北朝时期的情况，请参阅汤用彤《汉魏两晋南北朝佛教史》。我在这里只讲七世纪唐太宗时期的情况，也只限于翻《道德经》为梵文的问题。从这一件事情可以看出来，道家此时是想向佛教靠拢，至少道士蔡晃和成英的态度是这样的。但是佛家采取的却是拒绝的态度，至少玄奘的态度是如此的。根据《集古今佛道论衡》，还有《续高僧传·玄奘传》的记载，佛道矛盾至少表现在下列几个方面：

一、道士引用佛经《中》《百》等论，以通玄极。玄奘却说："佛教道教，理致大乖。安用佛理通明道义？"

二、道士诵佛教的四谛四果。玄奘却说："诸先生何事游言无可寻究？……不得引佛义宗用解老子，斯理定也。""四谛"，亦称"四圣谛"，梵文是 catvāryāryasatyāni，即苦、集、灭、道。"四果"指的是预流果、一来果、不还果、无学果（阿罗汉果）。

三、道士说："自昔相传，祖承佛义。……佛言似道，如何不思？"他还讲到僧肇，说他著论，盛引老庄，说明在义理方面，佛道可以不分家的。玄奘却认为，僧肇之所以著论引用老庄，是因为当时"佛教初开，深经尚壅"，为了让中国人士理解佛典要义，以老庄相比附，是一种权宜之计，"非谓比拟，便同涯极"。到了唐代，情况大变，"佛经正论繁富，人谋各有司南，两不谐会"，不能再引道释佛了。玄奘讲的这一番道理，征之中国佛教史，是完全符合的。早期佛教僧侣提倡的"格义"，就与此相当。道安允许慧远不废俗书，也是同一用意。

关于道家向佛家靠拢，甚至取媚于佛家的说法很多，都是道家片面地一厢情愿地捏造出来的。归纳起来，约略有如下几种说法：

（一）老子转生为释迦牟尼。见《佛祖历代通载》八（⊗49，541c），还有其他一些书。

（二）释迦牟尼是老子的老师，这说法见于许多地方，比如宋释僧愍作《戎华论》以折顾欢的《夷夏论》，其中说："大士迦叶者，老子其人也。"参阅汤一介，上引书，页299。

（三）释迦牟尼同老子是一个人。这同上面（一）微有不同，不是转生。《后汉书·襄楷传》说："或言老子入夷狄为浮屠。"

（四）道士姜斌说："《开天经》云：老子定王三年生，年八十五，西入化胡，以佛为侍者。"见《佛祖统纪》三八，⊗49，355c。这个说法同上面（二）正相反，那里老子是佛弟子，这里老子是佛老师。表面上不同，实际上都强调的是师生关系，其拉拢与取媚则一也。

（五）道事天，天事佛，此说见于《佛祖统纪》三九，⑧49，369a，这是吴阙泽的话。接着又说："隋李士谦论三教优劣，谓：佛日，道月，儒五星。"这样一来，佛的地位就远在道上了。

以上五种说法，当然还很不全面。我觉得，也根本没有要求全面的必要。仅此五种，如果依此类推，就足以看出，这样的说法是多么奇特，多么荒唐，多么自相矛盾。道家想同佛家拉关系的急切心情，跃然纸上。到了七世纪，道士蔡晃、成英二人继承的正是这样一个取媚佛教的传统。

总而言之，玄奘顶住了道士们的献媚，坚持佛道根本不是一回事。这在中国宗教史上也算是一件颇有意义的事情。

四、关于佛道关系的争论，可以说是以玄奘的胜利告终。这是佛道交锋的第一回合，是翻《道德经》这件工作的前奏曲。此曲既已终结，现在佛道坐下来要着手翻译，即引文中的"染翰缀文"。可是《道德经》的第一句话就是"道可道，非常道"。"道"字是五千文的第一个字，是《道德经》的，也可以说是道教义理的核心、关键和出发点。怎样来翻这个"道"字呢？不言而喻，这是一个至关重要的问题。在这里，佛道矛盾又明白无误地表现出来。

这里的矛盾焦点是，玄奘想用"末伽"（梵文 mārga）来翻"道"字，而道士们则主张用"菩提"（梵文 bodhi）来翻。他们说："昔称'菩提'，此谓为'道'，未闻'末伽'以为'道'也。"道士们甚至把皇帝老子抬了出来，说什么"岂得浪翻，冒罔天听！"好大的一顶帽子！成英还振振有词地说："'佛陀'言'觉'，'菩提'言'道'，由来盛谈，道俗同委。今翻'末伽',何得非妄?"但是玄奘却是寸步不让,他说,这都是传闻错误。"'佛陀'天语,唐言'觉者';'菩提'天语,人言为'觉'。……'末伽'为'道',通国齐解。"你若认为是"妄谈",请问一问印度人士。佛道两家,舌剑唇枪,煞是热闹。

我个人觉得,这一场争论,除了表现佛道矛盾以外,还含有更加深刻的意义。至少有两点可以指出:第一,以常情而论,如果道士们真想保留自己宗教的纯洁性,就不应该用佛教的术语来翻自己宗教的最高真理或最高原则。从玄奘方面来看,如果他想吃掉道教的话,他本来可以移花接木,顺水推舟,采用"掉包"的办法,用自己宗教术语来取代道教的术语。然而事实却是,道家为了取媚佛教,自甘被吞并,而玄奘则根本不买这个账,一心想维护自己宗教的纯洁性。第二,这一点比第一还要重要,"末伽"与"菩提",两名之异,不仅仅是一个用字的问题,而牵涉到中印两国宗教信仰出发点或者基础的根本差异,甚至涉及中印两国思维方式的差异。切不能等闲视之。

中国的"道"字,《说文》:"道,所行道也,从辵从首,一达谓之道。"唐代韩愈的《原道》中说:"由是而之焉之谓道",是同《说文》的原义相吻合的。道,就是人走的道路,人人都必须走的:"牟子曰:'道之言导也。'"[①]这已经走了样,后汉时期词源解释,大多类此。牟子又加了一句:"导人致于无为。"他心目中的含义更加清楚了。《说文》:"导,引也,从寸,道声。""道"字在这里只起声符的作用,与此字的原义无关。牟子的解释是站不住脚的。总之,我们从这个"道"字可以看出

---

① 大49,510c,《佛祖历代通载》五。

来，中国这个宗教要解决的是现实的问题，今世的问题，不是神话的问题，来世的问题。道家这种精神，同儒家精神是完全一致的。孔子说："未知生，焉知死！"这是一脉相承的中国精神。后来道家发展成为道教，也不过是想长生不死，白昼升天而已。这种精神，这个"道"字，倘必须译为梵文，则 mārga（末伽）最为恰当。mārga 这个字的词根是 √ mārg，与 √ mrg 也有一些联系，意思是"走路，走道"。印度哲学宗教中，少有 mārga 这样一个术语。但是用之来翻中国的哲学术语"道"，却是十分吻合的，无懈可击的。在这一点上，玄奘是完全正确的。

至于"菩提"（bodhi），则完全是另外一码事。这个字的词根是 √ budh，意思是"觉，醒"。Buddha（佛陀，佛）这个字也源于 √ budh，加上过去分词语尾 ta，变成了 buddha，意思是"觉悟了的人"，"觉者"。√ budh 的抽象名词就是 bodhi，意思是"觉"，音译"菩提"。道士成英说："佛陀言觉"，不完全对，改为"觉者"，就完全正确了。牟子说："佛者，觉也。犹言三皇神五帝圣也。"① 牟子不会知道，buddha 和 bodhi 两个字是同源的。从宗教意义上来看什么叫做"觉"呢？根据佛教最原始的理论，所谓"十二因缘"，一个人（或其他生物）总是处在生死流转中的，只有认识了这个根本理论，认识了"无明"（avidyā）是十二因缘之首，他就算是"觉"了，算是得道了，成佛了。因此，梵文 bodhi 这个词儿所蕴含的意义，与中国的"道"完全不同。它要解决的问题，不是现世的，不是眼前的，而是来生来世无数生死流转。

---

① 同上。参阅《释氏辑古略》一，㊅ 769a。

这是以佛教与道教为代表的中印宗教哲学思想最根本的分歧之所在。所以我在上面说，不能等闲视之。玄奘与道士们的争论，其重要意义也由此可见。

这一场至关重要的佛道之争，以玄奘的胜利告终。我在上面曾经提出了两个问题：玄奘究竟翻译了《道德经》没有？如果已经译出，传到印度去了没有？这里先回答第一个问题。上面引用的《集古今佛道论衡》卷丙说："自此众锋一时潜退，便译尽文。"《续高僧传》说："既依翻了，将欲封勒。"可见玄奘确实已将《道德经》译为梵文。我在上面已经说过，从一些迹象来看，《集古今佛道论衡》的说法是可靠的。因此，《佛祖统纪》三九所说的"遂止"，《含光传·系》中所说的"中辍"，是靠不住的。第二个问题后面再来答复。

在这一回合的争论中，玄奘算是胜利了。但是，佛道之争并没有因此而停止。正文译完，又出现了译不译序的问题。玄奘不肯翻译《老子·河上公注》。成英强调说，《老经》很玄秘，没有序注，无法理解。玄奘却说："（河上公）序实惊人，同巫觋之淫哇，等禽兽之浅术。"翻译了，会给乡邦脸上抹黑。道士们没有办法，报告了朝中宰辅。中书马周询问玄奘，玄奘把印度的宗教哲学的教义和教派提纲挈领地介绍了一下，连顺世外道（lokāyata）也介绍了，结论是"若翻老序，彼（印度）必以为笑林"。当时中书门下同僚都同意玄奘的意见，"遂不翻之。"这一回合，玄奘又胜利了。

羡林按：《老子·河上公注》成于何时，出自何人之手，是有争论的。有人主张：该注当出于东晋以后，是葛洪一系门徒所作。有人主张：此注产生于西汉而非东汉末期[①]。从《注》的内容来看，与其说它出于道家，毋宁说它出于道教。道家与道教应该严格区别开来。后汉兴起的道教，只不过是打着老庄的旗帜，而教义则是偷梁换柱，搀进了许多后汉出现的东西。二者主要的区别是，道教十分强调养生成神，长生不死。《河上公注》正是这样。玄奘称之为"同巫觋之淫哇，等禽兽之浅术"，是完全合适的。他之所以坚持不翻这个《注》，是有道理的。我在上面引用的《佛祖统纪》二九中，玄奘明确说："老子立义肤浅。"他是根本瞧不起道家这一位祖师爷的，碍于皇帝的面子，不得不翻。现在道士们想硬逼他翻道教的《河上公注》，他坚决不肯，是在意料中的。

总之，翻老为梵这一段公案，大体上即如上述。本文翻了，"序胤"未翻。至于本文的梵文译本是否传至印度，则是传去的证明，我们没有；没有传去的证明，我们也没有，目前只好暂时缺疑了[②]。

现在顺便谈一谈《集古今佛道论衡》卷丙中玄奘对于印度佛教以外的哲学宗教的评价问题。他说："彼土尚道"，就是说，印度人崇尚哲学宗教。那里的宗教信仰共有九十六家，被称为"九十六种道"，比如《分别功德论》二说："闻阿难于九十六种道中等智第一。"[③]《那先比丘经》中几次提到"九十六种道"或"九十六种经道"。[④]玄奘说："九十六家并厌形骸为桎梏，指神我为圣本"。他们都"不拔我根"，"不能出俗"。所谓"神我"，

[①] 汤一介，《魏晋南北朝时期的道教》，页111—124。
[②] 法国学者伯希和（Paul Pelliot）有一篇文章：Autour d'une traduction sanscrite du Tao Tö King, *Toung Pao*(《通报》), SérieII, 13. 但此文未能见到。
[③] 大25, 34b。
[④] 大32, 694a, 703c, 705b。

梵文是 Ātman，阿特芒。玄奘的评论完全符合实际，足见他对印度当时哲学情况是理解的。他说，这九十六家，"上极非想，终坠无间。""无间"，梵文是 avīci，就是我们常说的"阿鼻地狱"。玄奘还讲到："至如顺俗四大之术，冥初六谛之宗。"所谓"顺俗"，梵文原文是 Lokāyata，就是我们常说的"顺世外道"，《续高僧传》四《玄奘传》用的正是"顺世"二字。这是印度古代极为难得的唯物主义者。所谓"四大"，就是我们常说的地、水、火、风。顺世外道认为，这四者是构成宇宙万有的本质。所谓"六谛"，亦称"六句义"，梵文是 ṣaṭ padārtha。《翻译名义集》五："毗世，此云胜异论，即六句义。""毗世"，梵文是 Vaiśeṣika，印度古代六派哲学之一，常用名词是"胜论"。

翻老为梵这一段公案，就介绍到这里。①

下面谈一谈《含光传·系》中提出的根干与枝叶问题。

这确是一个非常聪明、含义非常深刻的比喻。《系》中用尼拘律陀树来作譬，说明有时候难以区分的情况。尼拘律陀树，梵文是 nyagrodha，尼拘律陀是这个字的音译。梵文这个字来源于 ni-añc- √ rudh 或 √ ruh，意思是"向下生长"。这个字有许多不同的汉字音译，比如，尼拘律树、尼拘卢树、尼拘卢陀、尼拘律陀、尼俱陀、尼拘类树，等等。《经律异相》

---

① 介绍完了以后，我忽然想到，在佛教典籍中，确有以"道"（mārga）为术语者。佛教常用的"八种道""八正道""八种道行"，指的是正见、正思维、正语、正业、正命、正精进、正念、正定。这是佛教的最根本的教义之一。梵文叫 aṣṭāṅga-mārga，巴利文叫 atthanṅgika-ariya-magga。巴利文的 magga，就是梵文的 mārga。这个名词在佛典中频繁出现，比如《那先比丘经》，见Ⓐ 32,697c,707c,708a 等等。玄奘以 mārga 译"道"，心目中是否想到了八正道，我不敢确定。

四一说:"汝曾见尼拘陀树荫贾客五百乘车犹不尽不?"①《法苑珠林》三三说:"佛言:'汝见尼拘陀树高几许耶?'答曰:'高四五里,岁下数万斛实,其核大如芥子。'"②为什么一棵树竟能荫覆商人的五百辆车还有空地呢?为什么一棵树竟能高四五里呢?这是一种什么样的树呢?《翻译名义集》三解释说:"尼拘律陀,又名尼拘卢陀。此云无节,又云纵广。叶如此方柿叶。其果名多勒,如五升瓶大,食除热痰。摭华云:义翻杨柳,以树大子小,似此方杨柳,故以翻之。《宋僧传》之二"译之言易也。谓以所有,译其所无,如拘律陀树,即东夏杨柳。名虽不同,树体是一。"③这个解释显然是不正确的。天下哪里会有荫蔽五百辆车的杨柳呢?正确的解释应该从 nyagrodha 的词根下手。我在上面已经说到,此字的词根意思是"向下生长"。什么树向下生长呢?只有榕树。看过榕树的人都知道,从树干上出一些树根,下垂至地,又在地中生根,然后长成一棵树,又在自己的干上长出细根,下垂至地,如此循环往复,一棵榕树能长出成百上千棵榕树,甚至让人摸不清究竟哪一棵树是初原的树,哪一些树是派生的树。只有这样生长的榕树,才能在一棵树下荫覆五百辆车而有余。在榕树这里,根干与枝叶互为因果,难解难分。用这样的榕树来比喻作为根干的印度佛法与作为枝叶的东夏佛法之间互为因果的关系,难道不是一个非常聪明、含义又非常深刻的比喻吗?

现在谈《含光传·系》中提出来的秦人或东人与西域之人

---

① 大53,218a。
② 大53,583c。
③ 大54,1102a。

（印度人）的区别问题。

　　这是一个异常深刻、异常耐人寻味的问题。我们不是也关心中国人同印度人的思维方式、心理状态等的区别究竟何在的问题吗？《含光传·系》对于这个问题提出了下面的意见："盖东人之敏利，何以知耶？秦人好略，验其言少而解多也。西域之人淳朴，何以知乎？天竺好繁，证其言重而后悟也。由是观之，西域之人利在乎念性，东人利在乎解性也。"这一段话的意思就是说，中国人敏利，言少而解多，印度人淳朴而好繁。最早的佛经，连篇累牍，动辄数十万甚至数百万言，同样的话能一字不移地一再重复，因此说"言重"。这个意见是完全符合实际的。就拿巴利文佛典来说吧，同样的词句，一字不动，换一个地方又重复一遍，而且重复之中套重复。因此英国刊行巴利文佛典不得不删去重复之处，加以注明，节省了大量的篇幅。我猜想，佛典产生在发明文字之前，师徒口耳相传，为了加强记忆，才采用了重复的办法，否则实在难以理解。

　　我觉得，在上引的一段话里，最关键的提法是"念性"与"解性"两个词儿。什么叫"念性"呢？"念"的含义是什么呢？在佛典中有不少地方出现"念"或"忆念"这样的字眼，比如"忆念弥陀佛""忆念毗尼""系念思惟""正念""惟念"等等。这个"念"字来源于梵文，词根是 √smṛ，由此派生出来的抽象名词是 smṛti。与之相当的巴利文是 sarati 和 sati。一般的用法其含义是"念""忆念"。但作为宗教哲学术语，smṛti，有特殊的含义。指的是"全部的神圣传统"，或者"凡人老师所忆念的"，包括六吠陀分支、传承经和家庭经、《摩奴法论》、两大史诗、往世书、伦理论等等。常用的译法是"传承"。与之相对的是 śruti，指的是仙人们直接听到的，比如《吠陀》等，只能口传耳听，不许写成文字。常用的译法是"天启"这样一来，所谓"念"就与"传承"联系在一起了，它表示固守传承的东西，有点固步自封，墨守成规的意味。而中国人则是"解性"，所谓"解"就是"理解""解释"，有点探索、钻研的意味，不宥于常规，不固守传承的东西。《含光传·系》的作者就是这样来说明中印两方思维方式、心理状态等的不同之处的。①

《系》在下面举出了说明这种情况的两个例子：一个是隋朝的智𫖮，一个是唐代的玄奘。两个都是变枝叶为根干的中国高僧。

先谈智𫖮，所谓智者大师。

《系》对智𫖮的提法是"无相空教出乎龙树，智者演之，令西域之仰慕"。所谓"无相空教"指的是我们平常所说的"大乘空宗"。《系》的这几句话是完全准确的。但是，如果同下面的关于玄奘的几句话联系起来，就易出问题。这件事这里先不谈。我认为，最好先把印度佛教大乘空宗与有宗的轮廓大体勾勒一下；否则我们就无法真正了解智𫖮，也无法真正了解玄奘，更无法了解二位高僧的传承关系。

印度佛教在发展过程中，先小乘，后大乘。原始大乘的起源可能始于公元前二世纪。到了公元一、二世纪以后，古典大乘开始出现。后来逐渐形成了两大宗派：空宗和有宗。一般的说法是，属于空宗的中观派（mādhyamika）创始人是龙树（Nāgarjuna，约公元150—250年），他的继承人是提婆（Deva，约170—270年），一直传下来，还有很多一代传一代的继承衣

---

① 我想补充几句话，讲一讲"性"这个字。这个字在梵文中是 svabhāva 或 prakṛti，意思是"本体""本质"。

钵者，不必细述。属于有宗的瑜伽行派（yogācāra）的创始人是弥勒（Maitreya-nātha，约350—430年）。关于这个人，因为同著名的弥勒佛或弥勒菩萨同名，所以产生了一些混乱。这是不是一个历史人物？学者们中意见有分歧。一般的看法（我也是这个看法）是，他是一个历史人物，只是取的名字与弥勒佛相混而已。这一派的创始人传无著（Asaṅga，约395—470年）和世亲（Vasubandhu，约400—480年），一代一代传下去。一直传到戒贤。《唐大荐福寺故寺主翻经大德法藏和尚传》说："近代天竺有二大论师，一名戒贤，二称智光。贤则远承慈氏（羡林按：即弥勒），无著，近踵护法，难陀，立法相"宗以一乘为权，三乘为实，唐三藏玄奘之所师宗。①

一个空宗，一个有宗，从字面上来看，好像是根本对立的，根本矛盾的。但是，实际上并不完全是这个样子。我们先看一看什么叫"空"。《佛祖统纪》六：

> 二祖北齐尊者慧文……师又因读《中论》《大智度论》《中观》一品至《四谛品偈》云："因缘所生法，我说即是空，亦名为假名，亦名中道义。"恍然大悟，顿了诸法无非因缘所生；而此因缘，有不定有，空不定空，空有不二，名为中道②。

意思是说，一切东西（诸法）无非是由于众多关系（因缘）凑集在一起而产生出来的。只有关系，没有物质性的东西存在。空宗是这样主张的。所谓有宗，也并不承认所有的东西，

---

① 大50，284c。
② 大49，178c。

包括物质性的，即所谓"诸法"都是真实存在的，都是真"有"的。他们着重保护的是"真如佛性"等等，坚持"真如""佛性"是真"有"的，真存在的。空宗和有宗的根本区别，就在这里。

交待完了空有关系，现在再谈智𫖮。

智者大师是中国佛教史上最著名的高僧之一，在佛典中有大量关于他的记载，给他立了不知道有多少传①。我在这里不想谈他的生平，请读者自行参阅。他的思想和理论，我在这里也不想去谈，那样要费很多篇幅。我想集中谈一谈，智𫖮是如何"演"龙树的无相空教的，"演"，我理解约略等于"发展"的意思，这个问题弄清楚了，智者的理论如何，为何"倒流"回印度的问题，也就迎刃而解了。

我先抄一段材料。《佛祖统纪》六《四祖天台智者传》后面有一段话：

> 义神智曰：吾祖出世，虽说诸经，而本怀得畅，唯在《法华》。自阿难结集之后，天亲作论，虽曰通经，然但约文申义，举其大略而已。至于斯经大事，教化始终，则晦而未明。暨罗什翻译，东传此土，造疏消释者，异论非一。唯我智者，灵山亲承，大苏证悟，发挥妙旨，幽赞上乘，以五义释经题，四释消文句，而又能以十章宣演明净法门，于是解行俱陈，义观兼举，可谓行人之心镜，巨夜之明灯。虽天竺大论，尚非其类，岂

---

① 最重要的有《续高僧传》一七《智𫖮传》，㊎50, 564a-568a，《神僧传》五《智𫖮传》，㊎50, 978a-c 等等。

震旦人师,所能跂及云云。又设问曰:《辅行》①引九师相承,谓北齐以前,非今所承。且北齐既用觉心重观三昧,今此何故斥于觉觅,但是一辙耳。将非智者斥于北齐耶?答:妙玄开演《法华》十妙,尚云莫以中论相比。又云:天竺大论,尚非其类。盖智者用如来之意,明《法华》之妙,故龙树、北齐亦所不及。若无生宗旨三观行门,其实祖龙树,宗北齐,禀南岳,师资相承,宛如宿契云云。又曰:天台所谈三谛三观,出乎《仁王》及《璎珞经》,三智三德,本乎《涅槃大品》,所用义旨,以《法华》为宗骨,以《智论》为指南云云。

赞曰:舍天台之学而欲识佛法意者,未足与议也。故自夫圣教东度,经论遍弘,唯任己心,莫知正义。齐梁之际,挺出诸贤,盛演法华,立言判教。一音四相之说,四时六宗之谈,众制纷纭,相倾相夺,南三北七,竞化当时。犹夫粟散小王妄自尊大^{补注:置粟盘中,各分位,以喻诸小王也},而不知金轮飞行统御四海威德之盛也。惟我智者大禅师,天纵之圣,备诸功德,以为缵承祖父三观之绪,未遂光大,于是约《法华》悟门,说止观大道,立经陈纪,为万世法。至于盛破光宅,则余者望风;遍难四宗,则他皆失据,宣布至化,坐致太平,非夫间生圣人,其孰能为此大业者哉。然则欲识佛法意者,其唯天台之学乎!②

上面的两段话,内容还是颇为清楚的。有几个地方需要解释一

---

① 指《止观辅行传弘决》大46,141a—446c。
② 大49,186a—b。

下。"天亲作论",《婆薮槃豆法师传》:"法师即请兄(按即指无著)说灭罪方便。兄云:汝舌能善以(巧)毁谤大乘。汝若欲灭此罪,当善以解说大乘。阿僧伽(无著)法师殂殁后,天亲方造大乘论,解释诸大乘经:《华严》《涅槃》《法华》《般若》《维摩》《胜鬘》等。"① "灵山亲承",《隋天台智者大师别传》:"初获顶拜,思(按指慧思)曰:'昔日灵山同听《法华》,宿缘所追,今复来矣。'"②这个说法多次见于佛典,比如《佛祖统纪》六③等等。"大苏证悟",《隋天台智者大师别传》:"昔在周室,预知佛法当祸,故背游南,意期衡岳,以希栖遁,权止光州大苏山,先师遥餐风德,如饥渴矣。"④《佛祖统纪》六《慧思传》:"六年(按指北齐天保六年,公元555年),于光州大苏山讲摩诃衍。"⑤

从整段的内容上来看,智者大师用力最勤,弘扬最力的是大乘空宗的宝典《法华经》,所谓"本怀得畅,唯在《法华》"。这一点在所有与他有关的佛典中都可以得到证明,文繁不一一列举。本来天台宗就以《法华》为宝典。东土二祖慧文远承龙树,⑥弘扬《法华》。三祖慧思也是念念不忘《法华》。这是天台宗的宗风,智者忠诚地继承了下来。

但是,智者却决非固步自封地来继承,而是在许多方面都有了新的发展,有了新的建树。这一部极其重要的经典,在印度已经是"晦而未明",传到东土以后,也是"造疏消释者,

---

① ⓣ50,191a。
② ⓣ50,191c。
③ ⓣ49,181b。
④ ⓣ50,191c。
⑤ ⓣ49,179b。
⑥ 《佛祖统纪》六《意文传》,ⓣ49,178c。

异论非一","唯任己心,莫知正义"。智者除了宣讲此经以外,还亲手撰写著作,如《妙法莲华经玄义》(⑧1716)《妙法莲华经文句》(⑧1718)等,可见他对此经用心之专和用力之勤。佛典传说,他"灵山亲承",也就是说,他亲耳聆听如来佛讲授《法华》,直接受到了佛祖的启悟,他对此经研究的成就非同小可,迥异前人。这当然不是历史事实,只是一种神话传说。但是,即使是宗教神话,也能反映一些事实。这里反映的是,智者对《法华》的研究,他"演"《法华》,确有过人之处。他是"用如来之意,明《法华》之妙"。他阐释其他经典,也是"以《法华》为宗骨"。他是一个研究《法华经》的集大成者,"故龙树、北齐,亦所不及"。因此,印度方面也必须向智者请教,这样一来,以《法华经》为骨干的,出乎龙树的大乘无相空教,传到了中国,又"倒流"回印度,充分表现了"东人利在乎解性"的惊人现象。

对于印度与智𫖮的关系,中国佛典有一些暗示,比如《神僧传》五《智𫖮传》说:"(智𫖮)又患身心烦痛,如被火烧。又见亡殁二亲,枕头膝上,陈苦求哀。𫖮又依止法忍,不动如山,故使强弱两缘所感便灭。忽致西域神僧告曰:制敌胜怨,乃可为勇。每夏常讲《净名》,忽见三道宝阶从空而降。有数十梵僧乘阶而下,入堂礼拜,手擎香炉,绕𫖮三匝,久之乃灭。①这个神话中可能含有暗示的意义。

关于智𫖮的"倒流",就讲到这里。②

---

① ⑧50,978b。
② 天台宗的义理,我没有细谈。请参阅吕澂《中国佛教源流略讲》,1979年,中华书局,页325—334《天台宗》,任继愈《汉唐佛教思想论集》,1981年,人民出版社,《天台宗哲学思想略论》,页47—86。

下面再谈玄奘。

首先提出一个问题:《含光传·系》中说:"如中道教生乎弥勒,慈恩解之,疑西域之罕及。"这个"中道教"是什么意思呢?我在上面曾引用过宗奉空宗的天台宗慧文的话,他使用了"中道义"和"中道"这样的词儿。现在要问,中道教(亦称中道宗)和中道、中观、中道行、中道观、中观论、中道义等等,表面上很相似甚至相同,是不是一个意思呢?回答是:它们不是一个意思。我在上面引用的慧文的原文是:"因缘所生法,我说即是空;亦名为假名,亦名中道义。"可见空就是"中道义"。引文下面还有"空有不二,是为中道"这样的话。"中道义"和"中道",是空宗的重要术语。而"中道教"(也称"中道",这个"中道"空宗也使用,二者容易混淆)则是有宗的术语。根据法相宗(有宗)的重要经典之一《解深密经》三时判教的说法:"初时,为小乘说有教,明人空,五蕴空,未显法空,很不彻底;第二时,大乘空宗所依之《般若经》,然是有上,有容,未为了义;第三时,有宗,说非有非空,中道教。"①这里说得非常清楚,"中道教"属于有宗。《含光传·系》中所说的与此完全符合。根据我现在的理解,空宗的"中道""中观"等等一系列的名词,主要是用否定的方式(八不等等)来否定我们的一切主观认识,否定整个客观世界,所以叫"空"。而法相宗的"中道教"却是在说空的同时,还保留了一些对佛教来说是至关重要的东西,如果把这些东西也否定掉,佛教就将陷入危机。因此,在法相有宗眼中,般若空宗的学说只是佛教宗义的低级阶段,只有法相宗才代表佛教

---

① 任继愈,上引书,页208。《解深密经》,见大16,697a—b,参阅《佛祖统纪》二九:"贤用三时教:一有,二空,三不空不有。"大49,295a。"贤"指戒贤。

的最高真理。

这个问题解决了,我现在来谈玄奘是怎样把弥勒所倡导的"中道教"来"解之"从而导致"疑西域之罕及"的,也就是说,"倒流"是在玄奘身上怎样体现的。这里用的这个"解"字非常值得注意。我认为,这个"解"字同"解性"的"解",是同一个意思,是"理解"的"解","分解"的"解"。是同印度人的"念性"的"念"对立的。

把智𫖮和玄奘比较一下,这二位高僧的"倒流"的情况有点不一样。智𫖮根本没有到过印度,他"演"龙树的无相空教是在中国。他在中国"演"出了成绩,然后受到印度人的仰慕,倒流回了来源地印度。而玄奘则不同。他回国后创立的法相宗,根据一般学者的意见,是完全忠实地、亦步亦趋地保留印度传统的,是中国佛教宗派中最忠实于印度原型的,最少中国成分的宗派。有人甚至认为,它的寿命之所以最短,原因亦即在此。那么,玄奘难道说没有"解"中道教吗?当然不是。我个人觉得,玄奘在印度时已经"解"了中道教。他在印度留学期间,从师戒贤,而戒贤则继承了瑜伽行者有宗的宗风,所以玄奘也终生宗信有宗。在他在印度的活动中,他曾撰写过两部梵文著作。我现在根据《大慈恩寺三藏法师传》《续高僧传》四《玄奘传》等书,把有关资料条列如下:

《慈恩传》:

> 时戒贤论师遣法师为众讲《摄大乘论》《唯识决择论》。时大德师子光先为众讲《中》《百论》,述其旨破瑜伽义。法师妙闲《中》《百》,又善瑜伽,以为圣人立

教，各随一意，不相违妨。惑者不能会通，谓为乖反。此乃失在传人，岂关于法也。愍其局狭，数往征诘，复不能酬答。由是学徒渐散，而宗附法师。法师又以《中》《百》论旨，唯破遍计所执，不言依他起性及圆成实性。师子光不能善悟，见《论》称一切无所得，谓瑜伽所立圆成实等，亦皆须遣。所以每形于言。法师为和会二宗，言不相违背，乃著《会宗论》三千颂。论成呈戒贤及大众，无不称善，并共宣行。①

同样一件事《续高僧传》也有记载：

> 初那烂陀寺大德师子光等，立《中》《百》论宗，破瑜伽等义。奘曰：圣人作论，终不相违，但学者有向背耳。因造《会宗论》三千颂，以呈戒贤诸师，咸称善②。

这一段记载比较短。两段可以互相补充。这是两段非常重要的记载，从中可以看出玄奘对瑜伽行派的贡献。那烂陀寺的师子光用空宗的《中论》《百论》的理论来破有宗的瑜伽义。玄奘既通《中》《百》，又通瑜伽。他认为这两派都是"圣人"所作，"不相违妨"。他会了二者，争取到了许多信徒。这是他同师子光斗争的第一回合。第二回合是关于三性论的。三性论是瑜伽派的基本教义之一。所谓三性是指：

遍计所执性，是一种虚妄的实在；

依他起性，是一种相对的实在；

---

① 大50，244b—c。
② 大50，452c。

圆成实性,是一种绝对的实在。

瑜伽派认为,对有或存在的认识有三个次第,或三个阶段,或三种境界。上面说的三性,就依次代表这三个次第,是逐渐向高深发展的三个次第,瑜伽派后起的大师陈那,用一个生动的比喻来阐释这三性:如夜行见绳,误以为蛇;后来看清了,才知是绳非蛇;再仔细看,知道绳是麻做的。见绳误认,是遍计所执;绳体由因缘生,是依他起;认识到绳为麻制,是圆成实[①]。玄奘用《中》《百》论旨,破遍计所执。他不谈依他起和圆成实。这是完全可以理解的。师子光是想破有宗瑜伽派的中道教。这是玄奘决不允许的。如果把这三性说同《解深密经》的三时判教说相比,则情况更易理解,更为明了。初时约略相当于遍计所执,二时相当于依他起,三时相当于圆成实,第三时的中道教是瑜伽派理论的基础。师子光所代表的般若空宗,属于第二时,尚是低级阶段。由此可见,玄奘并不是完全想"破"空宗,对于空宗他也是同意的,只不过认为它还处于低级阶段而已。他所著《会宗论》没有流传下来。但是从种种迹象来看,内容大概就是《解深密经》的三时判教,是想调和空有的。

这是玄奘在印度留学时对印度大乘教义发展的一个贡献。

下面谈玄奘的第二个贡献:《制恶见论》。

仍然先条列资料:

《慈恩传》四:

---

① 参阅吕澂:《印度佛学源流略讲》,上海人民出版社,1979年版,页189。

时法师欲往乌荼，乃访得小乘所制《破大乘义》七百颂者。法师寻省有数处疑，谓所伏婆罗门曰：汝曾听此义不？答曰：曾听五遍。法师欲令其讲。彼曰：我今为奴，岂合为尊讲？法师曰：此是他宗，我未曾见。汝但说无苦。彼曰：若然，请至夜中。恐外人闻从奴学法，污尊名称。于是至夜屏去诸人，令讲一遍，备得其旨。遂寻其谬节，申大乘义破之，为一千六百颂，名《破恶见论》。将呈戒贤法师。及宣示徒众，无不嗟赏，曰：以此穷核，何敌不亡？①

《续高僧传》四《玄奘传》：

先有南印度王灌顶师，名般若毱多，明正量部，造《破大乘论》七百颂。时戒日王讨伐至乌荼国。诸小乘师保重此论，以用上王。请与大乘师决胜。王作书与那烂陀寺：可差四僧善大小内外者，诣行宫在所，拟有论义。戒贤乃差海慧、智光、师子光及奘为四应命。将往未发间，有顺世外道来求论难。书四十条义，悬于寺门：若有屈者，斩首相谢。彼计四大为人物因，旨理既（沈）密，最难征核。如（数）此阴阳，谁穷其数？此道执计，必求觕决。彼土常法：论有负者，先令乘驴，屎瓶浇顶，公于众中。形心折伏，然后依投，永为皂（卑）隶。诸僧同疑，恐有颜（殿）负。默不陈对。奘停既久，究达论道。告众请对。何得同耻？各立旁证，

---

① 大50，245c。

往复数番，通解无路，神理俱丧，溘然潜伏。预是释门，一时腾踊。彼既屈已，请依先约。奘曰：我法弘恕，不在刑科。禀受我法，如奴事主。因将向房，遵正法要。彼乌荼论，又别访得。寻择其中，便有谬滥。谓所伏外道曰：汝闻乌荼所立义不？曰：彼义曾闻，特解其趣。即令说之，备通其要。便指纤芥，申大乘义破之，名《制恶见论》，千六百颂。以呈戒贤等师。咸曰：斯论穷天下之勍寇也，何敌当之！①

上面两段引文，内容基本相同。我引《慈恩传》时，删节颇多；现在看起来，二者就似乎有点不同了。这里面讲了玄奘在印度的两场辩论，也可以说是两场斗争。一场是同小乘正量部的论争。正量部是在小乘部派第二次分裂时从说一切有部演化出来的一个部派，理论中颇有一些唯物的因素。它同大乘的斗争是可以理解的。这一场论争，可以说是佛教内部大小乘之间矛盾的表现。另一场斗争是佛教大乘同顺世外道之间的斗争。顺世外道，我在上面已经谈到过。他们是印度古代仅有的一个唯物论的宗派。他们主张万物根源是四大：地、水、火、风。引文中"彼计四大为人物因"，就是这个意思。四大都是物质的东西，与佛教大乘的空当然是格格不入的。玄奘根据大乘的义理，在辩论中折伏了这一个外道，并且以宽宏大度的态度，不让他受到侮辱，更没有砍他的脑袋。玄奘此举，大大地挽回当时最高学府那烂陀寺的面子，可以说是立了一大功②。另外玄奘

---

① ㊛50，452c—453a。
② 《佛祖统纪》二九，"慈恩宗教"一项，列西天戒贤法师为初祖，三藏玄奘法师为二祖，慈恩窥基法师为三祖。㊛49，294a—b。

佛教在中国　193

还写了一篇《三身论》三百颂，内容不详。①

我在上面讲了玄奘在印度的三件事：调和空有、摧破小乘正量部的理论，斗败顺世外道。显而易见，这三件事都有重要的意义，是玄奘对印度佛教的贡献。因此，《含光传·系》才说："疑西域之罕及。"

我在这里顺便讲一讲也与玄奘有关的《大乘起信论》的真伪问题。这是一部有很大争论的书。梵文原本据说出自马鸣菩萨之手。汉译《大藏经》中保留着两个译本：一个出自真谛三藏之手，一卷；另一个本子的译者是唐代的实叉难陀；均见大32。中外学者间对此书的真伪问题有两派截然不同的意见，一派认为真是马鸣所作，一派认为是中国撰述。为此问题，在1919至1920年间，日本学术界展开了激烈的论战。认为此书为中国撰述派的代表人物为松本文三郎、望月信亨、村上专精等。反对派认为此书确为马鸣所作，代表人物为常盘大定、羽溪了谛等。论争著作有的极长，比如望月信亨所著《〈大乘起信论〉之研究》，竟长达五十万言以上，可见其用力之勤，我在这里无法详细介绍，请参阅梁启超《大乘起信论考证序》。②

中国学者对于《大乘起信论》的真伪问题也展开了热烈的讨论。梁启超赞成松本、望月和村上三人的意见，想写一本规模极大的著作，似未成书。另一位国学大师章太炎，与任公意见正相反。他在《大乘起信论辩》中写道：

---

① 大50,453b，《续高僧传》四《玄奘传》："于时异术云聚，请王决论，言辩才交，邪徒草靡。王（童子王）加崇重，初开信门，请问诸佛，何所功德？奘赞如来，三身利物，因造《三身论》三百颂以赠之。王曰：'未曾有也'。顶戴归依。"《三身论》大概是颂佛之作。

② 《饮冰室专集》之六十八。

> 真谛既历梁陈二代，梁时所译或为陈录所遗，故《法经》因之致惑。今据长房所证，足以破斯疑矣。其后实叉难陀复有新译，则本论非伪，又可证知。盖马鸣久居西北，晚岁著书，或未及流传中印。惟《庄严论经》《佛所行赞》，文体流美，近于诗歌，宜其遍行五竺。《起信论》立如来藏义，既精深非诗歌比。又迦湿弥罗之地，世为上坐所居……则马鸣之《起信论》不入中印，宜也。①

其他中国学者的意见，从略。

《起信论》的真伪问题，就谈这样多。我感兴趣的，不是此书的真伪，而是玄奘曾译此书为梵文这一件事。《佛祖统纪》二九：

> 《起信论》虽出马鸣，久而无传。师译唐为梵，俾流布五天，复闻要道，师之功也。②

《续高僧传·玄奘传》四：

> 又以《起信》一论，文出马鸣。彼土诸僧，思承其本。奘乃译唐为梵，通布五天。斯则法化之缘，东西互举。③

陈寅恪先生也提到这一件事。他在《大乘稻芊经随听疏跋》中

---

① 《太炎文录·别录》。
② 伏49，295a。
③ 伏50，458b。

写道：

> 昔玄奘为西土诸僧译中文《大乘起信论》为梵文。道宣记述其事，赞之曰：法化之缘，东西互举。①

从上面的引征来看，玄奘译汉文《大乘起信论》为梵文，确有其事，无可怀疑。虽然梵文译本已经佚失，但是它当年曾在印度起过作用，则是完全可以肯定的。这也可以算是玄奘对印度佛教的一个贡献吧。我认为，这也应该归入"倒流"的范畴的。

上面讲的"倒流"，仅仅限于大乘，空宗有智顗，有宗有玄奘，梁武帝也是大乘。这可以说是"倒流"的主流。但是，在大乘之外，也能找到"倒流"现象，比如说，在持律方面就有。《宋高僧传》一四《道宣传》：

> 宣之持律，声振竺乾。宣之编修，美流天下。是故无畏三藏到东夏朝谒。帝问：自远而来，得无劳乎？欲于何方休息？三藏奏曰：在天竺时，常闻西明寺宣律师秉持第一，愿往依止焉。勅允之。②

道宣持律，声名远播天竺。这当然也属于"倒流"的范畴。

把以上所论归纳一下："倒流"现象确实存在，在"倒流"中，除了持律以外，流到印度去的都是大乘。为什么会出现这

---

① 《金明馆丛稿二编》，页255。
② 大50，791a—b。

个情况呢？下面再谈，这里暂且放一下。

按照《含光传·系》中的叙述顺序，在讲完了智者和玄奘以后，它又讲起根干和枝叶的问题。《系》的意思是说，印度是根干。它的枝叶植于智者和玄奘的土中，就产生出来了对原生于印度的无相空教和中道教的发展。"入土别生根干"，枝叶又生出来了新的根干。用一个公式来表示：根干→枝叶→根干，还会继续发展下去，有如榕树。紧接着《系》又举了两个比喻：一个是合浦之珠，用来譬喻作为根干的印度；"北土之人"用来譬喻中国；北方人用珍珠来"结步摇而饰冠珮"，表示中国人发展了佛教义理。另一个比喻是蚕丝，"蚕妇"指的是印度，"巧匠"指的是中国，中国把普普通通的蚕丝"绣衣裳而成黼黻"。这也表示中国的发展。《系》的结论是："懿乎！智者、慈恩西域之师，焉得不宗仰乎？"

佛教就是这样从中国"倒流"回印度，成为佛教发展史，甚至世界宗教史上的一个特异的现象。

写到这里，我应该说的都说了，应该论证的都论证了，我的任务可以说是已经完成了，这篇论文可以算是一篇有头有尾的完整的论文了。但是，我还不想就此罢休，我还想对这个宗教史上稀见的现象进一步加以探讨。我想提出三个问题：第一，为什么只有佛教才有"倒流"现象？第二，为什么只有佛教大乘才有"倒流"现象？第三，为什么只有中国人才能把佛教"倒流"回印度？这三个问题互有联系，我归纳在一起加以回答。

佛教是世界三大宗教之一。我现在就拿其他二大宗教，即耶稣教（包含天主教）和伊斯兰教来同佛教对比。那一些较小的宗教，我在这里就不谈了。我决不想，也不敢来评估三大宗教，它们各有其特点和优点。我也决不涉及宗教教义，这是我能力以外的事情。我只讲与"倒流"有关的问题。

据我涉猎所及，耶稣教和伊斯兰教不存在"倒流"的问题，至少没有佛教这样明显，这样深广。原因何在呢？耶稣教和伊斯兰教从一开始就各有一部圣经宝典。耶稣教的是《旧约》和《新约》；伊斯兰教的是《古兰经》。这两个宗教的信徒们，大概认为天下真理均在其中矣。只要勤学熟读，深入领会，用不着再探讨其他真理了，至少在社会和人生方面，是这个样子。我记得，耶稣教有查经班；牧师和阿訇们讲道，也多半是从《圣经》或《古兰经》中选出一段话，结合当前的需要，加以发挥，总是劝人做好事，不干坏事。从这一点上来看，宗教还是有一些好处的。

佛教有些不同。和尚讲经，也总是劝善惩恶，这一点同其他两大宗教是相同的。不同之处在于，释迦牟尼本人并不承认自己是神。他活着的时候，以及死后相当长的时间内，僧徒也没有把他当作神来膜拜。他被神化为如来佛，与外来影响有关。到了大乘时期，这现象才逐渐明朗化。根据这些情况，我觉得，佛教似乎是一个唯理的宗教，讲求义理的宗教，不要求信徒盲目崇拜的宗教，不禁锢信徒们的思想的宗教。大乘唯理的倾向更加明显。它对宇宙万事万物，对人类社会，对人们的内心活动，都深入钻研，挖掘得之深，之广，达到了惊人的水平。它十分强调智慧，标举"缘起"的理论，认为一切都是无常的，一切都是变动的。因此恩格斯认为佛教有辩证的思维。它的理论当然会有矛盾，会有牵强附会之处，这是不可避免的。但是，总起来看，它的教义中颇多哲学因素。古代印度有一个传统，宗教与哲学紧密地结合在一起。大乘佛教继承而且发扬了这个传统。大乘还提倡逻辑学,所谓因明学者就是。在这里大乘唯理的色彩也表现得很突出。这样的情况就促使佛教产生了大量的经典。经、律、论,样样齐全。有的部派还有自己的经典。结果在两千多年的发展中,佛教的经典就多到了超过汗牛充栋的程度。而且佛教同另外两个世界大宗教不同,始终也没有确定哪一部经典是圣经宝典,唯我独尊。所有的经典都并肩存在、庞然杂陈。这些经典通常称为"大藏经"。有梵文、巴利文、汉文、藏文、满文、蒙文、傣文等等不同的文本,量有多大,谁也说不清。

有的学者说,佛教是无神论。有的人就义形于色地挺身起来反对:哪里会有无神的宗教呢?如果我们客观地深刻地观察一下,就可以发现,说佛教是无神论,在某种意义上是正确的。我们不妨粗略地把佛教分为两个层次:高和低。低层次的佛教烧香拜佛,修庙塑像,信徒们相信轮回报应,积德修福,只要念几声:"南无佛,南无法,南无观世音菩萨",或者单纯一声:"阿弥陀佛!"就算完成了任务,不必深通佛教义理,宗教需要也能得到满足。但是,这并不是佛教的全貌,只是低层次的佛教。高层次的佛教信徒,虽也难免晨钟暮鼓,烧香礼拜;但是他们的重点是钻研佛教义理,就像一个哲学家钻研哲学。钻研的结果,由于理解面不同,理解者的修养水平、气质、爱好也不同,久而久之,就形成了许多宗派。小乘时期,宗派已经不少。大小乘分裂以后,宗派日益繁多。流传衍变,以至今日。现在世界上已经不知道究竟有多少佛教宗派了。

总之,我认为,佛教有宏大的思想宝库,又允许信徒们在这一座宝库内探讨义理。有探讨义理的自由,才能谈到发展。有了发展,才会有"倒流"现象。这是再明白不过的。同小乘比较起来，大乘的思想宝库更丰富，更复杂，更富于矛盾。唯其更富于矛盾，给信徒们或非信徒们准备的探讨义理的基础，才更雄厚，对义理发展的可能也就更大。中国佛教的"倒流"现象限于大乘，其原因就在这里。

至于为什么只有中国高僧才能发展佛教义理，才能"倒流"回印度去，这要从中国人民的精神素质着眼才能解答。在四、五千年的文化史上，中国人民表现出极高的智慧和极大的创造能力。这是人人皆知的历史事实，无待赘述。中国人善于思考，又勤于思考。中国人的基本思维方式是综合的，有别于西方人的分析。他们探讨理论，往往从实际需要出发，不像西方人那样从抽象的理论出发。连极端抽象的数学，中国古代数学史也表现出来了这个特点。《宋高传·系》认为印度人"念性"，而中国人"解性"，实在是深中肯綮。这一点我在上面仔细分析过了，这里不再重复。梁启超对中国人智力方面特点的观察，我看也值得我们重视。他在《中国佛法兴衰沿革说略》那一篇文章中谈到中国人的"独悟"问题。他举的例子中有一个是晋代高僧道生。道生孤明先发，立善不受报和顿悟义，他认为一阐提人皆有佛性，因而受到旧学僧党的责难。后来《大般涅槃经》从印度传来中国，里面果然提到一阐提人皆有佛性，与道生之说若合符契。梁启超认为"大乘教理多由独悟"。他由此想到中国人富于研究心，中国人有"创作之能"[①]。他这些意见同《宋高传·系》里的意见，几乎完全相同，足征这是符合客观实际的。

这就是独有中国高僧能发展印度佛教义理，"倒流"回印

---

① 见《饮冰室佛学论集》，江苏广陵古籍出版社，1990年版，页11。

度去的原因。

我探讨佛教"倒流"问题，到此结束。

1991年12月21日写毕

补充：

文章写完，偶检佛典，又看到一点资料，与本文有关，亟录之，以作补充。

《景德传灯录》五，第三十三祖慧能大师，法嗣四十三人，其中有"西印度堀多三藏"介绍原文如下：

> 西域堀多三藏者，天竺人也。东游韶阳见六祖。于言下契悟。后游五台，至定襄县历村，见一僧结庵而坐。三藏问曰："汝独坐奚为？"曰："观静"。三藏曰："观者何人？静者何物？"其僧作礼问曰："此理何如？"三藏曰："汝何不自观自静。"彼僧茫然，莫知所对。……三藏曰："我西域最下招者，不堕此见。兀然空坐，于道何益？"……三藏后不知所终。(《大正新修大藏经》51，237a。)

如果这段记载可靠的话，那么，在顿悟大师慧能座下也已有了印度的传法弟子了。

中国的弥勒信仰[1]

我正在为我译释的吐火罗文A（焉耆文）《弥勒会见记》剧本写一篇相当长的导言。我考虑了一些有关弥勒信仰的问题，现在讲一点。

在中华民族中，汉族不能算是一个宗教性很强的民族。我们信的宗教最大最古的只有两个：一个是土生土长的道教，一个是从外面传进来的佛教。除了道士和和尚尼姑以外，老百姓信这两种宗教都信得马马虎虎。佛教庙里有时有道教的神，反之亦然。而且佛道两种庙里有时竟会出现一个孔子、一个关圣帝君文武二圣人。在过去，有钱的阔人家里办大出丧，既请和尚念经，也请道士，各唱各的调，各吹各的号，一团和气，处之泰然。整个中国历史上没有一次宗教战争。

然而在利用宗教达到政治目的或其他目的方面，汉族在几千年的历史上却表现出了非凡的本领，其他民族望尘莫及。专就弥勒而论，他本是佛教中的未来佛，在佛教教义中有突出的地位。然而一到中国，人们把他塑在每一所佛教庙里。一进山门，首先看到的那一位肚皮肥大、胖胖的、面含微笑的佛爷就是弥勒佛。除了让人们觉得好玩以外，谁还会想到他是什么未来佛呢？其他佛爷像前香烟缭绕，热热闹闹；他的像前则往往是烟销火灭，冷冷清清。

---

[1] 原标题为《关于中国弥勒信仰的几点感想》，引自《群言》，1989年第10期。

可是，换一个场合，当皇亲国戚或达官贵人，甚至平民老百姓，想进行政治斗争的时候，却忽然想起了这一位佛爷，觉得他这个未来佛的头衔颇可以加以利用了。

我先举一个最著名的例子。中国历史上唯一的一位女皇帝唐代的武则天，以一妇女而贬子窃位，不得不想尽种种方法为自己洗刷，为自己涂脂抹粉。公元 690 年（载初元年，天授元年），沙门怀义与法朗等十人进《大云经》，陈符命，说武则天是弥勒下生，当代唐作阎浮提主。则天大喜，制颁天下，到处建立大云寺。武则天本人未必相信什么未来佛。有人说她是弥勒降生，从佛教教义上来看也是荒唐可笑的。然而对武则天来说，这却是天大的一根稻草，非牢牢抓住不可。到了 695 年（证圣元年，天册万岁元年），她又给自己加上了"慈氏越古金轮圣神皇帝"，"慈氏"就是弥勒的意译。可见她真正俨然以弥勒佛自居了。

弥勒，皇帝能利用，民间也能利用。这样的记载从很早的时候就有。《隋书》卷三《炀帝纪》上："（大业）六年（610）春正月癸亥朔旦，有盗数十人，皆素冠练衣，焚香持花，自称'弥勒佛'，入自建国门，监门者皆稽首。既而夺卫士仗，将为乱。齐王陈遇而斩之。于是都下大索，与相连坐者千余家。"同书载："（大业）九年（613）十二月丁亥，扶风人向海明举兵作乱，称皇帝，建元白乌。遭太仆卿杨义臣击破之。"这个向海明也自称是"弥勒出世"。仅在隋炀帝大业年间，这样自称弥勒佛作乱的事情就出现过两次。到了唐代，甚至唐代以后，这样的事情屡次发生。革命的农民也有假"弥勒降生"的名义聚众兴兵者。这里不再一一列举了。

中国人民利用宗教信仰达到政治目的，对象决不止弥勒一个。利用佛教其他神灵者有之，利用道教者有之，利用摩尼教者有之。本文专谈弥勒，其他就不谈了。我认为，连太平天国也是利用耶稣教的，洪秀全并不是一个虔诚的耶稣教徒。

总之，汉人对宗教并不虔信，但是利用宗教却极广泛而精明。这在汉族的民族性中是优是劣，由读者自己去评断吧。

1989 年 7 月 28 日

《六祖坛经》[①]

1988年11月，我应香港中文大学之邀赴港讲学，在中文大学讲的题目之一是《从大乘佛教起源谈到宗教发展规律》。我从这样一个观点出发：在人类中有一部分人是有宗教需要的，宗教就是为了满足这一部分人的需要才被创造出来的。但是，人类要想生存下去，必须满足自己的生活需要，即从事物质生产活动；为了繁衍后代，不至断子绝孙，又必须从事人的生产活动，这两种生产活动，同满足宗教需要是有矛盾的，宗教的逐步发展就是为了解决二者间的矛盾的。

我在那一次的讲演中讲了六个问题：

1. 佛教的创立。小乘佛教
2. 小乘佛教的基本教义
3. 小乘向大乘过渡
4. 居士佛教
5. 顿悟与渐悟
6. 宗教发展规律

我进行论证的线索大体上是这样的：公元前6、5世纪是印度古代思想上、政治上大震荡时期，有点像中国的春秋战国时期。人民已经有的宗教，婆罗门教，不能满足东部人民的，特别是新兴商人阶级以及个体劳动者的需要，于是产生了

[①] 原标题为《中国佛教史上的〈六祖坛经〉》，引自《季羡林全集（第15卷）》，外语教学与研究出版社，2010年版。

新宗教：佛教与耆那教。它们反对婆罗门，反对种姓制度，都得到商人阶级的大力支持。佛教最初的教义比较简单，无非是四圣谛，八正道，十二因缘。用另外一种说法是三法印或三共相（sāmānya-lakṣaṇa）：苦，无常，无我。佛教讲因缘，讲因果，符合商人资本产生利润的心理。修习方式是个人努力，求得解脱，又投合个体劳动者的心理状态，容易接受。大商人也支持，譬如给孤独者，他们自己并不想成佛，社会不断进化，人创造的宗教也必须跟着变化。公元前三世纪，孔雀王朝大帝国建立后，宗教需要与生产力发展之间的矛盾日益暴露。小乘的格局太狭隘，不能满足社会需要。于是大乘思想逐渐萌芽。大乘思想是在小乘思想上慢慢成长、发展起来的。二者不是对立的，大小界限有时难以严格划分。我把大乘分为原始大乘（primitive mahāyāna）与古典大乘（classical mahāyāna）两个阶段。在第一阶段上，后来的典型的大乘学说还没有完全兴起，使用的语言是佛教混合梵文（Buddhist hybrid Sanskrit）。在第二阶段上，大乘典型学说空（śūnyatā）发展起来了，使用的语言是梵文，出了一些有名有姓的大师。两个阶段共同的特点是佛的数目不断增多，菩萨观点代替了涅槃观点，拜佛像、佛塔等等。最重要的改变是在修习方式方面。小乘是"自了汉"，想解脱必须出家。出家人既不能生产物质产品，也不能生产人。长此以往，社会将无法继续存在，人类也将灭亡。大乘逐渐改变这个弊端。想解脱——涅槃或者成佛，不必用上那样大的力量。你只需膜拜，或口诵佛号等等，就能达到目的。小乘功德（puṇya）要靠自己去积累，甚至累世积累；大乘功德可以转让（transfer of merit）。这样一来，一方面能满足宗教需要，一方面又与物质生产不矛盾。此时居士也改变了过去的情况。

他们自己除了出钱支持僧伽外，自己也想成佛，也来说法，维摩诘是一个最典型的例子，他与小乘时期的给孤独长者形成鲜明的对照。这就是所谓"居士佛教"（Layman Buddhism），是大乘的一大特点。这样不但物质生产的问题解决了，连人的生产的问题也解决了，居士可以在家结婚。

我的论证线索简略地说就是这样。

我从这样的论证中得出了一个宗教发展的规律：用尽可能越来越小的努力或者劳动达到尽可能越来越大的宗教需要的满足。这个规律不但适用于佛教，也适用于其他宗教。

我在上面故意没有谈佛教的顿悟与渐悟，因为我今天要讲的主要内容是《六祖坛经》，而顿悟与渐悟是《六祖坛经》的关键问题，我想把这两个问题结合起来谈。我谈这两个问题的准绳仍然是我在上面提出来的宗教发展规律。

顿悟与渐悟的问题，印度佛教小乘不可能有。大乘有了一点萌芽；但并没有系统化，也没有提顿悟与渐悟的对立。因此，我们可以说，印度没有这样的问题。这个问题是佛教传入中国以后才提出而且发展了的。

顿悟与渐悟的问题同中国的禅宗有密切的联系。中国禅宗的历史实际上非常简单，一点也不复杂。但是中国佛教徒接受了印度和尚那一套烦琐复杂的思维方式和论证方法，把禅宗起源问题搞得头绪纷繁。中国禅宗自谓教外别传。当年灵鹫山会上，如来拈花，迦叶微笑，即是传法。迦叶遂为禅宗初祖。至第二十七祖般若多罗付法予菩提达摩。达摩来华，是为中国禅宗初祖。（见汤用彤：《隋唐佛教史稿》，中华书局，1982年，页186）这些故事捏造居多，没有多少历史价值。

根据任继愈《汉唐佛教思想论集》（人民出版社，1981年，页40—41），佛教的目的在成佛，在南北朝时期，对于成佛有各种不同的说法。"有人以为成佛要累世修行，积累功德，这是小乘佛教一般的主张，像安世高以来的小乘禅法就是这样主张的；有人主张可以逐渐修行，到了一定阶段，即可得到飞跃，然后再继续修行，即可成佛，像支道林、道安等就是这样主张的；又有一派主张只要顿悟，真正充分体会佛说的道理，即可以成佛，像竺道生等就是这样主张的。"竺道生是否就是顿悟说的创始人呢？看样子还不是。在他之前，此说已有所萌芽。这个问题颇为复杂，我在这里不去讨论，请参阅汤用彤：《汉魏两晋南北朝佛教史》，第十六章：竺道生。

从此以后，顿悟说又继续发展下去。道生生存和活动跨四、五两个世纪。约在三百年以后，到了禅宗六祖慧能（638—713年），中国的禅宗和顿悟学说达到了一个转折点。有人主张，慧能以前，只有禅学，并无禅宗，禅宗和顿门都是由慧能创始的。（见郭朋：《坛经校释》，中华书局，1986年，序言，页1）无论如何，大扇顿风，张皇禅理，在中国佛教史上，慧能是关键人物。他的弟子法海集记《六祖坛经》，开头就说"南宗顿教最上大乘摩诃般若波罗蜜经六祖惠能大师韶州大梵寺施法坛经"。全书宣扬的无非是"顿悟见性，一念悟时，众生是佛，从自心中顿见真如本性"（汤用彤语，见《隋唐佛教史略》，页189）。

怎样来解释顿悟与渐悟的利弊优劣呢？我仍然想从我自己提出的宗教修行与生产力发展之间的矛盾这个观点来解释。从这个观点上来看，顿悟较之渐悟大大有利，要渐悟，就得有时间，还要耗费精力，这当然会同物质生产发生矛盾，影响生产力的发展。顿悟用的时间少，甚至可以不用时间和精力。只要一旦顿悟，洞见真如本性，即可立地成佛。人人皆有佛性，连十恶不赦的恶人一阐提也都有佛性（请参阅 Ming-Wood Liu，The Problem of Icchantika in the Mahāyāna Mahāparinirvāṇa Sūtra，*The Journal of the International Association of Buddhist Studies*，vol.7，No.1，1984）。甚至其他生物都有佛性。这样一来，满足宗教信仰的需要与发展生产力之间的矛盾就一扫而光了。

我强调发展生产力与宗教信仰之间的矛盾，不是没有根据的。中国历史上几次大规模的排佛活动，都与经济也就是生产力有关。专就唐代而论，韩愈的几篇著名的排佛文章，如《原道》《论佛骨表》等，讲的都是这个道理。文章是大家都熟悉的，不再征引。我在这里引几篇其他人的文章。唐德宗时杨炎奏称："凡富人多丁，率为官为僧。"孙樵《复佛寺奏》："若群髡者，所饱必稻粱，所衣必锦縠，居则邃宇，出则肥马，是则中户不十，不足以活一髡。武皇帝元年，籍天下群髡者凡十七万，夫以十家给一髡，是编民百七十万困于群髡矣。"辛替否《谏兴佛寺奏》："十分天下之财而佛有七八。"连不能说是排佛的柳宗元在《送如海弟子浩初序》中也说："退之所罪者其迹也。曰：髡而缁，无夫妇父子，不为耕农蚕桑而活乎人。若是，虽吾亦不乐也。"类似的论调还多得很，不一一征引。这里说得再清楚不过了，排佛主要原因是出于经济，而非宗教。僧人不耕不织，影响了生产力的发展，因而不排不行。这就是问题关键之所在。

在所有的佛教宗派中，了解这个道理的似乎只有禅宗一家，禅宗是提倡劳动的。他们想改变靠寺院庄园收入维持生活的办法。最著名的例子是唐代禅宗名僧怀海（749—814 年）制定的"百丈清规"，其中规定，禅宗僧徒靠劳作度日，"一日不作,一日不食"。在中国各佛教宗派中,禅宗寿命最长。过去的论者多从学理方面加以解释。不能说毫无道理,但是据我的看法,最重要的原因还要到宗教需要与生产力发展之间的关系中去找,禅宗的做法顺应了宗教发展的规律,所以寿命独长。我认为,这个解释是实事求是的,符合实际情况的。

在世界上所有的国家中,解决宗教需要与生产力发展之间的矛盾最成功的国家是日本。他们把佛的一些清规戒律加以改造,以适应社会生产力的发展,结果既满足了宗教需要,又促进了生产力的发展,成为世界上的科技大国。日本著名学者中村元博士说:"在日本,佛教的世俗性或社会性是十分显著的。"(见《日本佛教的特点》《中日第二次佛教学术会议论文》,1987年10月)日本佛教之所以能够存在而且发展,原因正在于这种世俗性或社会性。

我的题目是讲"六祖坛经",表面上看上去我基本上没大讲《六祖坛经》,其实我在整篇文章中所阐述的无一不与《坛经》有关。根据我的阐述,《六祖坛经》在中国佛教史上的地位和重要性不言自明了。

最后我还想提出一个与顿渐有关的问题,供大家思考讨论。陈寅恪先生在《武曌与佛教》这篇论文中(见《金明馆丛稿》二编),引谢灵运《辨宗论》的一个看法:华人主顿,夷人主渐。谢灵运的解释是:"华民易于见理,难于受教,故闭其累学,而开其一极。夷人易于受教,难于见理,故闭其顿了,而开其渐悟。"我觉得,这是一个很有趣的问题,它牵涉到民族心理学与宗教心理学,值得探讨,谨提出来供大家思考。

1989 年 8 月 3 日

中国商人与佛教

在印度古代，商人与宗教，特别是佛教，关系异常密切。这一点我在上面已经用了相当长的篇幅详细论证过了。恩格斯关于商人产生的论述和印度商人产生的特点，我都已谈过，这里不再重复，我只谈中国的情况。

首先，中国没有像印度雅利安人那样的"外来户"，也没有像印度河流域从事商业活动的那样的原始居民。其次，在先秦，中国根本没有自成体系的宗教。以上几点都与印度大不相同。谈到宗教，道教是第一个"中国制造"的宗教。虽然假托老子，实则是东汉末年张鲁、张道陵之流所创。比起印度宗教的起源来，时间晚多了。因此，在先秦，中国虽然早已有了商人，但在当时中国只有百家争鸣，而没有宗教。商人不可能同什么宗教发生关系。这是客观环境所决定的。

汉代佛教传入中国以后，中国开始有了自成体系的宗教。但是，这个宗教是外来的，不是土生土长的。在世界许多国家的历史上，一个外来的宗教进入一个国家，首先必须想方设法立定脚跟。从外面来的最初的传教者往往利用一些科技知识，甚至一些方术，以耸动此国的朝野，然后才慢慢地把教义拿出来。倘若操之过急，轻则被视为异端邪说，重则遭到驱逐，甚至杀身之祸。明末天主教入中国是这样，汉代佛教入中国也是这样。初期来华传教的和尚，像安世高、康僧会等人，都是多才多艺的。慧皎《梁高僧传》卷一《安清传》说："（安清，即安世高)外国典籍及七曜、五行、医方、异术,乃至鸟兽之声,无不综达。"①同书,《康僧会传》说:"(康僧会)明解三藏,博览六经,天文图纬,多所综涉。"②这样的例子还多得很。这样一批和尚来华以后,靠自己的技艺争取同情与援助。他们争取的对象最初不是,也不可能是人民大众,而是王公大人。同书卷一《摄摩腾传》说:"(摄摩腾)至乎雒邑,明帝甚加赏接。"③同书,《安玄传》说:"以功号曰骑都尉。"④同书,《康僧会传》说:"孙权闻其才慧,召见悦之,拜为博士。"⑤这是后汉、三国时期的典型事例。到了晋代,同书,卷五《道安传》记载道安的话说:"不依国主,则法事难立。"⑥这是他的经验总结。虽然讲的情况与佛教初来华时不同,但精神是一致的。《梁高僧传》以外的书籍也证明了同样的情况。我现在从汤用彤《汉魏两晋南北朝佛教史》中引几个例子。第一部分,第四章,《汉代佛法之流布》引鱼豢《魏略·西戎传》:"昔汉哀帝元寿元年,博士弟子景卢受大月氏王使伊存口授浮屠经。"(中华版,上册,第49页)同书,第53页,又引东汉明帝诏楚王英:"楚王尚黄老之微言,尚浮屠之仁祠。"同书,第55页,论桓帝并祭二氏(指黄老与浮屠)。这些例子都说明,佛教初入中国,不是在人民群众中扎根,而是得到皇帝和王公的垂青。这同佛教在印度最初受到商人的支持是完全不同的。在中国,佛教与商人风马牛不相及。因此,要谈中国古代商人与佛教的关系,

---

① 《大正新修大藏经》(以下缩写为㊛)50,323a。
② ㊛0,325a。
③ ㊛50,322c。
④ ㊛50,324b。
⑤ ㊛50,325a。
⑥ ㊛50,352a。

实在无从谈起，因为二者根本没有关联。

此外，中国古代自黄帝以后，许多少数民族被汉族赶到深山老林中去。他们备受历代封建统治者的压迫与剥削；一直到中华人民共和国成立，才真正获得解放。有的从原始公社后期一跃而进入社会主义社会，成为人类历史上的奇迹。他们在历史上同印度的林中部落不同。他们虽然也间或不同程度地受到山下林外先进生产技术或社会制度的影响；但是，不管是商人还是宗教信徒，都没有能够彻底影响他们，使他们彻底改变生产方式或社会制度。在中国，同在印度不同，商人和佛教和尚都没有，也可以说是没有机会成为历史的不自觉的工具。至于后来传入中国的天主教和基督教，虽然进入了深山密林，挟方术以兜售天国入门券；但是他们居心不良，明目张胆地为殖民主义效劳，即使改变了一点林中人的生活方式，离开马克思所说的历史的不自觉的工具，也相距不可以道里计。

《列子》与佛典

——对于《列子》成书时代和著者的一个推测[①]

《列子》是一部伪书，自来学者少有异议。自唐柳宗元，宋高似孙、黄震、朱熹、叶大庆，明宋濂，清姚际恒、钱大昕、钮树玉、姚鼐、何治运、俞正燮、吴德旋、汪继培，下至章炳麟、陈三立、梁启超、顾实、马叙伦、陈文波、冯友兰、王德箴，[②]有的认为《列子》本有其书，只是经过了后人的增窜；有的认为全书都是伪造的。怀疑的程度虽然不同，但大家都认为《列子》是一部伪书。只有很少数的人读到《列子》而没有怀疑，像梁刘勰、宋洪迈、元刘埙、明王世贞、清褚人

---

① 本篇原文附英文版，此处删略。
② 柳宗元，见《柳河东集》卷四，《辩列子》。高似孙，见《子略》，顾颉刚校，第58页。黄震，见《慈谿黄氏日抄》卷五十五，《读诸子》：《列子》。朱熹，见《朱子全书》卷五十八。叶大庆，见《考古质疑》卷三（见《海山仙馆丛书》）。宋濂，见《诸子辨》，顾颉刚标点，第三版，第15—16页。姚际恒，见《古今伪书考》，顾颉刚校点，第54—56页。钱大昕，见《十驾斋养新录》卷十八，《释氏轮回之说》。钮树玉，见《匪石先生文集》卷下，《列子跋》。姚鼐，见《惜抱轩文后集》卷二，《跋列子》（见《四部备要》）。何治运，见《何氏学》卷四，《书列子后》。俞正燮，见《癸巳存稿》卷十，《火浣布说》。吴德旋，见《初月楼文续钞》，《辩列子》。汪继培，见《列子张注》八卷，附《释文》二卷，汪继培序（见《湖海楼丛书》）。章炳麟，见《蓟汉昌言》卷四。陈三立，见《东方杂志》第14卷第九号，《读列子》。梁启超、顾实，见霍世休《唐代传奇文与印度故事》，《文学》"中国文学研究专号"第1053页注〔8〕。马叙伦，见《国故》第1—3期，《列子伪书考》（又见《天马山房丛书》）。陈文波，见《清华学报》第一卷第一期，《伪造列子者之一证》（又见《古史辨》第四册）。冯友兰，见《中国哲学史》下册，第619页。王德箴，见《先秦学术思想史》第51页。

获①等。另外还有两家，虽然也承认《列子》不是出于列御寇之手，但大体上却是替《列子》辩护的：一是《四库全书总目提要》二十八子部道家类；一是日本学者武内义雄②。可惜这些替《列子》辩护的学者们的意见都太空虚，不能让人心服。

替《列子》辩护既然难成立，我们回头再看怀疑《列子》的学者的意见。统观这些学者，我觉得他们每个人都举出了很坚实可靠的证据，但他们却只证明了一点，就是：《列子》是一部伪书。至于这部书究竟伪到什么程度，换句话说，就是：这部书究竟是在哪一年著成的？著者究竟是谁？虽然他们有的也多少说到过，但我总觉得理由都太空洞，或者只是想象之辞。钱大昕说："恐即晋人依托。"③姚鼐以为《列子》里面有汉魏以后人的附益，也许张湛就有所矫入。何治运举出了许多证据，说《列子》出于《尔雅》《易纬》，在佛法入中国和两汉"圣学昌明"之后，没有确定说什么时候④。俞正燮说：

> 《列子》晋人王浮葛洪以后书也，以《仲尼篇》言圣者，《汤问篇》言火浣布知之。

这理由似乎不大充足。《仲尼篇》言圣者，最多只能证明《列子》出于佛法入中国之后；《汤问篇》言火浣布也只能证明《列子》出于火浣布输入以后，都不能证明《列子》是王浮、葛洪

---

① 刘勰，见《文心雕龙》卷四，《诸子》。洪迈，见《容斋续笔》卷十二，《列子书事》。刘埙，见《隐居通议》卷十九，《列子精语》。王世贞，见《读列子》。褚人获，见《坚瓠续集》卷四。
② 江侠庵编译《先秦经籍考》中，《列子冤词》。
③ 钱大昕《十驾斋养新录》说，释氏轮回之说出于《列子》，非常可笑。
④ 马叙伦《列子伪书考》说："何治运以为出郭璞后人所为。"不知何据。

佛教在中国　215

季羡林藏张湛所注《列子》，此本为清代浙江书局翻刻明代世德堂本。

以后的书。大概王浮、葛洪都是制造伪书的专家，所以俞正燮就想到他们身上去了。章炳麟先说《列子》作于佛法初兴之世，后来又说：

> 《列子》书汉人无引者。王何嵇阮下及乐广，清谈玄义，散在篇籍，亦无有引《列子》者。观张湛序，殆其所自造。湛谓与佛经相参，实则有取于佛经尔。

他说《列子》可能是张湛伪造的，实在是一个大胆的假设，发前人所未发；但可惜并没能举出具体的证据，只是一个揣测而已①。陈三立以为季汉魏晋之士，看了佛典以后，就杨朱之徒所依托的，增窜而成《列子》。马叙伦举了二十个事例证明《列子》是伪书，连刘向的《叙录》也是伪造的。他的结论是：

> 魏晋以来，好事之徒，聚敛《管子》《晏子》《论语》《山海经》《墨子》《庄子》《尸佼》《韩非》《吕氏春秋》《韩诗外传》《淮南》《说苑》《新序》《新论》之言，附益晚说，成此八篇，假为向叙以见重。

他最后说：

> 夫辅嗣为《易》注多取诸老庄，而此书亦出王氏，岂弼之徒所为与？

---

① 梁任公、顾实、霍世休也有同样的揣测。见霍世休《唐代传奇文与印度故事》二。霍氏说，他曾著《〈列子·汤问篇〉质疑》一文，不知写成了没有。

陈文波在他的论文《伪造列子者之一证》里举出了几个前人没有注意到的证据，他先说《列子》"颇似魏晋时之出产品"，又说"晋人或有见于《庄子》之寓言，于是杂凑群书，以成《列子》"。以上这些说法都太笼统。

我们上面谈到，学者们对于《列子》成书年代的意见既然都未免有点空泛，那么我们是不是还有办法把这部书著成的年代更精密的确定一下呢？我觉得我们还有办法，而且办法也许还不止一个。我现在只根据中译的佛典来试一试。

张湛在《列子序》里说：

> 然其所明，往往与佛经相参。

章炳麟已经怀疑到，并不是《列子》与佛经相参，而是《列子》抄佛经。我也有同样的感觉，我觉得张湛在这序里不打自招地说出了《列子》一部分取材的来源。关于《列子》与佛典的关系，以前有许多学者谈到过。高似孙说：

> 至于"西方之人，有圣者焉，不言而自信，不化而自行"。此固（故）有及于佛，而世犹疑之。①

朱熹说：

> 又观其言"精神入其门，骨骸反其根，我尚何存"者，即佛书四大各离，今者妄身尚在何处之所由出也。

---

① 黄震、沈濂（《怀小编》卷三，"西方之人"）、王世贞、顾颉刚都怀疑"西方之人"不是指的佛。

他若此类甚众，聊记其一二于此，可见剽掠之端云。

叶石林说：

> 《列子》，《天瑞》《黄帝》两篇皆其至理之极尽言之而不隐，故与佛书直相表里。①

王应麟说：

> 《列子》言西方之圣人，西极之化人，佛已闻于中国矣②。

明宋濂举出许多《列子》与佛典相合的例子。清何治运以为《周穆王篇》的西极化人和《仲尼篇》的西方圣人就是指的佛。龚自珍③和杨文会④也有同样的意见。章炳麟和陈三立都指出《列子》与佛典的关系。马叙伦说的尤其详尽。他先指出西方之人就是佛，最后又说：

> 又如《天瑞篇》言天地空中之一细物，有中之最巨者。《周穆王篇》言西极之国，有化人来，入水火，贯金石，反山川，移城邑，乘虚不坠，触实不硋，千变万化，不可穷极，既已变物之形，又且易人之虑。

---

① 马端临《文献通考》卷二百十一，《经籍考》三十八，子，道家引叶氏语。
② 《困学纪闻》卷十。
③ 《定庵文集补编》卷二，撮录《列子》。
④ 《冲虚经发隐》。

《汤问篇》言其山高下周旋三万里，其顶平处九千里，山之中间相去七万里，以为邻居焉。其上台观皆金玉，其上禽兽皆纯缟，珠玕之树皆丛生，华实皆有滋味，食之皆不老不死，所居之人皆仙圣之种。一日之夕，飞相往来者不可数焉。此并取资于浮屠之书，尤其较著者也。

这些意见有的都很中肯；但类似上面举出的这些记载散见佛典，我们虽然可以说，《列子》剽掠了佛典，我们却不能确切地指出剽掠的究竟是哪一部，因而也就不能根据上面这些证据推测出《列子》成书的年代。反过来说，倘若我们能够在《列子》里找出与佛典相当的一段，而且能够指出抄袭的来源，我们也就能够推测《列子》成书的时代。这种例子，在《列子》里并不是没有，下面我就举出一个来。

《列子·汤问篇》五有这样一段：

周穆王西巡狩。越昆仑，不至弇山，反还。未及中国，道有献工人名偃师，穆王荐之，问曰："若有何能？"偃师曰："臣唯命所试。然臣已有所造，愿王先观之！"穆王曰："日以俱来，吾与若俱观之！"翌日，偃师谒见王。王荐之曰："若与俱来者何人邪？"对曰："臣之所造能倡者。"穆王惊视之，趋步俯仰，信人也，巧夫！领其颐，则歌合律；捧其手，则舞应节；千变万化，惟意所适。王以为实人也，与盛姬内御并观之。技将终，倡者瞬其目而招王之左右侍妾。王大怒，立欲诛偃师。偃师大慑，立剖散倡者以示王：皆傅会革木胶漆白黑丹青之所为。王谛料之：内则肝胆心肺脾肾肠胃，外则筋骨支节皮毛齿发，皆假物也，而无不毕具者，合会复如初见。王试废其心，则口不能言；废其肝，则目不能视；废其肾，则足不能步。穆王始悦而叹曰："人之巧乃可与造化者同功乎？"诏贰车载之以归。夫班输之云梯，墨翟之飞鸢，自谓能之极也。弟子东门贾禽滑厘闻偃师之巧，以告二子。二子终身不敢语艺，而时执规矩。

在西晋竺法护译的《生经》（Jātaka-nidāna）卷三《佛说国王五人经》二十四里有一个相同的故事：

时第二工巧者转行至他国。应时国王喜诸技术。即以材木作机关木人，形貌端正，生人无异，衣服颜色，黠慧无比，能工歌舞，举动如人。辞言："我子生若干年，国中恭敬，多所馈遗。"国王闻之，命使作技。王及夫人，升阁而观。作伎歌舞，若干方便。跪拜进止，胜于生人。王及夫人，欢喜无量。便角瞚（宋元明本作眨）眼，色视夫人。王遥见之，心怀忿怒。促敕侍者，斩其头来："何以瞚眼，视吾夫人？"谓有恶意，色视不疑。其父啼泣，泪出五（宋元明本作数）行。长跪请命："吾有一子，甚重爱之。坐起进退，以解忧思。愚意不及，有是失耳。假使杀者，我共当死。唯以加哀，原其罪衅。"时王恚甚，不肯听之。复白王言："若不活者，愿自手杀，勿使余人。"王便可之，则拔一肩楔，机关解落，碎散在地。王乃惊愕："吾身云何嗔于材木？此人工巧，天下无双，作此机关，三百六十节，胜于生人。"即以赏赐亿万两金。即持金出，与诸兄弟，令饮食之，以偈颂曰：

观此工巧者 多所而成就
机关为木人 过逾于生者
歌舞现伎乐 令尊者欢喜
得赏若干宝 谁为最第一①

我们比较这两个故事，内容几乎完全相同，甚至在极细微的地方都可以看出两者间密切的关系，譬如《列子》里说："倡者瞬其目而招王之左右侍妾"，《生经》里就说："便角瞚眼，色视夫人。"但这两个故事间的关系究竟应该怎样去解释呢？看了这两个故事这样相似，我想无论谁也不会相信这两个故事是各不相谋的独立产生的，一定是其中的一个抄袭的另外一个。现在我们就看，究竟哪一个是抄袭者。

首先我们要追究，这个故事的老家究竟是在什么地方，是印度呢？还是中国？在中文译本里，整个故事叫做《佛说国王五人经》，这个机关木人的故事只是其中一部分。《佛说国王五人经》讲的是五个王子的故事：第一个智慧（Prajñāvanta），第二个工巧（Śilpavanta），第三个端正（Rūpavanta），第四个精进（Vīryavanta），第五个福德（Puṇyavanta）。每个王子各有

---

① 《大正新修大藏经》（以下缩写为⑰）3，88a。E.Chavannes 法译文见 Cinq Cents Contes et Apologues, TomeIII.pp.166-175. 季羡林德译文见 Zeitschrift der Deutschen Morgenländischen Gesellschaft H.2, 1943。

所长，正如他的名字所表示的。每个王子都找到机会显他的本领，结果还是福德王子占了第一。这五个王子显本领就用五个故事来叙述，我们上面抄的机关木人的故事是属于第二个工巧王子的。这五个小故事合起来成了一个大故事，就是《佛说国王五人经》。这个大故事在印度很流行。除了《佛说国王五人经》以外，保存在中文《大藏经》里的还有《佛说福力太子因缘经》（Buddhabhāṣitapuṇyabalāvadāna，《大正新修大藏经》第173号，南条文雄《目录》第953号）。在用混合方言写成的Mahāvastu里也有这个故事（ed.Senart第三本第33—41页）。不但在印度，在中亚也可以找到这故事，譬如在吐火罗文A方言（焉耆文）的残卷里就可以找到（Sieg und Siegling, Tocharische Sprachreste, I.Band, Berlin und Leipzig 1921, pp.1-14）。有一点我在这里先要声明：整个大故事的内容和结构虽然差不多都一样，但每个王子的故事有时候却多少有点差别。属于第二个工巧王子的机关木人的故事，我一直到现在除了在《生经·佛说国王五人经》里找到以外，在别的地方还没有发现类似的故事。但这个小故事既然嵌在那个大故事里面，所以我相信，它的老家也一定就是印度[①]。

我们上面已经说到，《列子》与《生经》里机关木人的故事绝不会是各不相谋的独立产生的，一定是其中的一个抄袭的另外一个。现在我们既然确定了印度是这个故事的老家，那么，《列子》抄袭佛典恐怕也就没有什么疑问了。

我们现在再看，在中文《大藏经》里除了竺法护的译文以外，是不是还可以找到别的与《生经》机关木人的故事相

[①] 关于机关木人的传说请参阅C.H.Tawney和N.M.Penzer, *The Ocean of Story* Vol.III, p.56.ff..

类的故事。倘若有的话，《列子》也许并不是抄袭竺法护。但据我浅见所及，在竺法护以前并没有任何相同或相似的译文。所以我们现在还可以再进一步说，《列子》里这个故事不但是从佛典里抄来的，而且来源就正是竺法护译的《生经》。

这一点弄清楚，我们再来看竺法护的译本。在所有古代的经录里面，竺法护译的《生经》都有著录。

梁僧祐《出三藏记集》卷二：

《生经》五卷或四卷①

隋法经《众经目录》卷三：

《生经》五卷②

隋彦悰《众经目录》卷一：

《生经》五卷或四卷③

唐静泰《众经目录》卷一：

《生经》五卷或四卷一百七纸④

---

① ⓚ55，7b。
② ⓚ55，128a。
③ ⓚ55，154a。
④ ⓚ55，186c。

唐道宣《大唐内典录》卷二：

> 《生经》五卷太康六年正月十九日译，或四卷见《聂道真录》①

从上面的著录来看，译者毫无问题。至于译出的时间据道宣《大唐内典录》是太康六年，相当公元285年。我们也没有理由怀疑这个记载。

写到这里，我觉得我们对《列子》成书的时代可以作一个比较确切的推测了：《列子》既然抄袭了太康六年译出的《生经》，这部书的纂成一定不会早于太康六年（285年）。陈文波曾指出《列子》抄《灵枢经》。《灵枢经》据说是抄自皇甫谧所集的《内经·仓公篇》。陈文波就认为《灵枢经》之出世当在皇甫谧时。据《晋书》五十一《皇甫谧传》，皇甫谧死在太康三年（282年）。所以，就我们现在所发现的材料来说，《列子》抄的最晚的一部书就是《生经》。

关于《列子》注者张湛的身世，我们知道的极少。唐殷敬顺《列子释文》也只说：

> 张湛，字处度，东晋光禄勋，注此《真经》。

《晋书》又没有传，生卒年月不详。我们唯一可根据的就是他的《列子序》。我现在抄一段：

---

① 大55，233a。

湛闻之先父曰：吾先君与刘正舆、傅颖根皆王氏之甥也。并少游外家。舅始周，始周从兄正宗辅嗣皆好集文籍。先并得仲宣家书，几将万卷。傅氏亦世为学门。三君总角，竞录奇书。及长，遭永嘉之乱，与颖根同避难南行。车重各称力，并有所载。而寇虏弥盛，前途尚远。张谓傅曰："今将不能尽全所载，且共料简世所希有者，各各保录，令无遗弃。"颖根于是唯赍其祖玄父咸子集。先君所录书中有《列子》八篇。及至江南，仅有存者，《列子》唯余《杨朱》《说符》目录三卷。比乱正舆为扬州刺史，先来过江。复在其家得四卷。寻从辅嗣女婿赵季子家得六卷，参校有无，始得全备。

这序里面提到的人名，在正史里面大半都可以找得到。傅颖根就是傅敷，《晋书》卷四十七《傅玄传》附有他的传，说他：

永嘉之乱，避地会稽。

与张湛序相合。又据《三国志·魏志》卷二十一《王粲传》：

献帝西迁，粲徙长安。左中郎将蔡邕见而奇之。时邕才学显著，贵重朝廷，车骑填巷，宾客盈坐，闻粲在门，倒屣迎之。粲至，年既幼弱，容状短小，一坐尽惊。邕曰："此王公孙也。有异才，吾不如也。吾家书籍文章，尽当与之。"

《三国志·魏志》卷二十八《钟会传》附《王弼传》裴注：

《博物记》曰：初王粲与族兄凯俱避地荆州。刘表欲以女妻粲，而嫌其形陋而用率。以凯有风貌，乃以妻凯。凯生业，业即刘表外孙也。蔡邕有书近万卷，末年载数车与粲。粲亡后，相国掾魏讽谋反，粲子与焉。既被诛，邕所与书悉入业。业字长绪，位至谒者仆射。子宏，宏字正宗，司隶校尉；宏，弼之兄也。

《魏氏春秋》曰：文帝既诛粲二子，以业嗣粲。

也与张湛序相合。以上两件事都证明他的序与史实相符。但我们却不能因为他说到的几件事都可靠，就认为序里所有的话全可信。关于抄录《列子》一段，我觉得就绝不可信。张湛的序要我们相信，《列子》这部书是他祖父在永嘉之乱逃难时抄录下来的，原本当然更早。永嘉之乱大概是指的永嘉五年（311年）晋怀帝的被虏。我们上面已经说到，《列子》的成书不会早于太康六年（285年）。永嘉五年上距太康六年只有二十六年。我们绝对不能相信，在《生经》译出后短短二十几年内，在当时书籍传播困难的情况下，竟然有人从里面抄出了一段凑成一部《列子》。而且据张湛的暗示，这书在王家不知已经藏了多少年，这更是绝不可能的。我以为，这都是张湛在捣鬼。但他为什么这样做呢？最合理的推测就是，《列子》本文完全是张湛伪造的。为了灭迹起见，他写了这篇序，以史实为根据，加入一段童话般的故事，目的在惑乱读者。

归纳起上面所说的来看，我们可以立一个假设：《列子》这部书是彻头彻尾一部伪书①，刘向的《叙录》②、《列子》本文、《列子序》和《列子》注都出于张湛一人之手，都是他一个人包办的。我希望将来能够找到更多的材料证成这一个假设③。

1948年12月4日初稿

1949年2月5日改作毕

附记：

　　此文初稿曾送汤用彤先生审阅，汤先生供给了我很多宝贵的意见，同时又因为发现了点新材料，所以就从头改作了一遍。在搜寻参考书方面，有几个地方极得王利器先生之助，谨记于此，以志心感。

2月5日羡林记于北京大学图书馆

---

　　① 这并不是一个新意见，参阅梁任公、顾实、霍世休也有同样的揣测。见霍世休《唐代传奇文与印度故事》二。霍氏说，他曾著《〈列子·汤问篇〉质疑》一文，不知写成了没有。但真正找到确凿的证据恐怕还是第一次。

　　② 僧徒也有伪造刘向文的，参阅俞正燮《癸巳类稿》，《僧徒伪造刘向文考》。

　　③ 《民彝》杂志一卷三期有一篇文章《读〈列子·汤问篇〉》，我还没能看到。

漫谈梵文研究

对一般人来说，梵文恐怕还是一个相当陌生的词儿。但是，提起此文，来头极大。它是一种印度古代的语言，至今已有接近三千年的历史，而且同中国的关系也是非常密切的。源于尼泊尔和印度的佛教，传入中国后，对中国产生了极大的影响。表面上来看，佛教仅仅是一种宗教，然而，在宗教外衣的掩盖下，它带来的却是印度的文化。这种文化影响面极大，中国的哲学、文学、艺术、语言学、音韵学，以及民间信仰等等，无不受到影响。我们简直不能想象，如果没有佛教带来的印度文化，中国今天的哲学、宗教、艺术等等会是个什么样子。佛教不但带来了印度意识形态方面的东西，而且还带来了自然科学，其中包括天文、历算、医学等等。

所有这些东西都是通过佛典的翻译传进来的，而佛典原文则大部分就是梵文，一小部分是与梵文有联系的在印度叫做俗语的语言。南传佛教的经典语言是巴利文。从语法变化上来看，巴利文晚于梵文，但却不能说是梵文的后辈，因为巴利文中保留了不少吠陀语言的残余，这些残余在梵文中已经消失。所以，我们可以说，巴利文是梵文的较年轻的同辈。

我们先不谈这些语言学上繁琐的问题，我们只谈中国的山水诗和佛教的庙宇。山水诗的兴起与南朝时期的谢灵运有关。谢本人是个佛教徒，甚至学习过梵文。他的山水诗在中国文学史上开一代新风，对后代影响极大。与此有联系的是佛教的庙宇。在过去将近两千年中，中国全国建筑的庙宇可谓多矣，在城市中也有。古诗"南朝四百八十寺"，指的大多是城中的寺庙。但是又有一句古诗"天下名山僧占多"，可见建筑在山林中的寺庙数目可能更大。到了今天，这些寺庙虽大多已残破或者消失，然而存留者为数仍极多。如果没有这些寺庙的话，我们今天的旅游景点也会减少不少的。

还有一个问题我必须提一下，我们现在讲"弘扬中华民族的优秀文化"，得到了举国上下的热烈响应。但是有不少人把"中华"狭隘地理解为汉族，这是不对的，56个民族都是中华民族。再回头来谈梵文和佛典，佛典不但有汉文译本，也有藏、蒙、满文等译本。因此，我们必须说，梵文佛典的影响遍及中华大地。少数民族的文化，同汉族文化一样，也是我们弘扬的对象。我希望有更多的人来学习梵文。

1996 年 10 月 12 日

传法高僧

季羡林

竺法护

祖先是月支人，所以原名是支法护。后来拜外国沙门竺高座为师，改姓竺，称竺法护。他既通天竺语，又通晋言，兼通西域众多的民族语言，是一个译经的大家。汤用彤先生说："法护于《法华》再经复校，于《维摩》则更出删文，《首楞严三昧》译之两次。《光赞》乃《大品般若》，《渐备一切智德经》乃《华严》之《十地品》。皆中土佛学之要籍，晋世所风行者。"这几句话简短扼要地总结了法护一生的译经事业。此时名僧与名士互相结合，共同比附，影响了当时的学术潮流与社会风气。孙绰《道贤论》把竺法护来比山巨源。支道林为之像赞说："护公澄寂，道德渊美。微吟穷谷，枯泉漱水。邈矣护公，天挺弘懿。濯足流沙，倾拔玄致。"可见竺法护这一位高僧，在名士心目中的地位。

此外，在此时的名僧中还可以举出于法兰、于道邃、竺叔兰、支孝龙、帛法祖，等等。这些人多与清谈名士有来往，共畅玄风。西晋末衣冠南渡，名僧与名士又扇玄风于偏安，谈佛理于江南。西晋名士之佛学，今不能详。到了东晋，则士大夫颇见有佛教撰述。《世说新语》中于此频有记载。

道 安

在中国佛教史上，道安开创了一个新时期。若用梁慧皎《高僧传·序录》所提出的标准来衡量，道安应该称为高僧，而非名僧。所谓"高僧"，用汤用彤先生的话来说："至若高僧之特出者，则其德行，其学识，独步一世，而又能为释教开辟一新世纪。然佛教全史上不数见也。"道安就是这样一个人。

道安生于晋永嘉六年（312），卒于太元十年（385）。他年幼出家，在长达五六十年的活动中，他在许多方面都有突出的建树。他曾师事佛图澄。由于佛图澄对河北佛法之盛起了促进作用，道安早年也多在河北一带活动，令誉鹊起。但是由于战乱频仍，他在河北移居九次之多，备尝颠沛流离之苦。晋哀帝兴宁五年（365），慕容恪略河南，晋将陈祐率众奔陆浑。道安也率徒众南奔。他对弟子说："今遭凶年，不依国主，则法事难举。"于是分张徒众，各谋生路。道安于公元365年到了襄阳，居此五年。在天下扰攘之中著述讲经。佛经旧译错讹极多。他穷览经典，寻文比句，于晋宁康二年（374），作《综理众经目录》一卷，对后世有极大影响。他在这里又深感戒律传译之不全，而没有戒律，则僧伽实难维系。他于是制定了切实可行而又必不可缺的律条。还有一点需要提出，这就是，弥勒净土之信仰在中国道安时张扬光大。原始佛教并没有未来佛弥勒之信仰，后来主要由于外来影响，此种信仰逐渐萌生。萌生之后，在印度、中亚，以及中、日、朝等地都产生了长远的影响,晋孝武帝太元四年(379),道安到了长安,甚受苻坚之崇敬。他在此协助组织中外僧众,翻译佛经。于晋孝武帝太元十年(385),卒于长安,年七十四。

综观道安一生,他对佛教发展以及中印文化之交流,贡献实大。自汉以来,佛学共有两大体系:一为禅法,一为般若,安公实集二系之大成。他生前生后,影响广被,因此我们才说他在中国佛教史上开一新纪元,成为极少数高僧之一。

鸠摩罗什

鸠摩罗什，约于晋康帝之世（343或344）生于龟兹。本天竺人，其父移居龟兹，遂成为龟兹人。七岁随母出家。天纵聪明，读经过目不忘，随母历游西域许多国家，访师问友，到处受到崇敬。他不但精通佛典，对外道的四《吠陀》、五明诸论，亦莫不博览，旁及阴阳书算，是一个博学无所不通的人。他在沙勒国遇大乘名僧，遂弃小乘而改宗大乘。他后来又回到龟兹。晋孝武帝太元九年（384），吕光破龟兹。鸠摩罗什随吕光父子至凉州，时为太元十年（385）。他在凉州前后住了十六年。于姚兴弘始三年（401）至长安。他在这里聚徒讲经，译经。姚兴待以国师之礼。此时什公名满天下，广通声气。他自己一方面仰慕道安，另一方面，又为庐山慧远所钦仰，书函往反，裁决疑难。罗什在长安，广收门徒，筹设译场。共译经三百余卷。许多重要佛经，都出自罗什之手。有的是新译，有的是重译。其最著者有《大品般若》《法华经》《大智度论》《十诵律》《维摩经》等等。从中国翻译史上来看，他可以说是意译派的魁首。他有时甚至更动梵本原文，以求得译文辞意畅达。他对翻译深知其中甘苦，他有几句话说："改梵为秦，失其藻蔚。虽得大意，殊隔文体，有似嚼饭与人，非徒失味，乃令呕哕也。"这几句话几乎成了中国佛教史和中国翻译史上的名言。他不但翻译，还有著作。主要著作《实相论》，已佚。此外他还有一些佛经注疏和几篇问答文。

鸠摩罗什的影响，除了译经著述之外，还在于他有众多弟子。弟子人数既多，而且其中颇有一些在中国佛教史上和中国哲学史上出类拔萃的人物。有所谓什门四圣，又有所谓什门八子，及至隋唐，又有八俊十哲之目。但是具体的人究竟是谁，则说法微有参差。总之，罗什弟子既多，又多有特立独行之辈。影响了当时和后世的佛学研究。其中之一的僧肇是最突出的一个。罗什无疑是中国佛教史上的一位名僧。

鸠摩罗什之后，北方战乱频仍，义学不得不被迫南渡，佛学在南方转盛。其代表人物必首推慧远。

慧 远

道安在襄阳分张徒众时，慧远也在其中。道安对每一位徒弟都有所嘱咐，独对慧远却一言不发。慧远跪下说："独无训勖，惧非人例。"道安说："如汝者岂复相忧！"可见慧远受安公器重之深。慧远确实在中国佛教史上开辟了另一个新纪元。

慧远，于晋成帝咸和九年（334），生于雁门楼烦，俗姓贾氏。公元354年，二十一岁时，就安公出家。少年时做过诸生，六经、老庄，无不综习。出家后又博通佛典。晋孝武帝太元三年（378），年四十五，别安公东下。约于太元九年至十七年之间（384—392），迁居庐山东林寺，从此没有离开过，终生在这里授徒、说法。虽然足不出山，然而广通声气，与政界和佛教界有广泛的联系。

东晋孝武之世，佛教入华已超过四百年。一方面势力渐增，不但王公大人，名士学者，纷纷归依佛教，至少也是深通佛理；平民老百姓也信者日众。从当时寺院之多，可以看出佛教影响之大。但在另一方面，根据事物发展规律，一经兴隆，往往流品渐杂。佛教也是如此。其尤甚者，僧尼介入政治，交通请托，窃弄权柄。许营上疏孝武帝说："今之奉佛教者，秽慢阿尼，酒色是耽。"可见秽乱情况之严重。这当然会召来物议。对佛教本来就看不惯的文人学士，也多反佛之言论。佛教在中国又遇到一次危机。

我在上面曾谈到过，佛教初入汉土，也曾有过一个与汉土文化相撞击的阶段。虽然在现在这个中印文化交流的鼎盛时期，基本上是改造与融合的阶段；但是撞击仍时有发生。甚至到了唐代，撞击仍然延续，韩愈批佛是一个众所周知的例子。至于所谓"三武灭佛"，更是矛盾撞击激化的典型事例。不过这种反佛灭佛的事例，只能说是大潮流中的一股小小的逆流，既不可避免，也无伤大雅。中印文化交流的主流是阻挡不住的。

我还是谈晋孝武时的反佛事件。此事虽源于孝武帝时，然而却爆发于安帝时代。当时桓玄曾短时期篡夺帝位。他对沙门不敬王者的言论本有反感。所谓沙门不敬王者，印度佛教确有此论，至今东南亚一些小乘国家，仍然遵行。但是它与中国的传统伦理道德，却有不可调和的矛盾。同我上面谈过的孝顺父母一样，君臣这一伦也是神圣不可侵犯的。佛教入华，在这两个方面都有所韬晦，暂时避免了正面冲突。但韬晦只能是短期的、暂时的，日子一久，真相必然毕露。随之而来的当然是新的撞击。桓玄当权时期，就是如此。他不但认为沙门不敬王者是妄诞之论，而且连宣传佛教他也不同意。他曾致函慧远，请其罢道。他曾下教令，沙汰沙门。大概是由于慧远的威德影响了他，他许令沙门不敬王者，在沙汰沙门教令的末尾说："唯庐山道德所居，不在搜简之例。"可见慧远确实德高望重，至少在南方，他成了佛教的护法。

慧远在从道安受业时，尝有客对佛经深义颇有疑惑，反复解释，弥增疑昧。慧远利用庄子的话来连类佛经，加以阐释，听者晓然。于是道安特许慧远不废俗书。这一个小例子也说明，到了晋代末期，佛教除了同桓玄一类的人有所争论外，佛教教义仍然难为一些文人学士所了解，只好乞灵于老庄，才勉强讲通。六朝时期流行的所谓"格义",也属于这个范畴①。这说明,中印两种文化,经过了几百年的互相撞击与吸收,到了交流鼎盛时期,仍然在互相迁就,互相改造,还没有达到真正融合的阶段,有点像油与水的关系。慧远本人即兼综玄释,并擅儒学。他之所以这样做,与其说是一个偶然现象,说是慧远个人的特点,不如说是当时中印文化交流过程中客观的需要。

还有一件事必须在这里提一下,这就是慧远与弥陀净土的关系问题。慧远持精灵不灭之说,深信生死报应,所以就立下弘愿,期以净土。元兴元年(402)与刘遗民、周续之、毕颖之、宗炳、雷次宗、张莱(亦作莱)民、张季硕等,于精舍无量寿佛像前,建斋立誓,共期西方。我在上面曾谈到慧远的老师道安虔信弥勒净土。同是净土,仅有一字之差,一"弥陀",一"弥勒",致使佛教史研究专家,甚至包括斯道权威汤锡予(用彤)先生在内,不察二者之区别,等同视之。实则二者间有相当大之差别,不能混为一谈。崇信弥勒(Maitreya)净土者,期生此未来佛所居之兜率天(Tuṣita),然后从那里获得最终解脱。而崇信弥陀(此字梵文有二字:—Āmitābha,译为"阿弥陀佛"或"无量光佛";—Āmitāyus,译为"无量寿佛")净土者,则期能西天佛土。在印度佛教史上,弥勒先出,弥陀后兴。后者恐系受外来影响,特别是伊朗而产生者。此时天国入门券价格已跌落,得到最后解脱容易得多了。这是印中佛教史上极为有趣的问题之一,值得探讨。道安与慧远,一师一弟,在净土信仰方面,有此区别,这一段公案颇为重要。但我只能在这里提上一笔,不能深谈了。

---

① 印度大乘佛教的般若性空,同中国老庄的"无",由于传统文化背景不同,思维方式各异,二者根本不是一码事。这个问题不在这里讨论。

综观慧远一生，他德行淳至，学识超群，卜居庐山三十余年，不复出山；但是他声名远被，当时许多重臣硕学，如殷仲堪、桓玄、谢灵运等等，无不倾倒。他对两晋佛法之兴隆，对印度文化之吸收，实有大功。他可以说是继道安之后的又一位高僧大德，在中国佛教史上开一新纪元。

法　显

记录法显生平的典籍相当多，举其大者有以下几种：

（一）《法显传》，法显撰述。

（二）梁僧祐撰《出三藏记集》，简称《祐录》。

（三）梁慧皎撰《高僧传》卷三《法显传》。

（四）唐道宣撰《大唐内典录》。

（五）唐靖迈撰《古今译经图纪》。

（六）唐智升撰《开元释教录》。

（七）唐圆照撰《贞元新定释教目录》。

（八）隋费长房撰《历代三宝记》。

（九）元念常集《佛祖历代通载》。

我的办法不是根据上列的典籍叙述法显的一生，而是从中选出一个最古的本子，分段照录其原文，然后同其他的本子对勘比较，解决一些需要解决的问题，并作一些必要的注释。我没有选《法显传》，因为它只讲西行求法，没有讲法显的一生。我选的是梁僧祐的《出三藏记集》中关于法显的一段。在确定法显在西域、印度、南海等地的年代时，我参考了《法显传》，因为这一本书有一个很突出的特点：它详细记录了每年的"夏坐"，为其他僧人游记所无。

一、幼年时期

《祐录》原文：

> 释法显，本姓龚，平阳武阳人也。法显三兄并龆龀而亡，其父惧祸及之，三岁便度为沙弥。居家数年，病笃欲死，因送还寺，信宿便差，不复肯归。母欲见之不能得，为立小屋于门外，以拟去来。十岁遭父忧，叔父以其母寡独不立，逼使还俗。显曰："本不以有父而出家也。正欲远尘离俗，故入道耳。"叔父善其言，乃止。顷之母丧，至性过人，葬事既毕，仍即还寺。尝与同学数十人于田中刈稻。时有饥贼欲夺其谷。诸沙弥悉奔走，唯显独留，语贼曰："君欲须谷，随意所取。但君等昔不布施，故此生饥贫。今复夺人，恐来世弥甚。贫道预为君忧，故相语耳。"言讫即还。贼弃谷而去。众僧数百人莫不叹服。二十受大戒，志行明洁，仪轨整肃。

这里有几个问题要加以解释。首先是他的籍贯。《祐录》《高僧传》《古今译经图纪》《开元录》等书都说他是平阳武阳人。《历代三宝记》《大唐内典录》则只说是"平阳沙门"。按当时只有平阳县，而无武阳县，后者的说法是正确的。平阳县城故址在今山西省临汾县西南。（参阅章巽《法显传校注》1985年，页2）

第二是他的生年。《祐录》没有说，其他书亦然。我们只能根据目前能掌握的资料加以推断。法显生年大概是公元342

年，壬寅，晋咸康八年。（参阅章巽同上书，页1—2）

第三关于"三岁便度为沙弥"的问题。小孩子常生病送入空门以求长寿的事情，屡见于中国载籍。法显时代竟已经如此。可见此时佛教已经深入人心了。

第四关于法显和同学刈稻的问题。在印度，佛教并不提倡僧人劳动。直到今天，斯里兰卡、缅甸、泰国等小乘国家的僧侣仍然靠乞食度日。在中国法显时代，寺院经济早已形成，寺院多有田地，除了靠雇工耕种外，小和尚也参加劳动。住持等大和尚是地主阶级，是不参加劳动的。《道安传》中也有劳动的记载。

二、西行求法的目的

《祐录》原文：

常慨经律舛缺，誓志寻求。

《高僧传》完全抄《祐录》原文。这里虽然经律并提，然而重点在律。《古今译经图纪》也抄录了《祐录》原文，《开元释教录》《贞元新定释教目录》亦然。《历代三宝记》《大唐内典录》有另外一个提法："求晋所无众经律论"。这提法太空泛，没有说到点子上。法显自己的话当然最有权威性。《法显传》第一句话就是："法显昔在长安，慨律藏残缺。"这里只提律藏，没有提经论。他在印度巴连弗邑，又写道："法显本心欲令戒律流通汉地。"可见他是念念不忘戒律的。这完全符合当时的潮流。同法显差不多同时的弗若多罗专精律部，来华后受到欢迎。在

《梁高僧传》卷二《弗若多罗传》中就有这样的话："先是经法虽传，律藏未阐。"（大50，333a；参阅任继愈主编：《中国佛教史》，第二卷，页580—582）法显之所以万里投荒，其目的就是要寻求印度佛教戒律，以济中国佛教之穷。

三、出发时间

《祐录》原文：

> 以晋隆安三年与同学慧景、道整、慧应、慧嵬等发自长安。

晋隆安三年相当于公元399年，后秦弘治元年。《法显传》作"弘始元年岁在己亥"。今传世各本《法显传》皆作"弘始二年"，乃弘始元年之误。《高僧传》卷三、《历代三宝记》卷七、《大唐内典录》卷三、《古今译经图纪》卷二、《开元释教录》卷三，皆作"东晋隆安三年"，是正确的。此时道安已经死去十余年，罗什到长安二年。

四、西域行程

《祐录》原文：

> 西度沙河，上无飞鸟，下无走兽，四顾茫茫，莫测所之，唯视日以准东西，人骨以标行路耳。屡有热风、

恶鬼，遇之必死。显任缘委命，直过险难。有顷，至葱岭。岭冬夏积雪，有恶龙吐毒风，雨沙砾。山路艰危，壁立千仞。昔有人凿石通路，傍施梯道。凡度七百余梯，又蹑悬絙过河数十余处。仍度小雪山，遇寒风暴起，慧景嗫战不能前，语显云："吾其死矣，卿可时去，勿得俱殒。"言绝而卒。显抚之号泣曰："本图不果，命也奈何！"复自力孤行，遂过山险。凡所经历，三十余国，至北天竺。

同《法显传》比较起来，这里的记述简略多了。在我上面列举的有关法显生平的九种书中，其他七种都可以归入简略一类，有的同《祐录》差不多，有的比它还要简略，都不及《法显传》之详审。我现在根据《法显传》补充法显在西域的活动。

法显离开长安，度陇，到了乾归国。乾归国指的是西秦乞伏乾归的都城金城，在今甘肃兰州市西。他在这里"夏坐"。所谓"夏坐"指的是印度佛教和尚每年雨季在寺庙里安居三个月。这是法显离开长安后第一次夏坐，时间是399年。夏坐完毕，他又前进至耨檀国，是南凉的都城，可能即今青海西宁市。从这里度养楼山至张掖镇。又在这里夏坐，这是400年的夏坐。从这里走到敦煌，太守李暠供给度沙河。《祐录》讲的也就是这个沙河，指的是自敦煌西至鄯善国间的大沙漠。过了沙河，来到了鄯善国，即古楼兰国，在今新疆若羌县。住此一月日，复西北行十五日，到焉夷国，即《汉书·西域传》之焉耆国，今新疆焉耆。在这里住二月余日，蒙苻公孙供给，得以前进，又经过一段沙漠，"所经之苦，人理莫比"，在道一月五日,到了于阗,相当于今天新疆和阗县。这里"其国丰乐,人民殷盛,尽皆奉法,以法乐相娱。众僧乃数万人,多大乘学"。法显在这里停三月日,看了行像。既过四月行像,法显等进向子合国,在道二十五日,便到其国,相当于今新疆叶城县。留此十五日,南行四日,入葱岭山,在于麾国安居。于麾国可能在今叶尔羌河中下游一带。这是法显的第三次夏坐(安居),时间是401年。安居后,行二十五日,到竭叉国。竭叉国究在何处,为研究《法显传》的一大难题。请参阅章巽前引书,页21—22。日本学者足立喜六:《法显传考证》,何健民、张小柳合译,1937年,页53,认为竭叉国即疏勒国。法显等在这里看到了五年大会。他们看了佛唾壶。此国当葱岭之中。"自葱岭已前,草木果实皆异,唯竹及安石留、甘蔗三物,与汉地同耳。"这里有竹子和甘蔗,值得注意。法显等从此西行向北天竺,在道一月,得度葱岭。

五、在印度的活动

《祐录》原文:

未至王舍城三十余里,有一寺,逼暮仍停。明旦,显欲诣耆阇崛山。寺僧谏曰:"路甚艰崄,且多黑师子,亟经噉人,何由可至!"显曰:"远涉数万,誓到灵鹫。宁可使积年之诚既至而废耶!虽有崄难,吾不惧也。"众莫能止,乃遣两僧送之。显既至山中,日将曛夕,遂欲停宿。两僧危惧,舍之而还。显独留山中,烧香礼拜，翘感旧迹，如睹圣仪。至夜，有三黑师子来蹲显前，舐唇摇尾。显诵经不辍，一心念佛。师子乃低头下尾，伏显足前。显以手摩之，咒曰："汝若欲相害，待我诵竟；若见试者，可便退去。"师子良久乃去。明晨还反，路穷幽深，榛木荒梗，禽兽交横，正有一迳通行而已。未至里余，忽逢一道人，年可九十，容服粗素，而神气俊远。虽觉其韵高，而不悟是神人。须臾前进，逢一年少道人。显问："向逢一老道人，是谁耶！"答曰："头陀弟子大迦叶也。"显方悒慨良久。既至山前，有一大石横塞室口，遂不得入。显乃流涕致敬而去。又至迦施国，精舍里有白耳龙，与众僧约，令国内丰熟，皆有信效。沙门为起龙舍，并设福食。每至夏坐讫日，龙辄化作一小蛇，两耳悉白。众咸识是龙，以铜盂盛酪置于其中，从上座至下行之，遍乃化去。年辄一出，显亦亲见此龙。后至中天竺，于摩竭提巴连弗邑阿育王塔南天王寺，得《摩诃僧祇律》，又得《萨婆多律抄》《杂阿毗昙心》《綖经》《方等泥洹》等经。显留三年，学梵书梵语，躬自书写。

《祐录》篇幅比较大。《高僧传》基本上抄《祐录》，间或加上几句自己的话。对法显在印度的活动记述得都很不够。其他书更是异常简短。在印度的活动是法显一生最重要的事情。《法显传》主要篇幅写的都是印度。我现在先根据《法显传》对《祐录》作一些必要的补充，然后再对一些重要问题加以阐述。

到了北天竺，法显第一个到的国家是陀历，相当于今克什米尔西北部的达丽尔（Darel）。这里的和尚都是小乘。有一个木雕的弥勒像，同佛教传入中亚和中国有联系。唐玄奘《大唐西域记》卷三也记载了这一件事。

度河到了乌苌国，故址在今巴基斯坦北部斯瓦脱河流域。这里的和尚信奉小乘，有佛的足迹。法显在这里夏坐，是公元402年。

夏坐后，南下，到了宿呵多国，相当于今斯瓦脱河两岸地区。这里有如来佛割肉贸鸽处。信徒起塔记念。

从此东下，走了五天，到了犍陀卫国，其故地在今斯瓦脱河注入喀布尔河附近地带。国人多小乘学。有佛以眼施人的遗迹。是古代阿育王子法益统治之处。

自此东行七日，到了竺刹尸罗国，相当于今巴基斯坦北部拉瓦尔品第西北的沙汉台里地区。佛为菩萨时，在这里以头施人，投身饲虎，这两处都起了大塔。

从犍陀卫国南行四日，到了弗楼沙国，故址在今巴基斯坦之白沙瓦。公元一二世纪的贵霜王迦腻色迦曾统治此地。这里有大塔，有佛钵。

西行十六由延，到了那竭国界醯罗城。由延，印度长度名。根据玄奘《大唐西域记》卷二的说法，是"圣王一日军行"。但是并不固定，有四十里、三十里、十六里等说。醯罗城，今贾拉拉巴德城南之醯达村。这里有如来佛顶骨精舍。这个精舍名声广被，《洛阳伽蓝记》《大唐西域记》卷二等都有记载。从此北行一由延，来到那揭国城，故址在今贾拉拉巴德城西。这里有菩萨以五茎花供养定光佛处。城中还有佛齿塔。城东北有佛锡杖精舍。城南有佛留影处。

法显等在这里住了冬天三个月，然后南度小雪山，慧景病死。这件事《祐录》有记载。但是有一件事颇值得注意。《祐录》认为从此进入北天竺，但是《法显传》却认为，到了陀历国，已进入北天竺。

过岭以后，南到罗夷国。有三千和尚，大小乘都有。法显在这里夏坐，这是他西行后第五年，公元403年。

南下，行十日，到跋那国，今巴基斯坦北部之邦努(Bannu)。这里有三千小乘僧。

从此东行三日，复渡新头河，到了毗荼，今旁遮普。佛法兴盛，大小乘都有。

从此东南行，经过了很多寺院，进入了中天竺。先到摩头罗国，即今印度北方邦之马土腊。遥捕那河流经此处，即今之朱木拿河。河边左右有二十僧伽蓝，可有三千僧。

从这以南，名为中国。法显在这里写了一段非常有名的记载，我在下面还要谈到。

从此东南行十八由延，到了僧伽拖国，即玄奘《大唐西域记》卷四之劫比他。至于相当于今天什么地方，学者间意见有分歧，总之是在今北方邦西部。此地佛教遗迹颇多，有佛上忉利天为母亲说法处。下来时，地上化出三道宝阶，后来又没于地，余有七级现，阿育王于其上起精舍。佛在天上受天食，身作天香，于此处沐浴，浴室犹在。此外还有一些其他的塔。此处有僧尼千人，杂大小乘学。这里有一个白耳龙。《祐录》也记载了这一件事，称之为迦施国，但是次序有些混乱。寺北五十由延有火境寺。别有佛塔，鬼神常来洒扫，不须人工。有一僧伽蓝，可六七百僧。法显住龙精舍夏坐，这是他西行第六年的夏坐，时为公元404年。

夏坐完毕，东南行七由延，到了罽饶夷城，即《大唐西域记》卷五之羯若鞠阇国曲女城,今之北方邦卡瑙季城。有二僧伽蓝,尽小乘学。

从此东南行十由延,到了沙祇大国,即今北方邦中部之阿约底。有佛嚼杨枝长出来的大树。

从此北行八由延,到了拘萨罗国舍卫城,今北方邦北部腊普提河南岸之沙海脱—马海脱。这里佛教遗迹很多:有大爱道故精舍、须达长者井壁、鸯掘魔得道、般泥洹、烧身处。出城南门千二百步,有须达精舍,即所谓祇洹精舍。这里有牛头栴檀佛像。精舍西北四里有榛,名曰得眼。精舍东北六七里,有毗舍佉母精舍。祇洹精舍大院落有二门、一东向,一北向。这里就是须达长者布金满园买地之处。出东门,北行七十步,有外道女伪装怀孕谤佛处,又有调达生入地狱处。道东有外道天寺,名曰影覆,只能世尊精舍影映外道寺,而外道寺则决不能影映精舍。绕祇洹精舍有九十八僧伽蓝,除一处外,都住有和尚。在中国有九十六种外道,各有徒众。《法显传》在这里有几句话:"调达亦有众在,供养过去三佛,唯不供养释迦文佛。"佛灭度后一千多年,似乎已经被他打倒在地的对手调达(提婆达多)居然还有徒众,不能不说是佛教史上的一件大事。请参阅笔者的《佛教开创时期的一场被歪曲被遗忘了的"路线斗争"》。

城西五十里,有一邑,名都维,有迦叶如来遗迹。东南行十二由延,到那毗伽邑,有拘楼奉佛遗迹。从此北行,不到一由延,有拘那含牟尼佛遗迹。

从此东行,不到一由延,到了迦维罗卫城,即《大唐西域记》卷六之劫比罗伐窣堵国,在今尼泊尔境内,与印度北方邦毗邻。这里是释迦牟尼诞生之地,古迹特多。佛传中少年所发生的许多事情都在这里留有痕迹。城东五十里有王园论民，佛就在这里降生。论民在今尼泊尔境内腊明地（Rummindei）。法显到的时候，此城已空荒颓败，白象、师子横行。

从佛生处东行五由延，到了蓝莫国，今尼泊尔达马里附近。这里有蓝莫塔，荒芜已久，原来没有僧人，群象以鼻取水洒地，折花供养。后来有道人还作沙弥，至今仍以沙弥为寺主。从此东行三由延，有太子遣还车匿塔。再东行四由延，有灰塔。

复东行十二由延，到拘夷那竭城，即《大唐西域记》卷六之拘尸那揭罗国。此城故址何在，学者意见分歧。很可能即在今尼泊尔南境小腊普提河和干达克河合流处之南。参阅章巽前引书，页89—91。城北双树间，希连河边，是世尊般涅槃处。因而在佛教史上成为著名胜地。

从此东南行十二由延，到了诸梨车欲逐佛般泥洹处。

自此东行五由延，到毗舍离国，即《大唐西域记》卷七之吠舍厘国，都城故址在今比哈尔邦北部木札法普尔地区之比沙尔。这里如来佛遗迹也特别多。有佛住处、阿难半身塔、庵婆罗女为佛起的塔，有庵婆罗园，有放弓仗塔，有毗舍离结集或七百结集的塔。

从此东行四由延，到五河合口，有阿难般涅槃塔。

度河南下一由延，到摩竭提国巴连弗邑，即《大唐西域记》卷八、卷九之摩揭陀国，今比哈尔邦之巴特那。这里有一个大乘婆罗门子，名罗沃私婆迷，为国王所敬奉。据《祐录》卷十五《智猛传》，智猛在法显后不久也来到华氏城，即巴连弗邑，在这里遇到一个"大智婆罗门，名罗阅宗，从他家里得到《泥洹》胡本一部，又寻得《摩诃僧祇律》一部及余经。罗沃私婆迷与罗阅宗是一个人。巴连弗邑是中国最大的城,人民富盛,每年行像,倾城参与。这里原是阿育王都城,他的遗迹很多。

从此东南行九由延,至一小孤石山,山头有石室。从此西南行一由延,到那罗聚落,是舍利弗本生村,有塔。

从此西行一由延,至王舍新城,即《大唐西域记》卷九之曷罗阇姞利呬城,故址在今印度东北部比哈尔邦西南的腊季吉尔。出城南四里,入谷到了㠠沙王旧城。这里有不少佛教遗迹。再入谷,搏山东南上十五里,到耆阇崛山,这就是有名的灵鹫峰。下面就接上了《祐录》。

以上是根据《法显传》对《祐录》的补充。补充得这样多,可见《祐录》记载不够全面。《祐录》还有一个特点:一进北天竺,就讲王舍城,紧接着又是耆阇崛山,法显在这里见到了如来大弟子大迦叶。但是在《法显传》中,这件事不是发生在耆阇崛山,而是在鸡足山。这件事下面再谈。现在仍根据《法显传》补上《祐录》所缺部分。

出旧城北行三百余步,到了迦兰陀竹园精舍。这里还有不少佛教遗迹。佛教史上著名的五百结集就是在这里举行的。

从此西行四由延,到了伽耶城,今比哈尔邦之伽雅城。这是佛教史上最著名的圣地,因为这里是释迦牟尼成道之处。佛传上讲到的那一些与如来成道有关的地方,都在伽耶城,比如六年苦行处、村女奉佛乳糜处、静坐的石窟等等。如来坐于其下悟道的贝多树,也就是平常所谓的菩提树,当然也在这里。阿育王作地狱,残酷杀人,后又悔过,敬信三宝,经常来贝多树下礼佛。

从此南行三里,到一山,名鸡足,大迦叶今在此山中住。

《祐录》在这里用很长的篇幅介绍了法显遇到大迦叶的情景，见上面《祐录》原文，兹不赘。

在这里有必要讲一讲与大迦叶有关的这个传说的意义。大迦叶是如来佛大弟子，可能实有其人。他生活在公元前六、五世纪，为什么要住在鸡足山洞窟内能够同一千年后公元五世纪初的法显见面而又再隐入山内还要住下去呢？这只能从印度佛教的发展方面来加以解释。在最初的发展阶段上，佛教自己宣称，有朝一日，它也会消亡的，还没有一个未来佛的想法。后来随着教义的发展，想法逐渐改变，开始有了三世诸佛的说法，有了未来佛的想法。未来佛就是弥勒。弥勒，大小乘都有，小乘只不过是滥觞；到了大乘才发展成为一个完整的体系。弥勒信仰曾广泛流行于印度、中亚；在中国新疆和内地也同样盛行。今天寺庙中那一个大肚子佛就是弥勒。《祐录》绘形绘色描绘法显遇到大迦叶的情景，但是《法显传》却讲得不那么清楚。在这两处都没有讲到弥勒。可是大迦叶之所以住在鸡足山中却与弥勒有关。这种关系始于何时，还不清楚。不过佛教典籍确实明确讲到过。宋志磐《佛祖统纪》卷五⊛49，170bc；元念常《佛祖历代通载》卷三，⊛49，496c—497a；明觉岸《释氏稽古略》卷一，⊛49，752bc，等等，都记载了这个传说。这些都是中国僧人的撰述，当然是根据印度佛典的。印度佛典记述这个传说的也不少，我举一个例子。西晋（265—317年）安法钦译《阿育王传》卷四《摩诃迦叶涅槃因缘》，⊛50，114a—116b写道：

于是尊者迦叶至鸡脚山三岳中，坐草敷上，加趺而坐，作是念言："我今此身著佛所与粪扫衣，自持己钵，乃至弥勒令不朽坏，使弥勒弟子皆见我身而生厌恶。"……弥勒出时，当将徒众九十六亿至此山上见于迦叶。

可见至迟在公元三四世纪，有关大迦叶住鸡足山中等候未来佛弥勒的传说，在印度已经流行了。为什么晚起的未来佛弥勒的传说一定要同释迦牟尼的大弟子大迦叶联系在一起呢？原因可能是，印度佛教从比较早的时候起就有了在灵山会上如来拈花、迦叶微笑的传说。我认为，这个传说隐含着佛教长存的想法，是对最早的佛教也要消亡说的纠正或者发展。这在佛教史上是一段很有意义的公案。《法显传》和《祐录》都记载了这一件事，自有其重要性的。

下面接着谈法显的行踪。

法显又回到巴连弗邑。顺恒水西下十由延，到了旷野精舍。复顺恒水西行十二由延，到了迦尸国波罗㮈城，即《大唐西域记》卷七之婆罗疴斯，今印度北方邦之瓦拉纳西。《祐录》称之为迦施国。这里佛教遗迹也很多。有名的仙人鹿野苑精舍，是佛初转法轮的地方，就在这里。此外还有弥勒受记处，翳罗钵龙精舍，《祐录》中的白耳龙就是这一条龙。

自鹿野苑精舍西北行十三由延，到拘睒弥国，即《大唐西域记》卷五之憍赏弥，今北方邦南部阿拉哈巴德西南之柯散（Kosam）。

《祐录》中的"后至中天竺"，疑有误，法显所有的上述活动都在中天竺，用不着"后至"了。

从此南行二百由延，有达嚫国，即平常所谓南憍萨罗国，相当今印度中部马哈纳迪河及哥达瓦里河上游一带地区。这里有伽叶佛僧伽蓝。但是，此国道路艰难，法显没有能亲身去，只是听本地人说到，故记入《法显传》中。

法显又回到巴连弗邑，亲自抄写戒律。因为北天竺诸国皆师师口传，无本可写，不得不躬亲抄写了。他在这里住了三年，按时间推算应该是法显西行后的第七年、第八年、第九年，即义熙元年、二年、三年，公元405、406、407年。

顺恒水东下十八由延，有瞻波大国，今比哈尔邦东部巴格耳普尔略西不远处。

从此东行近五十由延，到多摩梨帝国，是海口，即《大唐西域记》卷十之耽摩栗底国，其首都故址在今印度西孟加拉邦西南之坦姆拉克（Tamluk）。法显在这里住了两年，写经及画像。此当为义熙四年及五年，公元408、409年。

法显在印度的活动到此结束。

六、在师子国

《祐录》原文：

于是持经像寄附商客，到师子国。显同旅十余，或留或亡，顾影唯己，常怀悲慨，忽于玉像前见商人以晋地一白团扇供养，不觉凄然下泪。停二年，复得《弥沙塞律》《长阿含》《杂阿含》及《杂藏》本，并汉土所无。

《高僧传》完全抄《祐录》原文。《法显传》比较详细，其他几种书都很简略。我现在根据《法显传》作一些补充。

师子国，《大唐西域记》卷十一称之为僧迦罗国，一意译，一音译，即今之斯里兰卡。据说这里原来没有人，后来商人贪图这里的宝石，于是遂成大国。这里有纪念佛来此化恶龙的大塔。有无畏山僧伽蓝，法显见故国白扇而流泪就在这座寺院里。有前王从印度中国取来的贝多树，有声名远扬的佛牙。在无畏精舍东四十里，有跋提精舍，有二千和尚。城南七里有摩诃毗诃罗精舍，和尚三千人。这里的国王笃信佛法，因此佛教非常兴盛。法显在这里听到天竺道人诵经，内容讲的是佛钵。他想写这一部经，但是道人说，只是口诵，因此没有能写成。法显在这里住了两年，当为义熙六年及七年，公历410和411年。

七、浮海东还

《祐录》原文：

既而附商人大舶还东，舶有二百许人。值大暴风，舶坏入水，众人惶怖，即取杂物弃之。显恐商人弃其经像，唯一心念观世音及归命汉土众僧。大风昼夜十三日，吹舶至岛下，治舶竟前，时阴雨晦冥，不知何之，唯任风而已。若值伏石及贼，万无一全。行九十日，达耶婆提国。停五月日，复随他商侣东趣广州。举帆月余日，中夜忽遇大风，举舶震惧。众共议曰："坐载此沙门，使我等狼狈，不可以一人故令一众俱亡。"欲推弃之。法显檀越厉声呵商人曰："汝若下此沙门，亦应下我；不尔，便当见杀！汉地帝王奉佛敬僧，我至彼告王，必当罪汝！"商人相视失色，僶俯而止。既水尽粮竭，唯任风随流。忽至岸，见藜藿菜依然，知是汉地，但未测何方。

法显就是这样又回到了祖国。《祐录》记载已极细致生动，《法显传》也不过如此，用不着再作什么补充了。

八、回国后的译经活动和卒年

《祐录》原文：

即乘小舶入浦寻村，遇猎者二人，显问："此何地耶？"猎人曰："是青州长广郡牢山南岸。"猎人还，以告太守李嶷。嶷素敬信，忽闻沙门远至，躬自迎劳，显持经像随还。顷之，欲南归。时刺史请留过久，显曰："贫道投身于不返之地，志在弘通，所期未果，不得久停。"遂南造京师，就外国禅师佛驮跋陀，于道场寺译出《六卷泥洹》《摩诃僧祇律》《方等泥洹经》《綖经》《杂阿毗昙心》，未及译者，垂有百万言。显既出《大泥洹经》，流布教化，咸使见闻。有一家，失其姓名，居近杨都朱雀门，世奉正化，自写一部读诵供养。无别经室，与杂书共屋。后风火忽起，延及其家，资物皆尽，唯《泥洹经》俨然具存，煨烬不侵，卷色无异。杨州共传，咸称神妙。后到荆州，卒于新寺，春秋八十有二，众咸恸惜。其所闻见风俗，别有传记。

《高僧传》几乎完全抄《祐录》。《法显传》比《祐录》详细，再根据它作一点补充。

上岸以后，商人又乘船还向扬州。法显受到了李嶷的款待以后，由陆路南下，道过彭城，受青兖刺史刘道怜之请，住了一冬一夏，在这里夏坐，时间是义熙九年，公元413年。关于这个问题，足立喜六（见前引书，页291）认为，法显随商人航海南至扬州。汤用彤（见所著《往日杂稿》页26—30；参阅章巽前引书，页175）不同意足立喜六的意见。

法显本来想到长安去，未果，便转向建康（今南京），在这里翻译佛经。除了上面《祐录》中提到的那些佛经外，还写了一部《法显传》，此书名称繁多。参阅章巽前引书页13—24。后来死在荆州新寺。年龄《祐录》说是八十二，《高僧传》八十六。

九、结语

上面简略地叙述了法显一生的活动情况。在这个结语里我想谈两个问题：第一个是法显在中国佛教史上的地位；第二个是《法显传》在世界上产生的影响。

（一）法显在中国佛教史上的地位

上面已经谈过，佛教从印度传入中国，到了法显时代，达到了一个关键时刻，一个转折点，从过去的基本上是送进来的阶段向拿进来的阶段转变。晋末宋初的西行求法运动，就是在这样的情况下兴起来的。

根据汤用彤先生的《汉魏两晋南北朝佛教史》，页378—380的统计，西行求法活动自朱士行而后，以晋末宋初为最盛。这时期最知名的求法者有以下一些人：

康法朗和其他四人，见《高僧传》，卷四；

于法兰，见同上书，卷四；

竺佛念，见《高僧传》，卷一。

慧常、道行、慧辩，见道安：《合光赞放光随略解》；

慧睿，见《高僧传》，卷七；

支法领、法净，见《高僧传》，卷六，《慧远传》；

法显、智严、智羽、智远、宝云、慧简、僧绍、僧景、慧景、道整、慧应、慧嵬、慧达，见《法显传》《祐录》卷十五《法显传》《智严传》《宝云传》；

昙学、威德等八人，见《祐录》卷六；

僧纯、昙充、道曼，见《祐录》卷十一；

智猛与昙纂、竺道嵩等十五人，见《高僧传》卷三；

法勇、僧猛、昙朗等二十五人，见《高僧传》卷三；

沮渠京声；

道泰；

法盛共师友二十九人，见《名僧传抄》；

僧表，见同上书；

法维；

道普。

在所有这一些西行求法者中，法显无疑是最突出的一个。这里所谓"突出"，归纳起来约略表现在以下几个方面：

1. 法显旅行所到之地最多最远

在法显以前,在汉代,中国已经有了一些著名的旅行家,比如张骞和甘英,这是众所周知的。他们到的地方很远,很远;但是法显到的地方,他们却没有到过。这一点《高僧传·法显传》和唐智昇《开元释教录》,卷三都指出:"皆汉时张骞、甘父所不至也。"(见50,337c和55,507c)这对于中国人民对外开阔视野,认识外国,当然会有极大的帮助。其重要意义是显而易见的。

2. 法显真正到了印度

既然西行寻求正法,其最终目的地当然是正法所在的印度。然而,奇怪的是,在法显之前,真正到了印度的中国求法僧人几乎没有。汤用彤先生说:"故海陆并遵,广游西土,留学天竺,携经而反者,恐以法显为第一人。"(见《汉魏两晋南北朝佛教史》页380)这件事情本身意义就很重要。法显以后,到了印度的中国求法僧人逐渐多起来了。

3. 法显携归翻译的戒律起了作用

法显到印度去的目的是寻求戒律。他经过了千辛万苦,确实寻到了,其中最重要是《摩诃僧祇律》四十卷。归国后,他同佛陀跋陀罗共同译出。汤用彤先生认为这是法显求法所以重要的原因之一。(见同上引书,页381)这对于中国当时的僧伽来说,宛如及时的春雨,对佛教的发展,起了促进作用。也许现在还会有人认为,促进佛教发展是法显的过,而不是功。在当年教条主义垄断,形而上学猖獗的时候,这种论调我们早听腻味了。到了今天,绝大多数有识之士不会再这样想,这是我的信念。

4. 法显对大乘教义发展和顿悟学说的兴起起了作用

经过多年的思考与验证，我认为，世界宗教的发展是有共同规律的。这个规律可以用如下的方式来表述：用越来越少的努力（劳动）得到越来越大的宗教满足。人类中有不少人是有宗教需要的。这并不完全来自阶级压迫，很大一部分是来自人并不能完全掌握自己的命运这个事实。只轻轻地说一句：宗教是人民的鸦片烟，什么问题也不解决。一般人的解决办法是创造和相信这一种或那一种宗教。在宗教的最初发展阶段上，满足宗教需要必须费很大的力量，付出很大的劳动。这样一来，不可避免地就会同生产力的发展发生矛盾，而生产力的发展又是维持社会存在的必不可少的前提。在这里，宗教就施展出自己固有的本能适应性。在不影响满足宗教需要的情况下，竭力适应生产力的发展。

这个规律适用于所有的世界性的宗教。专就印度佛教而论，由小乘向大乘的过渡就是这个规律的具体表现。在中国两晋南北朝时期，顿悟学说的兴起，其背后也是这个规律。小乘讲渐悟，讲个人努力，也并不答应每个人都能成佛，换一个术语来说，就是每个人不都有佛性。想成佛，完全依靠个人努力。如果每个人都努力去成佛，生产力必然受到破坏，社会就不能存在。这是绝对不行的。大乘在中国提倡顿悟成佛，讲虔诚信仰，只需虔心供养，口宣佛号，则放下屠刀，立地成佛，何等轻松惬意！这样既能满足宗教需要，又不影响生产力的发展。佛教凭借了这种适应性，终于得到了发展。

但是提倡顿悟学说是并不容易的。首倡者为竺道生。在他之前，可能已有这种思想的萌芽，集大成者是竺道生。他那"一阐提皆有佛性"是非常著名的论断。"一阐提"是梵文icchantika的音译，意思是"十恶不赦的恶人"。连这种人都有佛性，其余的人就不必说了。法显在这里也起了作用。他从印度带回来并且翻译了的《六卷泥洹》中就隐含着"一切众生悉成平等如来法身"的思想。（见《祐录》此书的《出经后记》）道生倡顿悟义，不知始自何年。据《高僧传》，卷七《竺道生传》：

> 又《六卷泥洹》先至京师，生剖析经理，洞入幽微，乃说一阐提人皆得成佛。（大50，366c，《祐录》文字稍异，大55，111a）

这里明说，竺道生受到了法显《六卷泥洹》的影响。此说一出，守旧的和尚群起而攻之，他们都认为道生之说为异端邪说。不久，昙无谶译出了《大般涅槃经》，其中果有此说（见大12，393b），于是众僧咸服。

以上从四个方面论列了法显在中国佛教史的突出地位。可能还有别的方面，这里不再讨论了。

（二）《法显传》在世界上的影响

法显的功绩主要在于取经和翻译。他携归和翻译的经历代经录都有著录，请参阅《祐录》卷二，以及其他经录，这里不再胪列。但是他写的《法显传》对于世界的影响却远远超过了他的翻译对于中国的影响。《法显传》在历代著录中有很多不同的名称，比如《佛游天竺记》《释法显行传》《历游天竺记》《佛国记》《历游天竺记传》《释法显游天竺记》《佛游天竺本记》《释法明游天竺记》《法明游天竺记》《历游天竺记传》《法显记》等等,请参阅章巽前引书,页5—7。名称固繁,版本亦多,请参阅章巽同上书,页13—24。

《法显传》在国际上的影响,首先表现在它的外文译本之多上。根据章巽的统计(见同上书,页30),共有英译本三,译者为Samuel Beal(1869年)、James Legge(1886年)和H.A.Giles(1923年);日译本二,译者为足立喜六:《考证法显传》(1935年)、《法显传——中亚、印度、南海纪行研究》(1940年)和长泽和俊(1970年)。既然有了这样多的译本,那就必然有相应多的影响。

我在这里专谈一谈《法显传》对印度的影响。众所周知,印度古代缺少真正的史籍,这一点马克思曾指出来过。因此,研究印度古代历史,必须乞灵于外国的一些著作,其中尤以中国古代典籍最为重要,而在这些典籍中,古代僧人的游记更为突出。僧人游记数量极多,而繁简不同,时代先后不同。《法显传》是最古的和最全的之一,一向被认为与唐玄奘的《大唐西域记》和义净的《大唐西域求法高僧传》《南海寄归内法传》鼎足而三。研究印度古代史的学者,包括印度学者在内,都视之为瑰宝。有一位著名的印度史学家曾写信说:"如果没有法显、玄奘和马欢的著作,重建印度历史是不可能的。"

关于《法显传》对印度历史研究的重要性,我举一个具体的例子。印度学者高善必是优秀的数学家,同时又是最优秀的史学家。他在印度古代史方面著述宏富,而且是用历史唯物主义的观点来探讨历史问题,时有石破天惊之论,在国际上享有盛誉。他的代表作是《印度史研究导论》(An Introduction to the Study of Indian History, Bombay, 1956)。本书第九章讨论的主题是"自上而下的封建主义"。讲到早期封建制的发展时,他引用了《法显传》关于中天竺的一段文字：

> 从是以南，名为中国。中国寒暑调和，无霜、雪。人民殷乐，无户籍官法，唯耕王地者乃输地利，欲去便去，欲住便住。王治不用刑罔，有罪者但罚其钱，随事轻重，虽复谋为恶逆，不过截右手而已。王之侍卫、左右皆有供禄。举国人民悉不杀生，不饮酒，不食葱蒜，唯除旃荼罗。旃荼罗名为恶人，与人别居，若入城市则击木以自异，人则识而避之，不相唐突。国中不养猪、鸡，不卖生口，市无屠、酤及沽酒者。货易则用贝齿，唯旃荼罗、猎师卖肉耳。自佛般泥洹后，诸国王、长者、居士为众僧起精舍供养，供给田宅、园圃、民户、牛犊，铁券书录，后王王相传，无敢废者，至今不绝。

这一段文字异常重要，它把印度公元400年左右在笈多王朝月护二世（超日王）统治下的中国描绘得具体而生动。高善必根据这一段文字做了如下的分析：官吏们还没有得到封建权利和权力。中国以外的土地一定要缴纳租税的，一般是收获粮食的六分之一。大概是这个帝国中心地带受到了特别的优惠，赋税比较少。在农村中一定有酿酒人和负贩。农民可以来去自由，表明没有农奴制。至于供给僧众田宅、园圃、民户、牛犊等东西，怎样解释？还是一个问题。外文翻译者各有各的理解。从标准的土地馈赠来判断，馈赠的只是收租权，而不是土地所有权。见上引书，页278—279。

除了高善必以外，所有研究印度古代史特别是笈多王朝时代的历史的学者，不管是印度的，还是其他国家的，没有一个不引用《法显传》的。我再举一个例子。印度史学家Lalmani Joshi的《印度佛教文化研究》(*Studies in the Buddhistic Culture of India*, Motilal Banarsidass, Delhi, Varanasi, Patna, second revised ed., 1977) 是一部非常优秀的书。著者在本书中许多地方都引用了《法显传》。比如，在页13和页258讲到弥勒崇拜和乌苌国的首都时，都引用此书关于陀历国的记载。在页298—299讲到佛教在印度衰微时，引用此书关于摩头罗国的记载："有遥捕那河，河边左右有二十僧伽蓝，可有三千僧，佛法转盛。"他又引用玄奘《大唐西域记》，卷四关于秣菟罗国的记载："伽蓝二十余所，僧徒二千余人。"同一个地方，相隔几百年之后，伽蓝的数目没有变，僧人却减少了一千人，衰微的情况清晰可见。这样的例子，著者还举了一些。从上面几个简略的例子里可以看出，《法显传》对研究印度中世纪佛教，有多么重要的意义。

我还想再举两个例子。一个是印度当代著名的史学家R.S. Sharma的《古代印度的首陀罗》(*Śūdras in Ancient India*, Motilal Banarsidass, 1958) 这是一部颇为著名的书，得到印度国内外学者们的广泛赞誉。在本书第七章讲农民阶级与宗教权利时，著者在四处引用了《法显传》，都是上面高善必引用的那一段。页286，引用"不食葱蒜，唯除旃荼罗"，页290—291，引用"（旃荼罗）若入城市，则击木自异，人则识而避之，不相唐突。"第二个例子是Bordwell L.Smith的 *Essays on Gupta Culture*（《笈多文化论集》，Motilal Banarsi-dass, 1983）。这是一部论文集，著者不是一个人，讨论的题目也不尽相同。其中有几篇文章引用《法显传》。页7，A.L. Basham在序言中讲到旃荼罗人城市击木自异的情况。页38，A.K. Narain 在《古代印度特别是笈多时期的宗教政策和宽容》这一篇论文中，引用了《法显传》来说明当时佛教兴隆的情况。页130，132—133，136—140，147—148，B.G.Gokhale 在《笈多时期的佛教》这一篇论文中，引用了《法显传》来说明月护王（376—414年）时期的印度佛教状况，特别是佛教寺院中研究经、律、论的情形。

除了以上四本书以外，引用《法显传》的书籍还多得很，这里无法一一列举了。

我在上面先介绍了晋宋时期中国佛教发展的情况，然后介绍了法显的生平和他对中国和世界的影响。总起来可以这样说，法显活动的两晋南北朝时期是中国佛教发展和中印文化交流的高峰时期之一。他留下的佛典译文，特别是他的《法显传》，到现在仍然保留着自己的活力，起着相当大的影响。他对促进中印两国的文化交流和人民的传统友谊，也有不可磨灭的功绩。《法显传·跋》中有几句话："于是感叹斯人，以为古今罕有。自大教东流，未有忘身求法如显之比。"法显是当之无愧的。中国人民永远不会忘掉他，印度人民也不会忘掉他。

1989年5月16日写毕

竺 道 生

　　竺道生，本姓魏，钜鹿人。据说不知寿若干岁，也不知生于何年。但是汤锡予先生说，他死于公元434年，寿六十年。那么倒推上去，他应该生于公元374年或375年[①]。

　　在中国佛教史上，道生也有极高的地位。论者说他实际上集《般若》《毗昙》《涅槃》三方面之大成。我不详细叙述。他最重要的贡献，正如我在上面讲法显时所提到的那样，是提倡顿悟说。什么叫"顿悟"呢？我认为，这个字应该来自梵文动词字根 vbudh，意思是"觉悟""醒过来"。汉文"佛陀"的梵文原文 buddha，就来自这个字根。根据佛教教义，"悟"意味着"证得菩提"，或"成佛作祖"，或"获得最后解脱"等等。而"悟"有两种形式，一是"渐悟"，一是"顿悟"。所谓"渐悟"指的是经过累世修行，费上极大的力量，受过极多的折磨，经过千辛万苦，最后才能获得解脱，跳出轮回。其困难程度简直比我们今天在极少数官僚主义衙门里，盖上几百个图章，跑断了腿，事情还不一定办成，还要困难。真能令意志不坚者望而却步，不敢再抱什么成佛作祖的幻想了。佛教小乘和大乘的某些部派或某一些人，就是主张"渐悟"。所谓"顿悟"，与此正相反。"放下屠刀，立地成佛"，这多么干脆利落，简洁了当。这样成佛，谁不愿意干呢？两者一比，谁的欺骗性更大一些，

---

① 《汉魏两晋南北朝佛教史》，页611。汤先生在这里的叙述似有错字。

谁更能引诱信徒，谁对宗教发展更有好处，简直是一清二楚了。

竺道生就是主张这样"顿悟"的，但是"顿悟"又有两种：一个叫"小顿悟"，一个叫"大顿悟"。什么叫"小顿悟"呢？慧远《肇论疏》引了一些说法："远师云：二乘未得无有（当是"生"字），始于七地，方能得也。瑶法师云：三界诸结，七地初得无生，一时顿断，为菩萨见谛也。肇法师亦小顿悟也。"竺道生主张大顿悟，汤先生解释说："大顿悟者，深探实相之本源，明至理本不可分。悟者乃言'极照'，极照者冥符至理，理既不可分，则悟自不可阶段。"①抛开这些玄妙的佛教名辞，我说几句直白的话，小顿悟还有点羞羞答答，其本质有的与渐悟实在差不多，还是要费一些力气的。"大顿悟"没有这样啰嗦，天国入门券人人可得，不费吹灰之力，就能成佛作祖。竺道生这种主张之所以引起一些保守僧徒的讥评，道理是非常清楚的。从我上面提到的宗教发展规律来看，竺道生无疑是最符合的。

附带说上几句话。著名文学家谢灵运也是主张顿悟说的。不过，他主张小顿悟，颇与生公不同。

摘自《中印文化交流史·竺道生》

---

① 《汉魏两晋南北朝佛教史》，页657。

真　谛

南北朝时期最后一个高僧是真谛。他在中国佛教史上，在中印文化关系史上，占有重要的地位。

真谛，生于天竺，约于四十八岁时才来中国，时间是梁武帝中大同元年（546），倒推上去，他大约生于公元498年。他是从海路来的，先到广州，然后到南京。他先受到梁武帝的尊崇，想请他译经，后因侯景之乱，未果。他活动在梁陈之际的兵荒马乱中，不遑宁处，有几次想重返西国，都没有能走成，终于陈宣帝大建元年（569），逝世于中国。成为一个译经极多，被后人怀念的中印文化使者。

他译的经数量极大，如《十七地论》《中论》《如实论》《涅槃经本有今无论》《金光明经》《仁王般若经》《大空论》《中边分别论》《立世阿毗昙》《俱舍论》《律二十二明了论》等等，并重翻《金刚经》，数量之大，甚至可以说是空前的。

他在中国还有大量的弟子，其中颇有才华出众、影响广被者。

玄奘

玄奘离开中国到印度求法的时候，佛教在中国的传播至少有了六七百年的历史，很多重要的佛典已经译成汉文，有的甚至有不止一个译本。翻译组织已经形成了一个比较固定的体系。佛教教义也已有了很大的发展，中国僧侣已经能够自己创造新的宗派，形成了中国化的佛教。禅宗甚至可以说几乎完全是中国的创造。它实际上已经走向佛教的反面。佛教寺院已经有了自己独立的经济。大和尚成了僧侣地主，同世俗地主有矛盾，同时又剥削压迫僧伽中的劳动者。统治者对宗教的态度是崇尚道教，有时三教并用，佛教并不特别受到重视。

在印度方面，封建社会达到了相当高度的发展。佛教已经分解成为小乘和大乘，小乘的许多宗派渐趋合并，大乘空、有两宗都已出现。外道势力非常强大，佛教已呈现出由盛至衰的情况。中印两国的交通空前频繁，文化交流达到空前的高潮。

在玄奘活动的时期，中印两国的情况大体上就是这样。

综观玄奘的一生，无论是在佛经翻译方面，还是在佛教教义的发展方面，他都作出了划时代的贡献，他在这两方面都成了一个转折点。这一点我们在上面已经有所论述。现在我们再谈一谈玄奘个人的一些情况，其中包括：一、玄奘的家世；二、西行求法前在国内的学习准备阶段；三、西行求法的动机；四、在印度的活动；五、回国后的情况；六、在佛教哲学方面理论与实践的矛盾；七、翻译印度因明可能产生的影响。

一、玄奘的家世

魏晋南北朝一直到隋唐许多义学高僧都出身于名门大族的儒家家庭①。他们家学渊源，文化水平高，对玄学容易接受。他们中有些人世家地位逐渐降低，命运乖舛，因此就转入佛教以求安慰。玄学与佛学有某些类似之处，二者互相影响，互相抄袭。儒家出身受过玄学熏陶的和尚很容易接受佛教教义。《梁高僧传》和《续高僧传》有不少这样的例子，这里不一一列举。

玄奘的情况很相似。《大唐大慈恩寺三藏法师传》卷一说：

汉太丘长仲弓之后。曾祖钦，后魏上党太守。祖康，以学优仕齐，任国子博士，食邑周南，子孙因家，又为缑氏人也。父慧，英杰有雅操，早通经术。形长八尺，美眉明目，褒衣博带，好儒者之容，时人方之郭有道。②

《续高僧传》卷四《玄奘传》也说：

祖康，北齐国子博士。父慧，早通经术。③

可见玄奘出身于一个儒学世家；他不但学过《孝经》，而且是个孝子，他"备通经典，而爱古尚贤。非雅正之籍不观；

---

① 参阅侯外庐主编《中国思想通史》第四卷（上），第143页等。
② 《大正新修大藏经》（以下缩写为⑰）50，221b。
③ ⑰50，446c。

玄奘故里——河南省偃师市缑氏镇陈河村

非圣哲之风不习",完全是儒学家风。同后代由于贫穷而出家当和尚的情况是完全不同的。

二、西行求法前在国内的学习准备阶段

玄奘费了很大劲,才出了家。出家后,历游各地,遍访名师问学。根据《大唐大慈恩寺三藏法师传》和《续高僧传》所载,他访问过的老和尚一共有十三位:景、严、空、慧景、道基、宝暹、道震(振)、慧休、道深、道岳、法常、僧辩、玄会。他跟这些老师学习过的佛典有:《涅槃经》《摄大乘论》《阿毗昙论》《迦延》(《迦旃延阿毗昙》)《婆沙》《杂心》《成实论》《俱舍论》。可见玄奘的佛学是上承真谛绪统,研究了早已流行的毗昙、涅槃、成论之学,也研究了新兴的法相唯识学(《摄大乘论》为主),这和他以后佛学研究方向和赴印求法的目的都有联系。

三、西行求法的动机

这问题我们上面已经有所涉及,这里再深入地谈一谈。自南北朝时起,中国和尚就争论所谓佛性的问题:凡人能不能成佛?什么时候成佛?经过什么阶段、通过什么手续才能成佛?对我们说来,这种荒诞不经的问题,毫无意义。但是对大多数佛徒说来,在欺骗老百姓方面,这却是绝顶重要的问题。

关于这个问题,印度小乘、大乘,都各有答复。大乘空、有,也各有答复。玄奘在国内已经接触到印度新兴的大乘有宗。他大概对这一宗派发生了兴趣。《大唐大慈恩寺三藏法师

传》说：

> 法师既遍谒众师，备飡其说，详考其理，各擅宗途；验之圣典，亦隐显有异；莫知适从，乃誓游西方，以问所惑，并取《十七地论》，以释众疑，即今之《瑜伽师地论》也。①

《瑜伽师地论》是大乘有宗最重要的经典。他到印度去的主要目的是寻求学习大乘《瑜伽论》。《大唐大慈恩寺三藏法师传》说他到了屈支国，遇到一个大德僧名叫木叉毱多。玄奘问他："此有《瑜伽论》不？"毱多说这是邪见书，玄奘说：

> 婆沙俱舍，本国已有。恨其理疏言浅，非究竟说。所以故来欲学大乘《瑜伽论》耳。又瑜伽者，是后身菩萨弥勒所说，今谓邪书，岂不惧无底在（拄）坑乎？②

到了印度以后，曾对戒日王说：

> 玄奘远寻佛法，为闻《瑜伽师地论》。③

他又对戒贤法师说：

---

① 大50，222c.《大唐故三藏玄奘法师行状》完全一样。
② 大50，226c. 支那内学院本作："岂不惧无底枉坑乎？"
③ 大50，247a。

> 从支那国来，欲依师学《瑜伽论》。①

《续高僧传》卷四《玄奘传》②说法相同。可见玄奘到印度去求学的目的是非常清楚的。

玄奘想解决佛性问题，为什么找到瑜伽宗，也就是有宗呢？为什么不找龙树、帝婆的空宗呢？从佛教发展的历史来看，小乘佛教声言必须经过累世修行，积累功德，然后才能成佛。这就需要个人的艰苦努力。结果有些人望而却步。天国入门券卖得这样贵，不利于麻痹人民。在封建初期小国林立时还能勉强对付，但到了封建大帝国建成，它就失掉了服务的资格，必须及时改变。大乘空宗应运而起，它不要求累世修行，只须归依三宝、礼拜如来，就能达到目的。这是对一般老百姓的说法。对义学高僧则讲一套"空"的道理。玄奘所服膺的是大乘有宗，与空宗表面上稍有不同。所谓"有"，并不是承认物质世界的存在，并不是不讲空。否则就有承认物质世界的可能或嫌疑。但是空宗空得太厉害，什么都空了，物质世界固然空掉了，但是连真如、佛性、涅槃，甚至比涅槃更高的东西也都空掉。这不但对麻痹老百姓不利，而且对宗教家本身，好像也断绝了奔头。有宗在承认我法两空的同时，在否认物质世界的同时，小心翼翼地保护着"真如佛性"的"有"。这是有其隐蔽的目的的。就拿成佛的问题来说吧。玄奘和他创立的法相宗，既反对小乘那样把天国的入门券卖得太贵，也反对大乘空宗那样连天国都要空掉。他追随印度瑜伽行者派的学说，坚持五种姓的主张，就是说，人们对佛理的接受与实践是各不相同

---

① ㊅50，236c。

② ㊅50，452a。

的。他反对道生主张的、有《涅槃经》作根据的一切众生皆有佛性的说法。《瑜伽师地论》《楞伽经》《摄论》都是讲种姓的,玄奘和法相宗也坚持此点。在窥基的著作中,特别是在《法华经》的注解中,他们的观点当然完全相同①。

这种说法与当时流行在中国的各宗的说法都不相同,因此招致了许多非议。玄奘虽然在成佛的道路上多少设置下了一些障碍,但是他在印度寻求解决佛性问题的结果却是:在当世即可成佛。从他自己的经历中也可以看出这一点。在他临终的时候,《大唐大慈恩寺三藏法师传》说:

> 至十六日,如从梦觉,口云:"吾眼前有白莲华大于槃,鲜净可爱。"十七日,又梦见百千人形容伟大,俱著锦衣,将诸绮绣及妙花珍宝装法师所卧房宇。以次装严遍翻经院内外,爰至院后山岭林木,悉竖幡幢。众彩间错,并奏音乐。门外又见无数宝舆,舆中香食美果,色类百千。并非人中之物,各各擎来供养于法师。法师辞曰:"如此珍味,证神通者方堪得食。玄奘未阶此位,何敢辄受。"虽此推辞而进食不止。侍人謦欬,遂尔开目,因向寺主慧德具说前事。法师又云:"玄奘一生以来所修福慧,准斯相貌欲似功不唐捐。信如(知)佛教因果并不虚也。②

这显然就是成佛的意思。玄奘大概自己相信,他这一死就涅槃成佛了。

---

① 吕澂《中国佛学源流略讲》,第190页。
② ⊛50,276c—277a。

四、在印度的活动

玄奘经过了千辛万苦，九死一生，终于到了印度。同在国内一样，他也是到处访谒名师，对佛典和婆罗门经典，都一一探索。在佛教内部，他是一个坚定的大乘信徒，这在《大唐西域记》和《大唐大慈恩寺三藏法师传》中可以清楚地看到。他制造了许多抬高大乘的神话，秣底补罗国的那一个反对大乘的论师的下场就是一个很好的例子。此外，《大唐大慈恩寺三藏法师传》里面还多次提到大小乘之争。他总是袒护大乘。但是他并不反对学习小乘，他还积极地去学习印度其他的一些科学知识，比如逻辑学（因明）、语法（声明）等等。

我们在下面以《大唐大慈恩寺三藏法师传》为根据，按时间顺序，把他在印度学习的情况条列如下：

迦湿弥罗国

> 彼公（指僧称——引者）是时年向七十，气力已衰，庆逢神器，乃励力敷扬。自午以前，讲《俱舍论》。自午以后，讲《顺正理论》。初夜后讲《因明》《声明论》。由是境内学人，无不悉集。法师随其所说，领悟无遗。研幽击节，尽其神秘。①

磔（砾）迦国

> 仍就停一月，学《经百论》《广百论》。②

---

① 大50，231b。
② 大50，232a。

至那仆底国

因住十四月,学《对法论》《显宗论》《理门论》等。①

阇烂达那国

因就停四月,学《众事分毗婆沙》。②

禄勒那国

遂住一冬半春,就听《经部毗婆沙》讫。③

秣底补罗国

法师又半春一夏,就学萨婆多部《怛埵三弟铄论》(唐言《辩真论》,二万五千颂,德光所造也),《随发智论》等。④

羯若鞠阇国

法师入其国,到跋达逻毗诃虽寺住三月,依毗离耶

---

① ㊅50,232a。
② ㊅50,232b。
③ ㊅50,232c。
④ ㊅50,233a。

犀那三藏读佛使《毗婆沙》、日胄《毗婆沙》讫。①

摩揭陀国 那烂陀寺

这座古寺是几百年前笈多王朝创立的，是当时印度文化的中心，也是玄奘的目的地。他于公元630年来到这里，在这里住的时间最久，主要是从戒贤大师受学。在他来到以前，慈氏菩萨托梦给戒贤："故来劝汝：当依我语显扬《正法》《瑜伽论》等，遍及未闻。"②法师在寺听《瑜伽》三遍，《顺正理》一遍，《显扬》《对法》各一遍，《因明》《声明》《集量》等论各二遍，《中》《百》二论各三遍。其《俱舍》《婆沙》《六足》《阿毗昙》等以曾于迦湿弥罗诸国听讫，至此寻读决疑而已。兼学婆罗门书。印度梵书，名为《记论》。③

伊烂拿国

又停一年，就读《毗婆沙》《顺正理》等。④

南憍萨罗国

其国有婆罗门，善解因明，法师就停月余，日读

---

① 大50，233b。
② 大50，237a。
③ 大50，238c—239a。
④ 大50，240a。

《集量论》。①

驮那羯磔加国

法师在其国逢二僧，一名苏部底，二名苏利耶，善解大众部三藏。法师因就停数月学大众部《根本阿毗达摩》等论。彼亦依法师学大乘诸论。②

钵伐多国

法师因停二年，就学正量部《根本阿毗达摩》及《摄正法论》《教实论》等。③

五、回国后的情况

玄奘离开印度，仍然循陆路回国。贞观十八年（644）他一回到于阗，就急不可待地上表唐太宗，告诉他自己回国的消息。太宗立刻答复："可即速来，与朕相见。"两个人可以说是未见倾心，从此就奠定了他们之间的密切关系。为什么会发生这样的情况呢？太宗是一个有雄才大略之主，西域的突厥始终是他的一块心病，必欲除之而后快。玄奘是深通世故、处心积虑显扬佛法的和尚，他始终相信："不依国主，则法事不立。"两个人一拍即合，这就是基础。

---

① 大50，241b。
② 大50，241b—c。
③ 大50，244a。

贞观十九年（645）春正月，玄奘回到长安，受到盛大的欢迎。他带回来了大乘经224部，大乘论192部，上座部经律论15（4）部，大众部经律论15部，三弥底部经律论15部，弥沙塞部经律论22部，迦叶臂耶部经律论17部，法密部经律论42部，说一切有部经律论67部，因明论36部，声明论13（2）部，凡520夹，657部。此外还有许多佛像，都安置在弘福寺内①。

同年二月，玄奘谒见唐太宗。寒暄以后，太宗首先问的是西域的物产、风俗。玄奘对答如流。太宗大悦，立刻劝他著书，"帝又察法师堪公辅之寄，因劝归俗，助秉俗务。"②玄奘不肯。可见玄奘初次见面给太宗印象之深。也可见太宗关心的并不是什么佛教，而是政治，说太宗崇信佛法，是没有根据的。他答玄奘手书说："至于内典，尤所未闲。"③说得再明白不过了。

从此以后，玄奘主要精力就用在写书、译经上。他上奏太宗："玄奘从西域所得梵本六百余部，一言未译。"太宗肯定了他的想法。他虽然华梵兼通，但是大概从亲身经验中和中国过去的经验中，他感到集体译比单干要好得多。他首先组织了译场④，网罗天下和尚中的英俊，助他译经。他的政治嗅觉又是很灵敏的，他完全了解太宗的打算，到了贞观二十年（646），仅用了一年的时间，就把《大唐西域记》写完上进。他在表中写道：

所闻所履百有二十八国。窃以章彦之所践藉，空陈

---

① 大50，252c。

② 大50，253b。

③ 大50，257a。

④ 关于玄奘的译场，请参阅《大唐大慈恩寺三藏法师传》卷六，大50，253c—254a；《开元释教录》，大55，559a—b。

广袤；夸父之所凌厉，无述土风。班超侯而未远，张骞望而非博。今所记述，有异前闻，虽未极大千之疆，颇穷葱外之境，皆存实录，匪敢雕华。谨具编裁，称为《大唐西域记》，凡一十二卷，缮写如别。①

《大唐西域记》写完以后，他就专心译经。他的工作热情，高到惊人的程度。"专精夙夜，不堕寸阴。"②但是他没有，也不可能忘记"政治活动"。他还是经常追随在太宗左右。他译了经，一定要请太宗作序。一次不允，再次请求，决不怕碰钉子，一直到达到目的为止。他也懂得在适当的时机，用适当的言词来"颂圣"。他说什么："四海黎庶，依陛下而生。"③他在印度时，戒日王问什么《秦王破阵乐》，这可能是事实；但我怀疑也是他编造的。太宗没有忘记原来的打算："每思逼劝归俗，致之左右，共谋朝政。""意欲法师脱须菩提之染服，挂维摩诘之素衣；升铉路以陈谟，坐槐庭而论道。"④玄奘回答说："仰惟陛下上智之君，一人纪纲，万事自得其绪。"⑤现在看起来，这回答真是非常得体，既拒绝了太宗的要求，又不得罪这位大皇帝，而且还狠狠地拍了一下马屁。以后还有几次，太宗要玄奘还俗做官，玄奘始终很巧妙地避开。他还会寻找一切机会向皇帝上表祝贺，比如赤雀飞上御帐之类。在皇帝方面，当然也不会忘记随时颁赐，御笔写序，弘扬大法。终太宗之世，君臣虽然各有各的打算，但总算是相知极深，恩遇始终优渥。玄奘译经的

---

① ㊣50，254b—c。
② ㊣50，254a。
③ ㊣50，255a。
④ ㊣50，255a。
⑤ ㊣50，255a—b。

干劲也丝毫没有衰竭。同时,玄奘同印度那烂陀的联系,并未中断,书信往来,还是有的。

太宗崩逝以后,玄奘同高宗的关系也处得很好。玄奘对这位新皇帝是如法炮制,连皇帝妃子怀孕、生儿子这种最俗的事情,这位高僧也不会忘记上表祝贺。新皇帝也像他父亲一样,待玄奘很好。自从高宗即位以后,玄奘就回到慈恩寺。从此以后,专务翻译。每天夜以继日,勤奋不辍。除了翻译之外,还要讲经:

> 每日斋讫,黄昏二时讲新经论,及诸州听学僧等恒来决疑请义。既知上座之任僧事,复来咨禀。复有内使遣营功德,前后造一切经十部,夹纻宝装宝像二百余躯,亦令取法师进止。日夕已去,寺内弟子百余人,咸请教诫,盈廊溢庑,皆酬答处分无遗漏者。虽众务辐凑,而神气绰然,无所拥滞。犹与诸德说西方圣贤立义、诸部异端,及少年在此周游讲肆之事。高论剧谈,竟无疲怠。其精敏强力过人若斯,复数有诸王卿相来过礼忏,逢迎诱导,并皆发心,莫不舍其骄华,肃敬称叹。①

到了后来,他大概感到自己年龄渐老。他在上高宗表中说:"而岁月如流,六十之后,飒焉已至。念兹遄速,则生涯可知。"②他想离开京城往少林寺翻译,皇帝不许。

到了逝世前夕,玄奘对翻译工作更加兢兢业业,争分夺

---

① 大50,260a—b。
② 大50,273c。

秒。在翻译《大般若经》时,"到此翻译之日,文有疑错,即校三本以定之,殷勤省覆,方乃著文,审慎之心,古来无比"①。他也劝别人:"人人努力加勤恳,勿辞劳苦。"②到了麟德元年(664)春正月,僧众劝他翻译《大宝积经》,众情难却,他勉强译了几行,便收梵本说:"此经部轴与《大般若》同,玄奘自量气力不复办此。"③他晚年急切工作的情景,跃然纸上。他也就死在这一年。

六、在佛教哲学方面理论与实践的矛盾

玄奘在佛教哲学方面,基本上继承了印度大乘有宗的传统,他比较忠实地把这一派学说介绍到中国来,形成了中国佛教的一个宗派——法相宗。不过,玄奘毕生所致力的是翻译工作,自己写的著作不多,法相宗理论的奠基人应该说是他的弟子窥基。

关于法相宗的哲学,可参阅任继愈的《汉唐佛教思想论集》和吕澂的《中国佛学源流略讲》,这里不详细论述。

我在这里只想谈一个问题,这就是,玄奘在佛教一个关键性、也是他毕生关心的问题上,理论和实践的矛盾。

法相宗,同中外唯心主义哲学一样,虽然立论决不是根据客观实际,本来是可以胡说一通的,却偏要搞成一个看起来深不可测五花八门的体系。这个体系的特点就是八识,世间一切都是"识"所变现出来的,因此被称做唯识宗。前六个识——眼识、耳识、鼻识、舌识、身识、意识,是容易理解的。第八

---

① 大50,276a。
② 大50,276b。
③ 大50,276c。

识叫阿赖耶识，是总管一切的，而第七识末那识则是联系第八识与前六识的。最关键的是第八识。前六识只起了别、认识的作用。第七识起联系的作用。有了第八识，其他七个识才能起作用。此外法相宗还幻想出一个精神性的单子——种子，认为它是构成世界的原因。一切种子有染、净的分别，前者叫有漏种子，后者叫无漏种子。这些种子当然不能离开识，也就是说离不开人的主观精神，既然第八识是人的主观精神（心）的关键，种子藏住的地方就是第八识。世界是在种子生生灭灭中进行着的，种子又是经常处在染污的情况下。有漏种子是使人类陷于苦难的根本原因，只有断尽有漏种子，人类才能跳出轮回。在这里法相宗又提出了三性、三无性的学说。其中圆成实性或真如佛性是万法（一切事物）的实体。这个实体对于世界不具有加工、改造、推动的作用，它是不造作、不生灭、永世常存的。它是绝对清净、不杂有染污的精神实体。如果想舍染归净，就必须割断阿赖耶识和众生活动的内在联系。阿赖耶识中包括有漏种子和无漏种子。不断经过善行的熏习，有漏可以转为无漏。根据法相宗的理论，只有佛才能断尽有漏种子；但是有漏种子断尽才能成佛。这个鸡与蛋的关系，使法相宗陷入窘境，无法摆脱。①

总之，不管怎么样，在法相宗看来，成佛是异常艰巨的，如果说不是不可能的话。这是他们的理论。

但是在实践上，好像又不是这么一回事，成佛不但不是不可能的，而且今生即可成佛。永徽二年（651）春正月有几个州的刺史请玄奘授菩萨戒，玄奘答应了。后来他们返任后各

---

① 见于任继愈文。

舍净财共修书遭使参见法师，信中有几句话说："始知如来之性，即是世间，涅槃之际，不殊生死。"①这可能是玄奘因材施教，故意对居士弟子这样说的。但证之玄奘临终时的情况，好像他自己也这样相信。这样就产生了理论与实践的矛盾。我觉得，中国古代许多佛教大师都似乎有这样的矛盾。讲佛理的时候，头绪纷繁，越讲越玄。乍一看，真是深奥得很，实则破绽百出，想入非非，故弄玄虚，强词夺理。但在实践方面，则又是另外一套。这种理论与实践的矛盾，可能是由于对一般老百姓，如果死钻牛角，将会把他们吓退，不如说得简单明了，只需喊上几声"阿弥陀佛"，布施一些什么东西，就扯给他一张天国入门券，西天有份。这样对吸收信徒，增添利养，大有好处。我看玄奘也没能逃出这个窠臼。

七、翻译印度因明可能产生的影响

法称和陈那是印度因明（佛教逻辑）的创立者，他们都是唯心主义者，但又是逻辑学家，这本身就有点矛盾。想要调和唯心主义与逻辑是不可能的。印度唯心主义者，包括佛教大乘的空宗和有宗在内，都认为外在世界或物质世界是不真实的。恩格斯的名言："全部哲学，特别是近代哲学的重大的基本问题，是思维和存在的关系问题。"②这句名言在印度也是适用的。印度唯心主义者，尽管用的名词不同，但是目的是一致的，就是否认物质世界的存在，认为思维是第一性的。他们有一些手

---

① 《大唐大慈恩寺三藏法师传》卷七，㊥ 50，260c。
② 《路德维希·费尔巴哈和德国古典哲学的终结》，《马克思恩格斯选集》，第四卷，人民出版社，1972年版，第219页。

法同欧洲有些相似，比如唯识宗论证物质世界不存在的理论，就同英国的唯心主义者贝克莱几乎完全相同。印度唯心主义者否认pramāṇa（旧译作"量"或"形量"），也就是知觉与推理等，他们说这些都只是幻象。因为如果承认知觉与推理就要承认知觉与推理的对象，认识的目的物。也就是说，承认外在物质世界的存在。印度的因明学者法称和陈那不想放弃唯心主义，又对pramāṇa感到兴趣。法称说："一切成了功的人类活动都以正确的知识为前提。正确的知识包括两个方面，这就是直接经验（pratyakṣa，一译知觉，旧译"现量"）和推理（anumāna，旧译"比量"）。"[1]他们给印度因明（逻辑）与认识论灌输了新的活力，企图调和多少有点唯物主义因素的经量部与大乘有宗的理论。这就表明，因明的探讨，不能不承认知觉与推理等所谓pramāṇa的存在。这是一个矛盾，法称与陈那的弟子和注释者都不能不承认这一点。连他们本人也感觉到这一点而没有法子解决，只有不了了之，装出不理会这个问题的样子。不管怎么样，法称与陈那探讨了因明，承认了pramāṇa，因而助长了唯心主义的对立面——印度唯物主义者的声势。这在印度哲学史上无论如何也算是起了进步作用的。

玄奘也是一个唯心主义者，但是他对因明也下过工夫。在印度留学期间，曾从戒贤大师听《因明》两遍。在南憍萨罗国，他也曾跟一个婆罗门学习因明。回国时他携带的书籍中有《因明论》36部。他翻译了《因明正理门论本》一卷、《因明入正理论》一卷。他的大弟子窥基写了一部《因明入正理论疏》三卷。可见他们师弟对因明的重视。法称和陈那所遇到的难以解

---

[1] 转引自恰托巴底亚耶《印度哲学中什么是活的？什么是死的？》，第57页。

决的问题，想来玄奘师弟也会遇到。他们对因明的提倡，也就意味着对唯心主义的冲击，不管是多么微小，多么隐晦不引人注意，多么违反玄奘师弟的本意，但它毕竟是一次冲击。它产生的结果会是积极的、良好的。

上面论述了有关玄奘个人的一些情况。我们究竟应该怎样评价玄奘这样一个人呢？

我们是唯物主义者，我们当然不欣赏宗教、也不宣扬宗教，我们同意马克思的名言："宗教是人民的鸦片烟。"但是我们又是辩证唯物主义者，必须对具体的事物、具体的人，进行具体的、全面的分析。佛教传入中国促进了中国唯心主义哲学的发展，宋朝理学就是一个具体的例子。但是魔高一尺，道高一丈。唯心主义的发展也促进了与之对立的唯物主义的发展。在中国思想史上，佛教也不无功绩，尽管这个功绩多半是从反面来的。我们不同意像有一些同志那样对佛教采取一笔抹煞、肆口谩骂的态度。这表面上看起来是非常"革命"的，实际上是片面性的一种表现，是没有力量对佛教进行细致分析批判的表现。其次，同佛教一起传进来的还有印度的文学、艺术、音乐、雕塑、音韵，甚至天文、历算、医药等等。这对我国文化的发展起了良好的作用。

对玄奘的评价也应该采取实事求是的态度。从中国方面来看，玄奘在中国佛教史上是一个继往开来承先启后的关键性的人物，他是一个虔诚的宗教家，同时又是一个很有能力的政治活动家。他同唐王朝统治者的关系是一个互相利用又有点互相尊重的关系。由于他的关系，佛教，特别是大乘佛教，得到了一定的发展。但是由于寺院有了独立的经济，寺院的头子都成了僧侣地主阶级，因此就不可避免地要同世俗的地主阶级，特别是地主阶级的总头子的唐朝皇帝发生矛盾。所谓"会昌法难"就是这样产生出来的。玄奘，不管他有多大能力，也无法避免这样的悲剧。佛教的衰微是不以他的意志为转移的。

至于他个人，一方面，他是一个虔诚的佛教徒、有道的高僧。另一方面，他又周旋于皇帝大臣之间，歌功颂德，有时难免有点庸俗，而且对印度僧人那提排挤打击，颇有一些"派性"。《续高僧传》卷四《那提传》说："那提三藏，乃龙树之门人也。所解无相与奘颇返。"这说明他信仰空宗，同玄奘不是一派。他携带了大小乘经律500余夹，合1500余部，永徽六年（655）到了京师，住在慈恩寺中，"时玄奘法师当涂翻译，声华腾蔚，无有克彰，掩抑萧条，般若是难。既不蒙引，返充给使。显庆元年敕往昆仑诸国，采取异药。既至南海，诸王归敬，为别立寺度人授法。弘化之广，又倍于前。以昔被敕往，理须返命。慈恩梵本，拟重寻研。龙朔三年（663）还返旧寺，所赍诸经，并为奘将北出，意欲翻度，莫有依凭"[①]。这里的玄奘简直像是一个地头蛇，一个把头。看来那提是一个很有学问很有道行的高僧，否则南方诸国的国王也不会这样敬重他。然而只因与玄奘所宗不同，便受到他的排挤、抑压。而且自己带来的佛经也被玄奘夺走。真有点有苦难言，最后只能怏怏离开中国，死在瘴气之中。连《续高僧传》的作者也大为慨叹："夫以抱麟之叹，代有斯踪，知人难哉！"

因此，我想借用恩格斯评论黑格尔和歌德的一段话来评论玄奘：

---

① 大50,458c—459a。

> 黑格尔是一个德国人而且和他的同时代人歌德一样拖着一根庸人的辫子。歌德和黑格尔在自己的领域中都是奥林帕斯山上的宙斯，但是两人都没有完全脱去德国的庸人气味。①

玄奘在自己领域内算得上是一个宙斯。但是他的某一些行为，难道就没有一点庸人习气吗？

但是，话又说了回来，玄奘毕竟是一个伟大的人物。我再引用鲁迅一段话：

> 我们从古以来，就有埋头苦干的人，有拼命硬干的人，有为民请命的人，有舍身求法的人……虽是等于为帝王将相作家谱的所谓"正史"，也往往掩不住他们的光耀，这就是中国的脊梁。②

鲁迅在这里并没有点出玄奘的名字，但是他所说的"舍身求法的人"，首先就有玄奘在内，这一点是无可怀疑的。有这样精神的玄奘的确算得上是"中国的脊梁"。

摘自《玄奘与〈大唐西域记〉》

---

① 《路德维希·费尔巴哈和德国古典哲学的终结》，《马克思恩格斯选集》，第四卷，人民出版社，1972年版，第214页。

② 《中国人失掉自信力了吗?》，见《鲁迅全集》卷六《且介亭杂文》。

义　净

　　义净同玄奘可以说是同一时代的人，他降生的那一年，玄奘三十六岁。

　　我现在仍然遵照叙述玄奘时的办法，先给义净写一个简略的年谱，根据的资料是王邦维《大唐西域求法高僧传校注》附录的《义净生平编年》，1988年，中华书局。

贞观九年（635）：

　　义净生。本姓张，字文明，齐州山庄人士。

贞观十五年（641）：

　　年七岁。入齐州城西四十里许土窟寺，侍善遇法师及慧智法师。

　　玄奘四十二岁，正在印度参加佛学大辩论，作为论主，取得胜利。

贞观十八年（644）：

　　年十岁。从师受学，犹未能领会深旨。

贞观二十二年（648）：

　　年十四岁，"得霑缁侣"。

　　义净十一岁时（645），玄奘回国。本年，玄奘四十九岁，住弘福寺译经。

贞观二十三年（649），高宗永徽二年（651），永徽三年（652）：

　　义净"志游西域""拟向西天"。

永徽六年（655）：

年二十一岁，受具足戒。

玄奘五十六岁，住慈恩寺译经。

显庆五年（660）：

年二十六岁。出游东魏，继游长安，负笈西京，到处问学。

麟德元年（664）：

年三十岁。

玄奘逝世。

咸亨二年（671）：

年三十七岁。自齐州出发。坐夏扬府。冬十一月，与门人晋州小僧善行附波斯舶南行。未隔两旬，抵佛逝。

咸亨三年（672）：

年三十八岁。停佛逝六月，渐学声明。又往末罗瑜国（后改室利佛逝），转向羯荼。十二月（约等于公历次年一、二月），乘王舶北行。

咸亨四年（673）：

年三十九岁。经裸人国，抵东印度耽摩立底国，留住一载，学梵语，习《声论》。与大乘灯禅师相见。

咸亨五年（674）：

年四十岁。五月，偕大乘灯诣中印度。先到那烂陀，次上耆阇崛山，至王舍城，往大觉寺。北行至薜舍离，又西北行至拘尸城。又西北行至劫比罗伐窣堵。又西行至僧迦施国（玄奘称之为劫比他国），顺路过曲女城。又东南行至婆罗痆斯，途经钵逻耶伽。

上元二年（675），义净四十一岁。自此至光宅元年（684），义净五十岁。在这九年间：

义净住那烂陀寺（当时仍然是全印最高学府），学习佛典。在这里遇到的唐朝僧人，有玄照、佛陀达摩、僧哲、慧轮、道琳、智弘、无行等。上距玄奘初抵那烂陀寺之年（贞观五年，631）四十四年。玄奘当时那烂陀寺好像只有他一个中国留学生。将近半个世纪之后，中国留学生竟然增加了这样多。可见中印文化交流关系大大地提高了一步。

义净在这里，受学于宝师子。又曾往距此约两驿处的羝罗荼寺，问学于智月；还有可能至南印度某地，问学于呾他揭多揭婆。

垂拱元年（685）：

年五十一岁。离那烂陀寺东归。冬，自耽摩立底登舶，携梵本三藏五十万余颂。

垂拱二年（686）：

年五十二岁。春初，到羯荼国，在这里遇到了道琳和智弘。停此至冬，复泛舶南行。

垂拱三年（687）：

年五十三岁。船行一月许，抵末罗瑜，再往佛逝，停于此处。

垂拱四年（688）：

年五十四岁。留室利佛逝，请学于佛逝国名僧释迦鸡栗底。

永昌元年（689）：

年五十五岁。七月二十日回到广州，邀贞固等往佛逝襄助译事。十一月一日，偕贞固、怀业、道宏、法朗，回到佛逝。

载初元年（690）：

年五十六岁。留室利佛逝译经。

天授二年（691）：

年五十七岁。撰成《大唐西域求法高僧传》《南海寄归内法传》等。五月十五日,遣大津归唐,携回两传及新译经论十卷,并请朝廷于西方造寺。

天授三年,如意元年,长寿元年(692)至长寿二年(693):

年五十八岁,五十九岁。停佛逝。

长寿三年(694),五月改元延载:

年六十岁。偕贞固、道宏回到广州。

证圣元年(695),改元天册万岁和万岁登封:

年六十一岁。五月,回到洛阳。武后亲迎于上东门外。先后住于佛授记寺和大福先寺,译经。

万岁登封元年(696)至圣历二年(699):

年六十二,六十三,六十四,六十五岁。在洛阳共实叉难陀等译《华严经》。

圣历三年(700)至长安三年(703):

年六十六岁至六十九岁,在洛阳长安译经。

长安四年(704):

年七十岁。赴少林寺。重结戒坛。

自此至先天二年(713),义净年七十九岁逝世,朝廷屡改年号,屡换帝王,义净或译经或陪侍朝廷。本岁,义净不愈,欲归齐州,未果。正月十七日,示寂于大荐福寺译经院。

义净的生平大略即如上述。

我现在对与义净有关的一些问题分门别类作一点简略的叙述和评论。

第一,义净出游的动机

根据法显和玄奘的例子——其实所有的赴西天求经的中国僧人,莫不有各自的动机——义净的出游也决不是为出游而出游,而是有十分明确的目的的。这种目的都是与当时佛教在中国传布和发展的情况密切相联的。佛教发展到某一阶段，出现了什么问题，一般庸僧是不会感觉到的；但是有识的高僧，出于对宗教的虔诚，由于自己的敏感，往往深切感知，而企图有以改变之，改变之方无他，只有到佛国去探求根源，寻觅妙方。法显是如此，玄奘是如此，义净也是如此。试将三人对比一下，是颇有意义的。

《法显传》开宗明义第一句话就是："法显昔在长安，慨律藏残缺。于是，遂以弘始元年……至天竺寻求戒律。"法显出游的目的非常明确：寻求戒律。至于玄奘，《慈恩传》卷一说："法师既遍谒众师，备餐其说，详考其义，各擅宗途，验之圣典，亦隐显有异，莫知适从，乃誓游西方以问所惑，并取《十七地论》以释众疑，即今之《瑜伽师地论》也。"玄奘出游的目的也是非常明确的：寻求义理。他在印度时曾因听戒贤讲《瑜伽师地论》未竟，推迟了会见戒日王的时间。关于显、奘二公，我在上面已经谈到过了。这种缺什么就补什么的现象，在文化交流中屡见不鲜，是含有深刻的意义的。

义净怎样呢？佛教在中国的发展，到了唐代，从中印两国文化交流的发展阶段来看，已经到了融合的高级阶段，具有中国特色的佛教，基本上已经形成。但是，在佛教内部，戒律废弛，纲纪不整的现象也出现了。僧人中的害群之马，也所在多有。"律宗"虽已形成，但在这个宗的内部，对戒律条文的解释也时有矛盾。义净西行的主要目的，就是要到西方去寻求戒律的真相。他在印度和室利佛逝时，对梵文佛典广为搜罗，重点似在律部，特别是根本说一切有部律。在回国后十多年的翻译活动中，他翻译的经很多。从量的方面来看，根本说一切有部律占有很大的比重，可见他译经重点之所在。此外，他在室利佛逝撰成后先派人送回国的《南海寄归内法传》，着重介绍印度的僧伽制度和具体的戒条，更可见他对律的关心。但是，我们必须注意到，他关心律和法显的关心律，外表相似，实有不同。时代变了，佛教发展的阶段变了，因此对律的要求，也必然随之而变。我们可以说，义净是在比法显更高一层的水平上，关心佛典律部的搜求与翻译。

第二，赴印道路问题

从中国僧人赴印的途径上，我们可以窥知在不同时期中西交通道路变动以及盛衰消长的情况。讲到交通，当然以陆路为早。但是从古代人类文化传播的情况来看，海路的兴起也不会太晚。专就中国的中西交通情况而论，后汉时期，正史上已经有明确的海路通往西方的记载。《汉书》卷二八下《地理志》中那一段有名的记载，就是最可靠的证据。从印度佛教入中国的具体的历史情况来看，我们很难截然分为陆路交通时代和海路交通时代。总的情况是，始终以陆路为主，海路也很早就被利用。几乎每一个时代都是海陆并举，只是有所偏重而已。

可是，根据我个人的看法，到了义净时代，似乎是一个转折点。姑以法显、玄奘和义净的出行路线为例，加以对比，加以说明。法显是陆去海归，玄奘是陆去陆归，义净是海去海归。这一个简单的事实，颇可以说明一些重要问题。义净是在公元671年去国，上距玄奘之死（664）仅有七年，距玄奘去国之年（627）仅四十四年。在这不能算太长的时期内，中印交通道路似乎发了巨变，海路显然占了上风。不但中印交通路线起了变化，连整个的中国通向西方——包括西亚、非洲和欧洲——的海上交通也大大地改变了。这并不等于说，陆路交通就被弃置不用了。否，在这个时期，甚至在这以后很长的时期内,仍然有不少中国僧人从陆路到印度去的。

第三,义净译经情况

我在上面第一条中已经涉及这个问题。我现在专就义净的译经工作加以补充。我不可能,也没有必要把他所译的佛典一一列出,我仅举其荦荦大者。义净译经的数量是很大的。《开元录》卷九说他翻译和撰述的书共六十一部二百三十九卷。卢璨为他撰写的《塔铭》说,义净"前后所翻经一百七部,都四百二十八卷,并敕编入一切经目"。这两个说法矛盾很大。再加上《贞元录》的说法,都不相同。所有这些说法,同现存的实际数目,都不符合,可见义净的著译都有很多佚失了。

义净译经的范围很广,大乘、小乘和密宗的经典都有。最有影响的当推《华严经》与《金光明经》。用力最勤的则是根本说一切有部律,现存的也最多。顺便说一句,义净还著有一卷《梵语千字文》,是使用中国《千字文》的形式,写出了一批习见的梵语单词,供初学者学习梵语之用。关于这部书是否真为义净所著,学者们之间是有争议的。但是,无论如何,对当时初学梵语的学者来说,它不失为一部有用的书。

第四,义净译经的技巧

我在上面玄奘一节中曾经说到,中国的译经史,从译文和原文的关系来看,可以分为三个阶段:直译——意译——意直兼有。这仿佛合乎黑格尔正题——反题——合题的三段式。玄奘是第三阶段的代表,是中国译经史上的集大成者,是一座高峰。义净仅晚于玄奘几十年,是玄奘同时代的人,应该说是属于同一阶段。事实上,从义净的译风来看,尽管与玄奘不完全相同,他确实应该归入第三阶段的。他在玄奘这一座高山之下、之旁,继承玄奘的衣钵,戛戛乎其难哉!

但是，义净毕竟是义净，他也是身手不凡的。他在这个第三阶段上创造出来了自己独特译风。1931年，在克什米尔的基尔基特（Gilgit，现在属于巴基斯坦）地区，一个牧童在一座古塔里发现了一批佛经残卷，是写在白桦树皮上的。写的时间大约是六七世纪。写的是《根本说一切有部律》（Mūlasarvāstivādavinayavastu）。残卷刚发现时就流失了一些，剩下的由印度梵文学者 Nalinakasha Dutt 校订出版：Gilgit Manuscripts, Srinagar-Kashmir, ed.by Dr.Nalinaksha Dutt, with the assistance of V.Pandit shiv Nath Shastri。一些残卷流落到意大利，也出版了一些。

1950年，我写过一篇短文《记根本说一切有部律梵文原本的发现》[①]。我觉得，梵本写的时间几乎正是义净在印度留学的时候，义净所搜求到的梵本，即使同 Gilgit 残卷不能完全相同，但也所差无几。因此，把义净译文拿来同 Gilgit 残卷对比，其结果必然是可靠的。我在这篇短文中，就把义净译的《根本说一切有部毗奈耶药事》同梵本（Mūlasarvāstivādavinaya-bhaiṣajyavastu）拿来对比。我只选了一段，但是局部可以反映整体，从这一段中得出来的结论，能够适用于全书。我对比的结果是，义净的译文确实忠于原文，但与玄奘的忠实又稍有不同。大概因为是律部，叙述多于理论，从而译文容易流畅易读。玄奘翻译的多是理论，读起来有点费劲。总之，义净属于玄奘所代表的中国翻译史的第三个阶段——合题阶段，是毫无问题的。但这只限于散文部分，一到韵文部分，情况就完全不同。在这里，义净颇多删节。如果没有梵本可资对比，这一点

---

① 《印度古代语言论集》，中国社会科学出版社，1982年，页398—401。

是无从知道的。

第五，义净在印度的影响

虽然义净在国外呆的时间比玄奘还要长许多年，但是他在印度的影响，却远远比不上玄奘。义净的影响主要来自他的两部著作，一部是《大唐西域求法高僧传》，一部是《南海寄归内法传》。前者有法国学者沙畹（E.Chavannes）和英国学者S.Beal的摘录和择要；后来又出了印度学者Latika Lahiri（罗喜瑞）的全译本（英文）。后者有日本学者高楠顺次郎的英译本。义净在印度的影响既然是通过学术著作，所以几乎是仅限于学术界，没有像玄奘那样妇孺皆知。

第六，义净在中国佛教史上的地位

在中国众多的和尚中到印度取经去而复归且翻译又卓有贡献者，只有三人，义净就是其中之一。这一点我在上面已经谈过。他在中国佛教史上的地位，就奠基于此。他是法显、玄奘与他自己三峰鼎立中的一峰。

义净就介绍到这里。

密宗高僧

我要介绍的人物是善无畏、一行、金刚智、不空。因为他们之间的关系密切，难解难分。所以我不再分别介绍，而是合在一起。

佛教密宗源于印度，崇拜的对象是大日如来（Mahāvairocana 摩诃毗卢遮那），是一个前此不见经传的神，显然是后人制造出来的。有人认为，从这个神的性质来看，他受了拜火教的影响，这是可能的，但也还没有确凿可靠的证据。由于来路暧昧，为了证明此神的"有根"，信徒们造作了大量的神话，多属荒诞不经之论。这当然都是不可信的。反对之者，对此进行了大量的指斥和攻击；当然也都是无稽之谈，同样是不可信的。

为什么会出现这种现象呢？原因就在于两方面都没有能从印度佛教的发展方向、从宗教的一般发展规律，来看待这个问题。因此，所论都搔不到痒处，宛如堂吉诃德大战风车。如果真正掌握了印度佛教的发展规律，则对密宗的出现必无骇怪之意，而会认为是自然的，甚至是必然的，是不可避免的。继小乘之后，大乘中已出现天国入门券越卖越便宜的现象，特别是净土宗，特别是弥陀净土，这种现象更是十分突出。密宗同弥陀净土一样，主张即身成佛。这样更容易招徕信徒，更能适应时代前进的需要。一般印度佛教史学者都把佛教的发展分为三个阶段：小乘→大乘→金刚经（Vajrayāna，即密宗）。这个三阶段的发展式，最能体现出宗教发展的规律①。

从印度传来的密宗主张有两种曼荼罗（maṇḍala，"坛"或"道场"，亦有"真言"义），不必一定是咒诵，也可以绘图表示。一种叫胎藏曼荼罗，一名台密；一种叫金刚界曼荼罗，一名东密。传第一种者是善无畏，他是中天竺人，玄宗开元四年（716）来华。当时显教（指性、相二宗）渐趋衰微，代之而兴者是西方传来的密宗。传之者善无畏首当其冲，他以秘术干人主，受到青睐。他收了一个徒弟，就是鼎鼎大名的擅天文历算的一行。师徒共同译密宗经典，有时加以注疏。所谓"密宗三经"，即出善无畏之手。传第二种金刚界曼荼罗者是金刚智。他是南天竺人，开元七年（719）来华，先到广州，敕迎入都，设坛译经。一行也可以算是他的学生。

真正弘扬密宗的是不空，本名不空金刚，本北天竺婆罗门族，"幼失所天，随叔父观光东国"。（《宋高僧传》卷一本传）年十五，师事金刚智。师死后，奉遗命返印度，求得密藏经论五百余部，于天宝五载（746）赍归。所译密典共七十七部，一百二十余卷，并敕收入大藏，密宗经典遂流行一时。他受到玄宗、肃宗及代宗三朝宠遇。密宗于是成了压倒一切的宗派。

密咒翻译后汉以来就已经有了。许多大乘佛典中都有或多或少的密咒，这是适应信徒们的宗教需要所不可或缺的。玄奘在《大唐西域记》中讲到"咒藏"，义净说道琳到印度去寻求明咒，义净自己也翻译了不少的咒。虽然如此，都没有认为

---

① 国内外关于密宗的著述极多。我在这里只举德国梵文学者 Helmuth von Glasenapp 的两部书，供对密宗有兴趣者参考：一本是《印度诸宗教》（*Die Religionen Indiens*），Alfred Kröner Verlag，Stuttgart，1943；一本是《佛教的神秘主义》（*Buddhistische Mysterien*），W.Spemann Verlag，Stuttgart，1940。

有一个独立的宗派密宗。原因也很简单,在玄宗以前,在印度本身体系完整的金刚乘还不能说是已经存在。印度是本,没有本,哪能有末呢?密宗一旦传入中国,经过了必要的中国化——有人主张,密宗受到中国道教的颇大的影响——在中国立定了脚根,自玄宗至唐末盛极一时。在所有的中国佛教宗派中,其寿命之长,仅次于禅宗。其原因,我认为,就在于密宗同禅宗一样,适应了宗教发展的规律。我甚至想在这里提出一个宗教发展的公式:一个宗派的寿命同它适应人民群众宗教需要的程度成正比。

慧超、悟空

我在这里还想补充讲两个僧人，一个是慧超，一个是悟空。我在上面曾经比较详细地介绍了法显、玄奘、义净等大师。他们是赴西天去而复归、在著译方面有突出贡献的中国佛教史上鼎足而立的三位大师。慧超和悟空当然不能同他们平起平坐；但是这两位僧人（其中慧超是新罗人，用汉文著述），也是赴天竺去而复归的，只是他们的功绩仅在于两部行记，这两部行记对后世产生了很大的影响。

慧超，又作惠超，似在第8世纪初期西行，所取路线似是北道。他几乎遍游了印度，最后回到龟兹的安西大都护府，时在唐玄宗开元十五年（727）。人们对他原来毫无所知。在敦煌石室发现了他的《往五天竺国传》，虽甚残缺，但仍重要。慧琳《一切经音义》卷一百，有此书的名字。此书佚失千余年后，至是复得。经中外学者的研究，有德、英等文字的译本，韩国学者对此书也十分重视，因为慧超毕竟是新罗僧人。

悟空，俗姓车，名奉朝，京兆云阳人。天宝九载（750），罽宾国愿附唐，其大首领来朝，请使巡按。明年（751），玄宗敕张韬光及悟空等四十余人西行，时空任左卫泾州四门府别将。天宝十二载（753），抵健驮罗国。至德二载（757），空年二十七，因病笃发愿出家。游历犍驮罗及迦湿弥罗。广德二年（764），南游中天竺国。德宗贞元六年（790），回到长安。其旅行记见《佛说十力经·序》。法国沙畹有法译本。

慧超和悟空的旅行记,对研究中印文化交流的历史,有重要的作用。

摘自《中印文化交流史·慧超、悟空》

继 业

在宋初，继业是一个值得重视的人。他是一个到过天竺，取回真经，行踪又有记录的僧人。他的记录之所以能够保留下来，是由于一个极为特殊的原因。宋代文学家范成大著《吴船录》，关于继业，是这样写的：

> 继业三藏，姓王氏，耀州人，隶东京天寿院。乾德二年，诏沙门三百人入天竺，求舍利及贝多叶书。业预遣中。至开宝九年，始归寺。所藏《涅槃经》一函，四十二卷，业于每卷后，分记西域行程。虽不甚详，然地里大略可考，世所罕见。录于此，以备国史之阙。

继业行程就是这样传下来的。下面我不录原文，只写出继业走过的地名，他的行程也就一目了然了。继业自阶州出塞西行，经过的地方，包括国内和国外，依次是灵武、西凉、甘、肃、瓜、沙等州，入伊吾、高昌、焉耆、疏勒、大石诸国，越葱岭后，至布路州、迦湿弥罗、健陀罗、庶流波、左烂陀罗国、大曲女城、坡罗奈国、鹿野苑、摩羯提国、迦耶城、迦耶山、正觉山、骨磨城、王舍城、新王舍城、那烂陀寺、花氏城、毗耶离城、拘尸那城、多罗聚落、泥波罗国、磨逾里，后过雪岭，至三耶寺，由故道自此入阶州。

这一段行程记录，有几点值得注意的：第一，朝廷派僧

季羡林藏《大般若涅槃经》残卷

侣赴西天求经,规模之大,空前绝后。范成大说是"三百人",恐不确。《宋史·天竺国传》记为一百五十七人,《佛祖统纪》卷四三同。即使是一百五十七人,规模也够大的了。第二,继业走的路程,如果拿来同法显、玄奘、慧超的行程比较研究一下,可以看出这几百年中中国陆路赴印路线的变化,这是很有意义的。第三,继业行程虽极简略,从中也可隐约窥见印度佛教发展的情况。到了继业时代,印度佛教已属强弩之末,面临灭绝了。

读者还可以参照敦煌残本《西天路竟》[①]。

[①] 有黄盛璋考证,见《历史地理论集》和《敦煌学辑刊》1984年第二期。